ביקור חולים

Die Deutsche Nationalbibliothek verzeichnet diese Publikation in der Deutschen Nationalbibliografie; detaillierte Daten sind im Internet über https://portal.dnb.de/ abrufbar.

© 2017 Hentrich & Hentrich Verlag Berlin
Inh. Dr. Nora Pester
Wilhelmstraße 118, 10963 Berlin
info@hentrichhentrich.de
http://www.hentrichhentrich.de

Lektorat/Korrektorat: Sarah Pohl/Sarah Jaglitz
Gestaltung: Michaela Weber, Leipzig
Gesamtherstellung: Thomas Schneider, Jesewitz
Druck: Winterwork, Borsdorf

1. Auflage 2017
Alle Rechte vorbehalten
Printed in the EU
ISBN 978-3-95565-213-5

Herausgegeben von Stephan M. Probst

ביקור חולים

Die Begleitung Kranker und Sterbender im Judentum

Bikkur Cholim,
jüdische Seelsorge und
das jüdische Verständnis
von Medizin und Pflege

Inhalt

Um den Lesefluss nicht zu stören, wird in diesem Buch das generische Maskulinum benutzt, gemeint sind aber immer gleichberechtigt Frauen und Männer mit ihren Tätigkeiten und Meinungen.

Dieser Sammelband stellt ein vielfältiges und breites Spektrum persönlicher Meinungen und Lebenswirklichkeiten vor und bietet dadurch Anknüpfungspunkte an vielseitige Diskussionsmöglichkeiten.

Vorwort

בקור חולים מצוה על הכל. אפילו גדול מבקר את הקטן. ומבקרין הרבה פעמים
ביום. וכל המוסיף משובח ובלבד שלא יטריח. וכל המבקר את החולה כאילו
נטל חלק מחליו והקל מעליו. וכל שאינו מבקר כאילו שופך דמים:
רמב״ם: הלכות אבל, פרק י״ד (ד)

„Jeder ist zur Erfüllung der Mizwa des Bikkur Cholim verpflichtet, auch der
Große (eine hochstehende Persönlichkeit) soll den Kleinen (sozial Niedrig-
gestellten) besuchen. Man soll die Kranken mehrmals am Tag besuchen und
jene, die die Mizwa noch häufiger erfüllen, sind rühmenswert. Sie sollen aber
stets darauf achten, den Kranken nicht durch ihre Besuche zu stören und un-
nötig zu belasten. Jeder, der einen Kranken besucht, nimmt jenem einen Teil
seiner Krankheit und mildert dessen Leiden. Alle, die die Kranken nicht besu-
chen, sind wie welche, die Blut vergießen."
Moses Maimonides (1135–1204), Mischne Tora, Sefer Schoftim, Hilchot Avel,
Kapitel 14,4

In der Gemara zum Traktat Schabbat 127a zitiert Rabbi Jehuda
ben Schila Rabbi Asis, der sich auf Rabbi Jochanan bezieht, mit
den Worten: „Von folgenden sechs Dingen genießt der Mensch
die Früchte auf dieser Welt, während ihm das Kapital für die
zukünftige Welt erhalten bleibt; diese sind: Gastfreundschaft,
Krankenbesuch (Bikkur Cholim), Andacht beim Gebet, frühzei-
tiges Besuchen des Lehrhauses, die Erziehung der Kinder zum
Studium der Gesetzeslehre und die günstige Beurteilung seines Nächsten."[1] Auf diese Quelle ist die Erwähnung des Bikkur
Cholim in den Birkot HaSchachar, den Segenssprüchen des täglichen Morgengebets, zurückzuführen und die den hohen Stellenwert des Krankenbesuchs im Judentum betont. Maimonides
sieht im Bikkur Cholim eine unmittelbare Anwendung der regu-
la aurea, in ihrer jüdischen Version, der allübergreifenden Maxi-
me ואהבת לרעך כמוך („Liebe deinen Nächsten wie dich selbst")[2].
Es geht vor allem darum, die Würde des Anderen zu erkennen
und in ihm den im Ebenbild (שנברא בצלם אלוהים, Gen. 1,27) des
Schöpfers geschaffenen Menschen zu sehen. Der Kranke erlebt
hierdurch in jeder Situation, dass er ein einzigartiger und wertvoller Mensch ist, auch und gerade in seiner Vulnerabilität.
    Die kollektive Verpflichtung zur Ausübung von Bikkur Cho-
lim als „ehrenamtliche" und nichtärztliche Begleitung schuf in
den zurückliegenden Jahrhunderten jüdischer Geschichte eine

Kultur des mitmenschlichen Umgangs mit gebrechlichen, alten und kranken Menschen. Kranke, Alte und Hilfsbedürftige wurden nie an den Rand der Gesellschaft gedrängt. Gerade in Zeiten eines ökonomisierten und durchrationalisierten Gesundheitssystems ist diese alte Tradition ein sehr wertvoller Weg, Menschen in existenzieller Not aufzufangen und ihnen Hoffnung, Vertrauen und Würde zu geben. Damit werden sie auch dazu befähigt, ihre Autonomie zu realisieren und ihrem individuellen Lebensentwurf treu zu bleiben. Bikkur Cholim ist weder ein durchorganisiertes Dienstleistungs- und Versorgungssystem noch ein betuliches Besuchen von Kranken, sondern deren Begleitung in einer Beziehung der achtsamen Zuwendung. „Zuhören", „verstehen", „ auffangen", „behandeln", „begleiten" und „beten" bilden das Vokabular, mit dem das Wesen von Bikkur Cholim beschrieben wird. Den würdestabilisierenden achtsamen Charakter des Krankenbesuchs im Judentum erkennen wir in den subtil formulierten Empfehlungen und Anweisungen für die Ausführung der Mizwa des Bikkur Cholim. Diese stellen sicher, dass Bikkur Cholim nicht zur mechanistischen Pflichterfüllung wird. Modern und psychologisch ausgedrückt verhindert Bikkur Cholim, dass dem körperlichen Tod ein psychosozialer Tod vorausgeht.

Das Erleben von Todesnähe und der Bedrohung durch eine Krankheit, aber auch und gerade die mit chronischen Erkrankungen verbundene Wahrnehmung von Hilflosigkeit und sozialer Isolation führen heute nicht selten zu Angst und dem Gefühl von Würdeverlust oder Wertlosigkeit. Zu einem modernen Verständnis von Bikkur Cholim gehört es daher, psychosoziale und spirituelle Faktoren zu identifizieren, die neben den körperlichen Auswirkungen der Krankheit das Ausmaß des Krankseins (Morbidität), den empfundenen Würdeverlust und auch die Sterblichkeit (Mortalität) selbst beeinflussen. Zum Erkennen und Identifizieren dieser Faktoren gehört neben dem notwendigen Grundwissen auch die Fähigkeit, den Kranken und ihren Familien richtig zuzuhören. Zum sich daraus ergebenden richtigen Handeln gehört darüber hinaus die Fähigkeit zum Dialog mit den Kranken und ihren Lieben sowie zur Interaktion mit den professionellen Helfern des Gesundheitssystems.

In unserer schnelllebigen komplizierten Zeit ist das alles andere als selbstverständlich. Es besteht kein Zweifel daran, dass nicht nur die multiprofessionelle Interaktion im Einzelfall, sondern auch der grundsätzliche Austausch zwischen den Akteuren von Bikkur Cholim, professionellem Gesundheitssystem, jüdischer Theologie, Seelsorge, sozialer Arbeit und Kulturwissenschaft hier sehr wichtig und gewinnbringend ist. So entstand die Idee, diesen Austausch in einem inter- und multiprofessionellen Symposium zu Fragen am Lebensende aus jüdischer Sicht und mit besonderem Blick auf Bikkur Cholim und seelsorgerliche Begleitung Schwerstkranker und Sterbender zu verorten.

Im April 2017 fand im Jüdischen Krankenhaus Berlin dieser Idee folgend das Seminar „End-of-Life: Jewish Perspectives (2)" statt. Die Veranstaltung sollte in erster Linie zwei Aufgaben erfüllen: Zum einen sollte eine an der Lebenswirklichkeit orientierte Übersicht über das etablierte Wissen zu psychosozialen und spirituellen Aspekten der Begleitung Kranker und Sterbender, aber auch ein Einblick in praktische Erfahrungen anerkannter Experten gegeben werden. Zum anderen sollte das Symposium den interprofessionellen Austausch und Dialog fördern und dabei stets die jüdische Perspektive im Blick behalten. Unter diesem Gesichtspunkt wurden die Tradition des Bikkur Cholim und jüdische Positionen zu Fragen des Lebensendes medizinethisch-empirisch, theologisch, palliativmedizinisch, psychosozial, religions- und kulturwissenschaftlich betrachtet. Jüdische Seelsorge und Halacha der Heilkunde wurden damit zwangsläufig zu weiteren zentralen Themen des Symposiums und entsprechend finden sie sich auch in diesem Sammelband wieder.

Ich danke herzlich den Autorinnen und Autoren der einzelnen Beiträge, in denen sie ihre jeweiligen Vorträge und Workshops des Symposiums zusammenfassen. Ihre ganz unterschiedlichen Schwerpunkte und Expertisen ermöglichten es, den multiprofessionellen Anspruch der Tagung zu erfüllen und den interdisziplinären, teils auch interreligiösen Austausch anzustoßen. Unser aller Dank gilt dem Jüdischen Krankenhaus Berlin, der Deutschen Palliativstiftung, der Zentralwohlfahrtsstelle der Juden in Deutschland, dem Klinikum Bielefeld, der Allgemeinen Rabbinerkonferenz Deutschlands, dem Zentrum Jüdische Studien Berlin-Brandenburg, dem Abraham-Geiger-Kolleg Berlin, der Liberalen Jüdischen Gemeinde München Beth Shalom, dem Bundesministerium für Bildung und Forschung sowie der Union progressiver Juden in Deutschland für die finanzielle und ideelle Unterstützung dieses Projektes. Herrn Rabbiner Prof. Dr.

Homolka danke ich herzlich für das Geleitwort, das im Grunde genommen fast etwas wie eine הסכמה (*Haskama*), eine „Zustimmung"[3] ist. Das Jüdische Museum Berlin hat uns historische Fotografien unseres Tagungsortes zur Illustration dieses Buches zur Verfügung gestellt, was mich sehr freut und wofür ich mich an dieser Stelle ausdrücklich bedanken möchte. Ganz besonders möchte ich Herrn Nathan Meir aus Sussya (Israel) für seine Zustimmung und Erlaubnis danken, das von seiner verstorbenen Frau Dafna Meir הי״ד verfasste *Gebet einer Krankenschwester* in dieses Buch aufzunehmen.

Ohne die großartige Unterstützung durch Rabbiner Dr. Tom Kučera aus München und Frau Dr. des. Katja Wolgast von der Universität Potsdam als Teil des Zentrums Jüdische Studien Berlin-Brandenburg wären weder Symposium noch Sammelband möglich gewesen, ihnen beiden, aber auch Herrn Chefarzt PD Dr. Jan Jungehülsing sowie Herrn Gerhard Nerlich vom Jüdischen Krankenhaus Berlin bin ich zu großem Dank verpflichtet. Frau Dr. Nora Pester vom Hentrich & Hentrich Verlag danke ich für die geduldige und wertvolle Unterstützung bei der Realisierung dieses Sammelbandes, der kein Lehrbuch für Bikkur Cholim ist und solches gar nicht sein will, aber doch etwas mehr als bloß ein Tagungsband geworden ist. Frau Sarah Pohl und Frau Sarah Jaglitz danke ich für Lektorat und die von ihnen durchgeführten Korrekturen und Formatierungen der Texte. Frau Ari Renee Kloke und Frau Dr. Dorit Barlevy danke ich für das Gegenlesen der englischen Buchkapitel. Vielen Dank allen, auch den zahlreichen, hier nicht einzeln namentlich genannten Helfern des Symposiums sowie allen Teilnehmern und Gästen!

Da die diesem Band zugrundeliegende Veranstaltung bereits die Fortsetzung einer ersten, 2015 in Bielefeld ausgeführten Tagung war (damals mit dem Schwerpunkt auf jüdische Positionen zur Sterbehilfedebatte), darf ich die Hoffnung hegen, dass sich in weiteren Symposien dieser Art in Deutschland eine Plattform für jüdisch-medizinethische Diskussionen etablieren könnte.

Berlin, im April 2017
Stephan M. Probst

Anmerkungen

1   Deutsche Übersetzung nach: Goldschmidt, L.: Der Babylonische Talmud
    mit Einschluß der vollständigen Mischna, Berlin; Wien 1925, Band 1,
    630.

2   Lev. 19,18.

3   In der jüdischen Literatur die Approbation eines Rabbinatskollegiums
    oder eines hervorragenden Gelehrten zur Herausgabe eines Werkes.

Geleitwort

Der Rabbiner als Seelsorger ist sicherlich ein Rollenbild, das der Aufklärung geschuldet ist. An die Stelle des Rechtsgelehrten treten durch den Verlust der jüdischen Rechtsautonomie im Laufe des 19. Jahrhunderts die Anfänge des Predigers und Seelsorgers. Für die Allgemeinheit war es schon Mitte des 19. Jahrhunderts ganz selbstverständlich, den Gemeinderabbiner als Seelsorger wahrzunehmen und zu bezeichnen. So war in der Breslauer Zeitung 1857 anlässlich der fünfundzwanzigjährigen Amtstätigkeit von Rabbiner Abraham Geiger (1810–1874) „von der Stärke und Innigkeit des Bandes" die Rede, „welches die Gemeinde mit ihrem Seelsorger verbindet".[1]

„Seelsorge im jüdischen Sinne bedeutet, dem Menschen helfen, mit seinen Erlebnissen fertig zu werden und sie aus der Zielsetzung des Judentums zu verarbeiten, bedeutet den Versuch, den Menschen mit seiner Arbeit in die Lebensauffassung und Zielsetzung des Judentums einzugliedern, ihn inmitten der auflösenden Tendenzen der Zeit der jüdischen Gemeinschaft zu erhalten und ihn dadurch zu den Bindungen zu führen, die ihn vor der Gefahr bewahren, ein wurzelloser, freigesetzter Mensch zu werden, und die ihn zur fruchtbaren und ehrfurchtsvollen Mitarbeit am Ganzen des Staates und des Volkes und dadurch der Welt befähigen." Dieser Appell Rabbiner Max Dienemanns (1875–1939) an den Rabbiner, als Seelsorger Bindungen herzustellen, ist heute unverändert aktuell.

Nicht nur an der 1872 gegründeten Hochschule für die Wissenschaft des Judentums in Berlin, auch in den Rabbinerverbänden war man am Puls der Zeit und beschäftigte sich mit den aktuellen Entwicklungen in der Psychologie. So hielt der Wiesbadener Rabbiner Paul Lazarus (1888–1951) 1927 auf der Versammlung des Südwestdeutschen Rabbinerverbandes in Mannheim einen Vortrag, bei dem zum ersten Mal vor einem Kreis von Rabbinern ausführlich anhand von praktischen Beispielen über die Ergebnisse der psychoanalytischen Forschung und ihre Verwendung in der praktischen Seelsorge und im Unterricht berichtet wurde.[2] Lazarus, Präsidiumsmitglied der „Vereinigung der Liberalen Rabbiner Deutschlands", war nach 1933 entscheidend am Ausbau der sozialen Hilfen in der „Jüdischen Wohlfahrtszentrale" beteiligt und trug dazu bei, bisherige Einzelverbände zusammenzuschließen.

Erich Stern (1889–1959), damals Professor für Philosophie und Pädagogik in Gießen, der sich auch in experimenteller Psychologie habilitiert hatte, hielt am 17. Dezember 1929 in Mainz im Rahmen der wissenschaftlichen Kurse für die Rabbiner der süddeutschen Landesverbände einen wegweisenden Vortrag über „Die neueren Strömungen in der Psychologie in ihrer Bedeutung für die heutige Seelsorge"[3] – auch dies ein Indiz für die Aufgeschlossenheit der liberalen Rabbiner in der Weimarer Republik, die Herausforderungen moderner Seelsorge anzunehmen.

In den 1930er Jahren kam in Deutschland schließlich der Wunsch auf, für die einzelnen Zweige der Seelsorge besonders ausgebildete und besonders beauftragte Rabbiner bestellen zu können – ein Bedürfnis, dem die moderne Rabbinerausbildung inzwischen in Form von Praktika in Krankenhäusern und Hospizen, in Gefängnissen, aber auch in der Militärseelsorge Rechnung trägt.

Besonders bedeutsam ist dabei die Begleitung in Krankheit und Tod. Ein Krankenbesuch, so heißt es in der jüdischen Tradition, stellt ein Sechzigstel der Gesundheit des Patienten wieder her. Hat der Kranke die Aufgabe, wieder gesund zu werden, so ist seine Umgebung wiederum zum Krankenbesuch (*bikkur cholim*) als Ausdruck der Nächstenliebe verpflichtet. Denn Gott selbst hat den kranken Abraham am dritten Tag nach seiner Beschneidung besucht (Gen. 18,1), und in Ps. 41,4 heißt es dazu: „Der Ewige stützt ihn auf dem Siechbett."

Wie wichtig der Krankenbesuch ist, geht aus folgender Talmudstelle hervor:

> „Als Raw Chelbo bestraft wurde, ging Raw Kahana hinaus und machte bekannt: Raw Chelbo ist übel dran! Aber es gab niemand, der kam. Er sagte zu ihnen: Ist es nicht so geschehen, dass einer von den Schülern Rabbi Akibas erkrankte und die Weisen nicht eintraten, um ihn zu besuchen? Da trat Rabbi Akiba ein, um ihn zu besuchen. Weil sie dann vor ihm fegten und sprengten, lebte er auf. Er sagte zu ihm: Meister, du hast mich aufleben lassen. Rabbi Akiba ging hinaus und trug vor: Jeder, der nicht Kranke besucht, ist, als ob er Blut vergieße." (bT Nedarim 40a)

Einen Sterbenden lässt man nicht allein, sondern versucht, seine Schmerzen zu lindern und ihm die Angst zu nehmen. Diese Zeit des Abschieds wird von Gebeten begleitet, die nach Möglichkeit gemeinsam mit dem Sterbenden gesprochen werden, allen voran das *Schma Jisrael*. Der religiöse Grundsatz der allgemeinen Priesterschaft Israels sollte ein Leitbild für Seelsorge mit jüdischer Orientierung sein. Im Sinn der jüdischen Tradition gibt es eine „Seelsorge", die in der ethischen und sozialen Verantwortung eines jeden für seinen Nächsten begründet ist. „Zur Rede stellen sollst du deinen Nächsten, dass du nicht seinetwegen Sünde tragest" (Lev. 19,17). Diese Seelsorge ist nicht das Vorrecht einzelner, sondern Pflicht aller. Der Rabbiner, an den man in diesem Zusammenhang zunächst denken mag, sollte nicht der Einzige sein, der sich um die Sorgen und Beschwernisse der Gemeindemitglieder kümmern sollte. Trotzdem kommt ihm eine besondere Verantwortung zu.

Der Heidelberger Rabbiner Ulrich Steuer (1912–1973) formulierte das so: „alles Rabbinat [schöpft] seine Autorität aus seinem Wissen um die Dinge der göttlichen Lehre. Im rechten Miteinander des Lernens und des Betens aber erwächst ein Miteinander des Lebens zwischen Gemeinde und Rabbiner, das den Menschen den Weg zum Rabbiner als ihren Seelsorger bahnt."

Wie Steuer schrieb auch Rabbiner Manfred Swarsensky (1906–1981), dass angesichts existentieller Not der Beistand gegenüber kranken, einsamen, sterbenden, verzagten und hilflosen Menschen das Besondere aller jüdischen Seelsorge sei.

Dieser Tagungsband legt beredtes Zeugnis davon ab, dass wir am Abraham Geiger Kolleg als Nachfolgerin der Hochschule für die Wissenschaft des Judentums Seelsorge am Kranken und Sterbenden für ein wesentliches Thema halten. Deshalb sind in diesem Band mit Rabbiner Dr. Tovia Ben-Chorin, Prof. Dr. Admiel Kosman und Prof. Dr. Shani Tzoref auch Dozenten der School of Jewish Theology und des Rabbinerseminars an der Universität Potsdam vertreten. Ich freue mich, dass der vorliegende Band ein wichtiges Thema aus jüdischer Perspektive beleuchtet.

Rabbiner Professor Walter Homolka

Anmerkungen

1 Breslauer Zeitung, 12. November 1857, 2278.

2 Vgl. Lazarus, Paul: Ergänzender kurzer Literaturnachweis für die Praxis des Seelsorgers, in: *Der Morgen*, Jg. 5 (1929/1930), Nr. 6, 629f.

3 Stern, Erich: Die neueren Strömungen in der Psychologie in ihrer Bedeutung für die heutige Seelsorge, in: *Der Morgen*, Jg. 5 (1929/1930), Nr. 6, 615–628.

Jüdische Gebete um Gesundheit von Seele und Körper

Yizhak Ahren

Auf der schönen Titelseite des Flyers „Einladung zum Seminar: End-of-Life: Jewish Perspectives (2)" ist ein Bild zu sehen, das den Betrachter zum Nachdenken zwingt. Man erkennt auf einer hebräischen Buchseite ein medizinisches Diagnosewerkzeug. Zwei einfache Fragen drängen sich auf. Erstens: Um was für einen Text handelt es sich? Zweitens: Besteht irgendeine Verbindung zwischen dem Inhalt der Seite und dem Stethoskop zum Abhören der Lunge? Eine weitere Abbildung auf dem vierten Flügel des Faltblattes verrät uns, dass die zweite Frage zu bejahen ist. Denn dort erkennen wir eine Spritze auf der Titelseite eines bekannten halachischen Werkes (*Chaje Adam*, 1819 vom Wilnaer Rabbiner Abraham Danzig verfasst). Zwei medizinische Instrumente auf hebräischsprachigen Texten – da muss es sicher einen Zusammenhang geben. Wer Hebräisch lesen kann, wird auch die erste Frage mühelos beantworten können: Die Überschrift der Seite lautet „Bikkur Cholim" (Krankenbesuch), und darunter stehen Gebete, die bei einem solchen Besuch zu sprechen sind, sowie einige Ratschläge, was man dem Patienten sagen soll und wie man ihm eventuell helfen kann („Sollte er arm sein, unterstütze man ihn auch finanziell"). Die Lösung des Bilderrätsels lautet also: Arztvisite und Krankenbesuch ergänzen einander! Diese Auffassung ist im Judentum tief verankert.[1]

Der berühmte Tora-Kommentator, Halachist und Arzt Rabbiner Mosche ben Nachman (Nachmanides), der im 13. Jahrhundert lebte, stellte die These auf, dass jemand, der eine erkrankte Person aufsucht und nicht für diese betet, das Gebot (hebr. *Mizwa*) von Bikkur Cholim nicht erfüllt habe. Rabbiner Mosche Isserles zitierte diese Feststellung in seinen Glossen zum Kodex Schulchan Aruch (Jore Dea 335,4) und hat sie dadurch verbindlich gemacht.[2] Die Verknüpfung von Krankenbesuch und Gebet mag viele moderne Menschen befremden. Um den Zusammenhang verständlich zu machen, werde ich im Folgenden die Inhalte einiger jüdischer Gebete um Gesundheit von Seele und Leib darstellen und die zugrundeliegenden Auffassungen explizieren.

Im Leben gläubiger Juden spielen Gebete und Segenssprüche eine so wichtige Rolle, dass niemand ihre Bedeutung übersehen kann. Der jüdische Religionshistoriker Hans-Joachim Schoeps hat begründet, warum eine nähere Betrachtung der Gebetstexte sich lohnt:

> „Es ist oft genug gesagt worden, und es ist gewiss auch wahr, dass es keine jüdische Theologie in dem Sinne gibt, wie von einer christlichen gesprochen wird. Aber es gibt jüdische Glaubenslehren, und was wichtiger ist, es gibt jüdisches Glaubensleben. Will man es richtig auffassen, muss man dorthin gehen, wo es sich ausspricht: im Gebet. Gebetstexte, die durch Jahrhunderte kaum Veränderungen erfuhren, sind die Quelle jüdischen Glaubenslebens. Sie zeugen von dem, was Israel von Gott, der Welt und sich selber glaubt. [...] Weder der Gleichgültige noch der Fromme pflegen die Sätze des Gebetes so zu meditieren, wie es geschehen sollte und wie es geschehen würde, wenn man sich vergegenwärtigte, dass hier die Antwort auf die vielen Fragen bereitliegt, was Israel denn zu sagen weiß über Gott, den Menschen und sein Heil"[3].

Schon in mehreren Büchern der Bibel findet man Gebete für die Genesung von Erkrankten. So lesen wir im Buch Genesis: „Abraham betete zu Gott; da heilte Gott Abimelech, seine Frau und seine Mägde, und sie gebaren. Denn ganz verschlossen hatte der Ewige jede Gebärmutter des Hauses Abimelech um Sarahs willen, der Frau Abrahams" (Gen. 20,17–18). Auch von Abrahams Sohn Jitzchak erfahren wir, dass er sich an Gott wandte: „Und Jitzchak betete zum Ewigen für seine Frau, denn sie war unfruchtbar. Und der Ewige ließ sich ihm erbitten, und seine Frau Riwka wurde schwanger" (Gen. 25,21). Ein drittes Beispiel für eine Fürbitte, die jemand für eine andere Person sprach:

Als Miriam aussätzig wurde, setzte sich ihr Bruder, Mosche Rabbenu, für sie ein: „Und Mosche schrie zum Ewigen und sprach: Gott, oh heile sie doch" (Num. 12,13).[4]

Dass jemand für das eigene Anliegen beten darf, verdeutlicht uns die Bibel am Beispiel von Chana, die unbedingt einen Sohn gebären wollte:

> „Sie aber war betrübten Gemütes und betete zum Ewigen und weinte heftig, und tat ein Gelübde und sprach: Ewiger der Heerscharen, wenn du siehest auf das Elend deiner Magd und mein gedenkest und nicht vergissest deiner

Magd, und gewährest deiner Magd männlichen Samen, so will ich ihn schenken dem Ewigen für alle seine Lebenstage, und ein Schermesser komme nicht auf sein Haupt. Und es geschah, als sie so viel betete vor dem Ewigen, so beobachtete Eli ihren Mund. Da nun Chana zu ihrem Herzen sprach, nur ihre Lippen sich bewegten, aber ihre Stimme nicht gehört wurde, so hielt Eli sie für eine Betrunkene." (1. Sam. 1,10–13).

Von Chanas Gebet haben unsere Weisen im Talmud (Berachot 31a) viele wichtige Vorschriften (hebr. *Halachot*) abgeleitet.[5]

Die biblischen Gestalten, deren Bitten ich erwähnt habe, gehen alle von einer stillschweigenden Voraussetzung aus: Sie nehmen an, dass Heilung von Gott kommt! Ausdrücklich heißt es in der Tora: „Ich, der Ewige, bin dein Arzt" (Ex. 15,26).[6] Wie wir noch sehen werden, bezeichnet man Gott in verschiedenen jüdischen Gebeten als Heiler.

Keineswegs lehrt die Bibel, dass jede menschliche Bitte von Gott erfüllt wird. Im Gegenteil: Wir lesen in 2. Sam. 12, dass König David für die Genesung seines todkranken Sohnes betete und fastete – und doch starb der Knabe! Dieser Fall zeigt, dass ein Mensch Gott um etwas bitten darf, aber ihn nicht zwingen kann, seine Wünsche zu erfüllen. Jüdisches Beten darf, wie Rabbiner Yehudi Leon Aschkenazi betonte, nicht als Magie angesehen werden.[7] Betende Juden werden durch die Gebete immer wieder belehrt, dass sie stets in Gottes Hand sind und von seinem Willen abhängig bleiben.

Jüdische Menschen nehmen ihre Existenz nicht als selbstverständlich hin. In jedem Morgengebet dankt ein Beter dem Ewigen für das nach dem Schlaf erneut gewährte Leben: „Mode ani lefanecha ..." („Ich danke dir, dass ich am Leben bin ..."). Dabei wurde die Frage aufgeworfen, ob man unter bestimmten Umständen dieses Dankgebet auslassen darf;[8] auf diese Überlegungen will ich an dieser Stelle jedoch nicht näher eingehen.

Noch bevor der Beter die Segenssprüche über die Tora spricht, sagt er folgenden Segensspruch (hebr. *Bracha*):

„Gesegnet seist du, Ewiger, unser Gott, König der Welt, der den Menschen mit Weisheit gebildet und an ihm erschaffen mannigfache Öffnungen und Höhlungen. Offenbar und bekannt ist es vor dem Throne deiner Herrlichkeit, dass, wenn eine von ihnen sich öffnen oder eine von ihnen sich schliessen würde, es nicht möglich wäre, sich zu erhalten und vor deinem Angesichte zu stehen.

Gesegnet seist du, Ewiger, der da heilt alles Fleisch und Wunder vollbringt."

Rabbiner Elie Munk erklärt in seinem Kommentar zu diesem Segensspruch:

„Obgleich diese Bracha sonst nur nach Verrichtung einer körperlichen Notdurft gesprochen wird, ist sie jedoch an dieser Stelle des Gebetes immer zu sprechen, als ständiger Dank für die Erhaltung der leiblichen Gesundheit. Indem sie aber sonst als die Bracha für die Notdurft gilt, erfüllt sie den für die jüdische Auffassung charakteristischen Zweck, selbst niedrigste, weil rein physische Verrichtung in den Beziehungskreis der Religion einzugliedern"[9].

Durch diesen Segensspruch nach dem Toilettengang machen sich observante Juden tagtäglich mehrfach klar, dass sie ihre Gesundheit dem Ewigen verdanken, „der da heilt alles Fleisch".

Eine Bracha, in der es um die Heilung von Seele und Körper geht, finden wir im zentralen Achtzehngebet (bekannt als „Amida"), das ein Jude an gewöhnlichen Wochentagen – also nicht am Schabbat und an Feiertagen – dreimal täglich rezitiert. Die achte Bracha der Amida lautet:

„Heile uns, Ewiger, so werden wir geheilt, hilf uns, so wird uns geholfen, denn du bist unser Ruhm. Und bringe vollkommene Heilung für unsere Leiden, denn du, Gott, bist ein König, der zuverlässig und barmherzig heilt. Gelobt seist du, Ewiger, der die Kranken seines Volkes Israel heilt."

In diesem Segensspruch wird für jeden Kranken, an welcher Krankheit er auch leiden mag, gebetet – sowohl Leib als auch Seele sollen ihm gesunden.[10] Rabbiner Shimon Schwab übersetzt die Aussage des ersten Satzes, der auf Jer. 17,14 basiert, in eine moderne Sprache: „Wenn ich geheilt bin, werde ich nicht den Arzt loben noch die Medikamente, sondern dich, denn du hast mir geholfen"[11].

Erwähnenswert ist, dass die Möglichkeit besteht, in die achte Bracha der Amida ein Gebet für einen bestimmten Kranken einzuschalten. In manchen Gebetsbüchern, so z.B. im „Siddur Schma Kolenu" (Basel 1996), ist der in die achte Bracha einzufügende Text angegeben:

„Möge es dein Wille sein, Ewiger, unser Gott und Gott unserer Väter, dass du schnell vollkommene Heilung vom

Himmel sendest, Heilung der Seele und Heilung des Körpers, dem Kranken N.N. inmitten der übrigen Kranken Israels"[12].

Viele Autoren haben die praxisrelevante Tatsache unterstrichen,
dass Gebete keineswegs medizinische Behandlungen ersetzen
können.[13] Juden dürfen sich in ihrem Leben nicht auf Wunder
verlassen. Erst muss man sich um fachärztliche Hilfe bemühen,
und dann erst darf man himmlischen Beistand erflehen.[14] Die
Tatsache, dass sowohl eine ärztliche Behandlung der Kranken
als auch Gebete für sie gefordert werden, gewährt uns Einblick
in die Eigenart des jüdischen Verständnisses von Medizin: Ärzte
haben das Recht und die Pflicht, kranke Menschen zu behandeln; diese Arbeit führen Mediziner gewissermaßen im Auftrage
Gottes durch. Sie verschreiben Medikamente, operieren usw.,
und der Ewige, „der alles Fleisch heilt", sorgt für die Genesung
der Patienten. Der jüdische Philosoph Bachja ben Josef Ibn Pakuda schrieb im 11. Jahrhundert in seinem Werk „Lehrbuch der
Herzenspflichten", dass ein Patient in seinem Arzt einen Boten
(hebr.: *Schaliach*) Gottes sehen soll.[15] Rabbiner Immanuel Jakobovits hat darauf hingewiesen, dass der große Paracelsus im 16.
Jahrhundert das Verhältnis zwischen Gott und der Medizin in einer Art und Weise beschrieben hat, die der jüdischen Auffassung
sehr nahekommt.[16]

Es ist nicht überraschend, dass Ärzten empfohlen wird, täglich um Gottes Beistand zu bitten, bevor sie ihren weissen Kittel
anziehen, um seine Geschöpfe zu behandeln.[17] Einige längere
„Gebete des Arztes" hat Rabbiner Aaron Levine in seinem mate-
rialreichen Buch „Zichron Meir" zusammengestellt. Von einem
dieser Gebete weiss eine nicht unumstrittene Tradition zu berichten, dass Maimonides diesen Text zu rezitieren pflegte.[18]

Hinweisen möchte ich an dieser Stelle auf ein vor wenigen
Jahren entstandenes Gebet, das die Krankenschwester Dafna
Meir für sich und ihre Kolleginnen verfasst hat. Die Übersetzung
lautet:

„Es sei dein Wille, Schöpfer der Welt, der du sie in Gnade
und Erbarmen führst, dass du mir das Verdienst zukommen lässt, Medikamente an Mitglieder deines Volkes Israel
zu geben, die der Heilung bedürfen. Und auch an Mitglieder anderer Völker, die in Behandlung deiner treuen Boten
sich befinden, die ihre heilige Arbeit unermüdlich Tag und
Nacht verrichten, auch am Schabbat und an Feiertagen.

Gebet einer Krankenschwester,
Foto: Vera Ahren

Ermögliche es mir, zu verstehen, und immer daran zu denken, dass die Medikamente ein Geschenk von dir sind und als deine Boten wirken. Ermögliche es mir, die wohltuende Wirkung der Medikamente, die ich den Kranken gebe, voller Freude zu sehen. Ermögliche es mir, die Medikamente mit Konzentration auszuteilen und mit einem Verständnis für ihre Wirkungsweise auf die Krankheit. Ermögliche es mir rechtzeitig, jeden Fehler von mir oder von meinen Kollegen bei der Ausgabe der Medikamente zu erkennen und rasch für eine Korrektur zu sorgen, bevor das Medikament in den Körper des Kranken gelangt. Ermögliche es mir, immer in Demut zu handeln. Zu lernen und zu lehren über Erfolge und Misserfolge bei der Austeilung der Medikamente. Ermögliche es mir, bei stabiler Gesundheit den Kranken Arzneien zu geben und dir zu danken, dass ich diese Medikamente nicht selber nehmen muss. Ermögliche es mir zu lernen, mich bei guter Gesundheit mit dem Leid des Patienten zu identifizieren und ihm mit all meinen Fähigkeiten durch die Mittel, die du mir jeden Tag und jede Stunde gibst, zu helfen. Amen.“

Es darf nicht der Eindruck entstehen, dass der Patient passiv bleiben kann, während andere für seine Genesung beten. So wie der Arzt, so sollte sich auch der Kranke deutlich machen, dass Heilung von Gott kommt. Aus diesem Grunde haben die Weisen Israels angeordnet, dass jeder, der eine Tablette schlucken muss oder eine Spritze bekommt, vor der anstehenden Behandlung das folgende Gebet sprechen soll: „Möge es dein Wille sein, Ewiger, mein Gott, dass diese Prozedur mir zur Gesundung verhelfen soll. Denn du bist ein Heiler umsonst"[19]. Gegen die medizinische Behandlung soll ein Patient, das lehrt die geäußerte Bitte, keine Widerstände entwickeln; es ist wichtig für den Heilungsprozess, dass der Kranke die notwendige Prozedur mit Vertrauen angeht und auf Besserung hofft. Ganz in diesem Sinne soll man bei jedem Bikkur Cholim den Patienten aufmuntern und zum Befolgen der ärztlichen Anweisungen bewegen.[20]

Wie bereits erwähnt, kann man an jedem Wochentag während der Amida für die Genesung einer bestimmten erkrankten Person beten. Diese Möglichkeit entfällt jedoch am Schabbat und an Feiertagen, weil die Amida an diesen Tagen keine Bitten enthält, da diese Kummer erwecken könnten. Was kann man an diesen Tagen für die Kranken in der Synagoge unternehmen? Man kann nach der Tora-Lesung ein besonderes Gebet („Mi Scheberach …", dt. „der, der gesegnet hat …") für die seelische und körperliche Genesung der Kranken sprechen.[21] Das Ende dieser Bitte lautet: „Zwar klagt man nicht am Schabbat (am Jom Tow), doch sei die Heilung nahe jetzt bald in kurzer Zeit." Diese liturgische Formel spricht man auch bei einem Bikkur Cholim am Schabbat.[22]

Natürlich kann und soll jeder als ein Akt der Nächstenliebe für Kranke beten, die ihm bekannt sind. Dass das Gebet mancher Leute besonders wirksam ist, lehrt die folgende Geschichte aus dem Talmud Berachot 34b:

> „Rabbiner Chanina ben Dosa ging zu Rabbiner Jochanan ben Zakkai, um Tora zu studieren. Da zu diesem Zeitpunkt Rabbiner Jochanan ben Zakkais Sohn krank war, sprach dieser zu ihm: Chanina, mein Sohn, flehe doch für ihn um Erbarmen, dass er genese. Da legte er sein Haupt zwischen seine Knie und flehte für ihn um Erbarmen; und jener genas.
>
> Hierauf sprach Rabbiner Jochanan ben Zakkai: Hätte der Sohn Zakkais den ganzen Tag seinen Kopf zwischen seine Knie geschlagen, man würde ihn nicht beachtet haben. Da sprach seine Frau zu ihm: Ist denn Chanina bedeutender als du? Er erwiderte ihr: Nein; allein, er ist wie ein Diener vor dem König, ich aber wie ein Fürst vor dem König."

Wir staunen wie die Frau von Rabbiner Jochanan ben Zakkai; seiner Erklärung ist zu entnehmen, dass es Menschen gibt, die offenbar Gott so nahestehen, dass er deren Bitten vorrangig erfüllt. Berücksichtigt man diesen Tatbestand, so können wir folgende Empfehlung von Rabbiner Pinchas ben Chama verstehen: „Wer einen Kranken in seinem Hause hat, gehe zu einem Weisen, dass er für ihn um Erbarmen flehe"[23]. Rabbiner Mosche Isserles erwähnt diese Empfehlung in einer Glosse zum Schulchan Aruch (Jore Dea 335,10). Der berühmte amerikanische Dezisor (hebr. *Possek*) Rabbiner Moshe Feinstein hat in einem Responsum ausführlich begründet, warum er jedesmal für andere Leute betet, wenn ein solcher Wunsch an ihn herangetragen wird.[24]

Die Praxis, fromme Männer (hebr. *Zadikim*) um ein Gebet für eine kranke Person zu bitten, hat eine halachische Diskussion hervorgebracht, die um die theoretisch interessante Frage kreist, wie die Wirksamkeit eines Bittgebetes einzuschätzen sei. Diese aufschlussreiche Kontroverse hat Azgad Gold sorgfältig analysiert[25]; ich fasse im Folgenden Golds Darstellung zusammen. Bekanntlich ist es erlaubt und sogar geboten, den Schabbat zu entweihen, um das Leben eines Menschen zu retten.[26] Nun war folgender Fall zu beurteilen:

Jemand hatte absichtlich den Schabbat entweiht, um einen chassidischen Meister zu bitten, für einen Schwerkranken zu beten. Gegen diese Handlung protestierte ein bekannter Halachist des 19. Jahrhunderts, Rabbiner Schlomo Kluger. Nach seiner Meinung darf ein Jude nur für solche medizinische Maßnahmen die Schabbatgesetze übertreten, die den natürlichen Weg beschreiten. Die Wirkung eines Gebetes erfolge jedoch auf übernatürliche Weise; sogar um einen so bewährten Beter wie Rabbiner Chanina ben Dosa zu engagieren, dürfte man den Schabbat nicht entweihen. Die Gegenpartei hingegen bewertet die Wirksamkeit eines Zadik-Gebetes als etwas Natürliches; daher sei es durchaus gerechtfertigt, den Schabbat zu entweihen, um den Zadik von der Not eines Kranken in Kenntnis zu setzen. Spätere Autoritäten, u.a. Rabbiner Elieser Waldenberg, haben im 20. Jahrhundert die Diskussion weitergeführt, wie die Wirkungsweise eines Bittgebetes einzuschätzen sei. Empirisch lässt sich diese Streitfrage natürlich nicht entscheiden.

Einen ungewöhnlichen Versuch, auf übernatürliche Weise den drohenden Tod eines Schwerkranken abzuwenden, unternehmen Juden, indem sie den Namen des Kranken ändern; dieser Brauch ist im Schulchan Aruch erwähnt (Glosse von Rabbiner Mosche Isserles zu Jore Dea, Kap. 335,10). Die entsprechende

Zeremonie nennt man „Schinui Schem".[27] Bei einer solchen Namensänderung spricht die Gemeinde zuerst einige Psalmen, dann sagt man das folgende Gebet:

> „Und ist auch in deinem gerechten Gericht der Tod über ihn (den Kranken) beschlossen, so haben doch unsere heiligen Lehrer gesagt, dass drei Dinge das über einen Menschen beschlossene Verhängnis abzuwenden vermögen, wovon eines die Namensänderung ist. Und so haben wir ihre Worte erfüllt und seinen Namen geändert. Er ist ein anderer, er ist nicht mehr der, welcher mit dem ersten Namen genannt wurde. Wie sein Name geändert, so möge das Verhängnis sich für ihn wandeln von Recht in Erbarmen, von Tod zu Leben, von Krankheit zu völliger Genesung".

In der Praxis gibt man den Erkrankten einen zusätzlichen Namen. So wird z.B. aus einem Abraham ein Raphael Abraham und aus einer Rachel eine Chaja Rachel. Leben die Erkrankten dann mehr als 30 Tage mit ihrem neuen Namen, so bleibt dieser nach der Gesundung bestehen und soll später sogar auf dem Grabstein verzeichnet werden.

Der Hintergrund des auf den ersten Blick befremdlichen Brauchs der Namensänderung ist zwar im oben zitierten Gebetstext angegeben, bedarf jedoch einer Erläuterung. Moses Maimonides bringt in seinem halachischen Kodex die Namensänderung mit dem Prozess der Umkehr (hebr. *Tschuwa*) in Verbindung:

> „Zu den Verhaltensweisen der Tschuwa gehört, dass der Bußfertige immer mit Tränen und in Innigkeit vor Gott betet, nach seinem Vermögen Wohltaten übe, sich vollkommen von der Sache fernhalte, durch die er sich versündigt hatte, seinen Namen ändere, um damit gewissermaßen zu sagen, ich bin ein Anderer geworden und bin nicht mehr der Mensch, der jene Handlung begangen hatte"[28].

In einem späteren Kapitel stellt Maimonides fest:

> „Wie gewaltig ist doch die Wirkung der Teschuwa! Gestern war dieser Mann noch vom Ewigen, dem Gotte Israels getrennt … Betete er – so wurde sein Gebet nicht erhört … Und heute betet er, und sofort findet er Erhörung" (Hilchot Teschuwa 7,7).

Rabbiner Aron Daum sieht im Todkranken einen *Baal Tschuwa*; wenn man diese Annahme akzeptiert, wird der Brauch von *Schinui Schem* verständlich:

„Längst hat der Kranke, wir dürfen es voraussetzen, in stiller Einkehr vor Gott sein ganzes Leben überblickt und in ernstem Vorsatz den Entschluss zu neuem Leben mit mehr Einsicht und Gottestreue gefasst, wenn Gottes Wille ihm weiteres Leben bescheiden sollte. Dieser Tatsache gibt die Gemeinde in schlichter Veranstaltung Ausdruck. Für sie ist der lebensgefährlich Erkrankte bereits ein anderer. Sie rechnet bestimmt mit seiner inneren Wandlung. Solange noch Atem in der Brust des Kranken ist, darf uns die Hoffnung auf seine Genesung nicht verlassen"[29].

Darf man für eine solche Heilung beten, die an ein medizinisches Wunder grenzt? Um diese Frage zu diskutieren, konstruierten John Loike und Moshe Tendler folgenden Fall: Eine Onkologin teilt den Eltern des einundzwanzigjährigen Reuwen mit, ihr Sohn leide an einem Hirntumor; weil bei seiner Krankheit keine Chemotherapie anschlage, werde Reuwen innerhalb eines Jahres sterben. Die Eltern fühlen sich wie am Boden zerstört. Gleich am nächsten Tag sorgen sie für ein „Mi Scheberach …" in der Synagoge, und sie bitten Gott mit großer Intensität, die bei Reuwen diagnostizierte Krebsart in eine solche Form zu verwandeln, die behandelbar sei. Auch geben sie viel Geld für diverse wohltätige Zwecke und veranlassen, dass Zadikim für eine wundersame Errettung ihres Sohnes beten. Jedoch stirbt Reuwen, wie die Onkologin vorhergesagt hatte, vor Ablauf des Jahres.[30] Haben die verzweifelten Eltern korrekt gehandelt? Loike und Tendler arbeiten heraus, dass man innerhalb der jüdischen Tradition verschiedene Antworten auf die gestellte Frage findet. Nach der Ansicht einiger Autoritäten (Abraham Ibn Esra, Nachmanides, Bachja ben Josef Ibn Pakuda, Ovadia Seforno u.a.) ist es erlaubt, um eine wundersame Heilung zu flehen, auch wenn niemand sich auf ein Wunder verlassen darf. Nach der Meinung anderer Autoritäten (Raw Saadja Gaon, Raschi, Maimonides, Rabbenu Nissim u.a.) hatten Reuwens Eltern jedoch kein Recht, Gott um eine Aufhebung der Naturgesetze zu bitten. Ihre Gebete waren unangebracht; ein Gebet ohne Sinn (hebr. *Tefillat Schaw*) ist nach dem Religionsgesetz nicht zulässig.[31] Um ein Wegzaubern einer (bislang) unheilbaren Krankheit darf man nach Maimonides und nach den Halachisten, die seine Grundhaltung teilen, den Ewigen nicht bitten.

Wie Loike und Tendler ausführen, wäre es sinnvoll und erlaubt gewesen, hätten Reuwens Eltern ihre Bitte anders formuliert: Möge Gott den Ärzten und den Forschern in der Pharma-Industrie die Fähigkeit geben, Entdeckungen zu machen und bisher unbekannte therapeutische Wege zu beschreiten, die Reuwen helfen könnten.[32] Ob ein solches Gebet Reuwens Leben gerettet hätte, kann niemand mit Sicherheit sagen.

Nun soll von einer häufig gestellten Frage die Rede sein, die viele Halachisten beschäftigt hat. Darf man für den Tod eines Kranken, der große Qualen erleidet, beten? Der israelische Arzt Shimon M. Glick referiert die Position derjenigen, die diese Frage bejahen:

> „Weil langes Leiden als schlimmeres Schicksal gilt als der Tod, gibt es jüdische Quellen, die Gebete für den Tod eines leidenden Patienten gestatten ... Im 19. Jahrhundert wurde Rabbiner Chaim Palagi von einem frommen Mann um Rat gefragt. Seine Frau war während vieler Jahre unheilbar krank und wünschte nun, dass ihr Leben ein Ende nehmen möge.
>
> Aktive Sterbehilfe wurde von diesem gesetzestreuen Juden nicht einmal erwogen, aber er fragte seinen Rabbiner, ob die jüdische Tradition es nicht erlaube, für den Tod seiner Frau zu beten: Dies könnte vielleicht als eine legale und barmherzige Tat gelten. Die Antwort des Rabbiners zeugt von seiner gewohnten Gelehrsamkeit, aber auch von viel Feingefühl für das Anliegen dieses Paares. Nach einer längeren Diskussion und unter Berücksichtigung aller Aspekte kam er zu dem Schluss, dass es erlaubt sei, unter diesen schwierigen Umständen für das Ableben der leidenden Frau zu beten. Mit großer Einsicht in die menschliche Psychologie beschränkte er aber die Gebete auf Personen, die nicht direkt in die Pflege der Patientin involviert waren; ihr Gebet sei erlaubt, weil ihre einzige Sorge das Wohl der Patientin war"[33].

Es gibt ausser Rabbiner Palagi eine Reihe von Halachisten, die Gebete für den Tod eines leidenden Patienten erlauben. Zu dieser Gruppe gehören Autoritäten wie Rabbiner Jechiel Michel Epstein[34] und Rabbiner Ovadia Yossef.[35] Allerdings gibt es auch angesehene Dezisoren (hebr. *Posskim*), die kategorisch ein Gebet für den Tod ablehnen. Zu diesen Posskim gehören Rabbiner Elieser Waldenberg[36] und Rabbiner Ascher Selig Weiss.[37] Wir stellen fest, dass unter den Posskim eine Meinungsverschiedenheit vorhanden ist, ob Gebete für den Tod eines leidenden Patienten zulässig sind. Wie observante Juden sich in solchen Fällen zu verhalten haben, ist ein Thema, das ich hier nicht erörtern will.

Zum Schluss möchte ich einige wichtige Punkte der bisherigen Ausführungen stichwortartig zusammenfassen.

- Gebete, die man in der Synagoge um Gesundheit von Leib und Seele spricht, ermöglichen es, Einblick in das jüdische Verständnis von Medizin zu gewinnen.
- In der Tora stehen Bittgebete, die sich als wirksam erwiesen. Beten ist jedoch keine magische Handlung: Niemand kann sicher sein, dass ein im Gebet geäusserter Wunsch in Erfüllung gehen wird.
- Gebetstexte sprechen davon, dass Heilung von Gott kommt.
- Jeder Arzt wird als ein Schaliach Gottes angesehen, der eine heilige Arbeit verrichtet. Diese Tatsache sollten sich Mediziner und Krankenpfleger vor Dienstantritt durch ein Gebet deutlich machen.
- Patienten sollten vor medizinischen Prozeduren ein Gebet sprechen, in welchem sie vor Gott zum Ausdruck bringen, dass sie Vertrauen zur anstehenden Behandlung haben.
- Beten für andere ist ein Akt der Nächstenliebe. Jeder ist verpflichtet, Kranke zu besuchen und für sie zu beten. Bikkur Cholim ohne Gebet ist unvollständig.
- Nicht jedes Gebet ist erlaubt. Das von Gott Erbetene muss im Rahmen der Naturgesetze eintreten können.
- Eine spezifische Form des Gebetes für Schwerkranke besteht in einer Namensänderung. Diesem Ritual liegt die Annahme zugrunde, die Krankheit habe den Kranken zur Umkehr veranlasst.
- Es gibt eine Meinungsverschiedenheit unter den Posskim, ob man für den Tod eines leidenden Patienten beten darf, damit er von seinen Qualen erlöst werde.
- Mediziner und geistige Betreuer ergänzen einander. Beide Seiten sind verpflichtet, für das Wohlergehen von Patienten bis zum Lebensende zu sorgen, jede Gruppe entsprechend ihrer Möglichkeiten.

Anmerkungen

1   Vgl. Katz-Sidlow, Rachel: The Sick Visit (Bikkur Cholim), in: *The Torah u-Madda Journal*, Vol. 11 (2002/03), 232. – Amsel, Nachum: Doctors and Visiting the Sick. The Jewish View, in: Amsel, Nachum: The Encyclopedia of Jewish Values, Jerusalem; New York 2015, 98–107.

2   Vgl. Epstein, Jechiel Michel: Aruch HaSchulchan, Jore Dea 335,8. – Ganzfried, Schlomo: Kizzur Schulchan Aruch 193,3.

3   Schoeps, Hans-Joachim: Ein weites Feld, Berlin 1980, 131.

4   Rabbiner Joseph Herman Hertz bemerkt in seinem Kommentar zu diesem Vers: „Ein in seiner Kürze vorbildliches Gebet. Was sagt es nicht alles in den fünf einfachsten, kürzesten hebräischen Worten!"

5   Vgl. Carmy, Shalom: Destiny, Freedom and the Logic of Petition, in: *Tradition*, Vol. 24 (1989), No. 2, 27f.

6   Im Talmudtraktat Sanhedrin 101a wird dieser Vers diskutiert. Vgl. auch Loike, John D.; Tendler, Moshe D.: The Miracle of the Answered Prayer, in: *Hakira*, Vol. 21 (2016), 120f.

7   Vgl. Aschkenazi, Yehuda Leon: Shaare Dima (hebr.), Beth-El 2016, 313f. sowie Friedländer, Michael: Die jüdische Religion, Frankfurt a. M. 1936, 148.

8   Vgl. Zucker, David J.: When Saying "Thank you God for Returning My Soul" is (too) Hard to Do, in: *The Journal of Pastoral Care and Counseling*, Vol. 66 (2012), No. 3–4.

9   Munk, Elie: Die Welt der Gebete, Basel 1979, Band 1, 25f. Vgl. Schwab, Shimon: Rav Schwab on Prayer. The Great Rav's Teachings on the Siddur, Brooklyn, N.Y. 2001, 18ff.

10   Vgl. van der Sluis, Douwe J. [u.a.]: Alle Morgen neu. Einführung in die jüdische Gedankenwelt anhand eines der wichtigsten jüdischen Gebete: Achtzehngebet, Wittingen 2005, 171.

11   Schwab: Rav Schwab on Prayer [FN 9], 454.

12   Anzumerken ist, dass die deutsche Übersetzung im „Siddur Schma Kolenu", S. 153 vom hebräischen Original abweicht. Ich habe die Übersetzung aus dem in FN 10 genannten Buch übernommen.

13   Vgl. z.B. Jakobovits, Immanuel: Jewish Medical Ethics, New York 1959, 22. – Vgl. Rosner, Fred: Modern Medicine and Jewish Ethics, New York 1991, 423. – Vgl. auch Berger, Noemi: Tefillat Schaw, in: *Jüdische Allgemeine*, 26.6.2014.

14   Vgl. Loike; Tendler: The Miracle of the Answered Prayer [FN 6], 115.

15   Vgl. Bachja Ibn Pakuda: Chovot HaLevavot, zitiert in: Loike; Tendler: The Miracle of the Answered Prayer [FN 6], 125, Anm. 50.

16   Vgl. Jakobovits: Jewish Medical Ethics [FN 13], 16.

17   Vgl. Neuwirth, Jehoschua Jeschaja : Schemirat Schabbat Kehilchata (hebr.), Jerusalem 5739, Band 1, 543f. – Vgl. Levine, Aaron: Sefer Zichron Meir (hebr.), Toronto 1985, 118. Dr. Abraham Steinberg hat 1979 eine vorzügliche Arbeit in hebräischer Sprache über Eide und Gebete jüdischer Ärzte veröffentlicht, die im Internet zu finden ist: www.daat.ac.il/daat/kitveyet/assia/tfilot-2.htm (23.01.2017).

18 Vgl. Levine: Sefer Zichron Meir [FN 17], 133–138.

19 Schulchan Aruch, Orach Chajim, Kap. 230, zitiert in: Neuwirth: Schemirat Schabbat Kehilchata [FN 17], 543.

20 Vgl. den Text auf der Titelseite des oben erwähnten Flyers.

21 Den hebräischen Wortlaut dieses Gebetes und eine Übersetzung ins Deutsche findet man im „Siddur Schma Kolenu", Basel 1996, 386f.

22 Vgl. Levine: Sefer Zichron Meir [FN 17], 102. – Vgl. auch Goldberg, Baruch Pincha: Pne Baruch (hebr.), Jerusalem 5745, 4.

23 Talmud, Baba Batra 116a.

24 Vgl. Feinstein, Moshe: Responsa Iggrot Mosche, Jore Dea Teil 4, Nr. 51. Dieser Autor vertritt die Ansicht, dass jeder den Wunsch eines anderen um ein Gebet erfüllen sollte, erst recht solche Leute, die von ihren Zeitgenossen als Weise geschätzt werden.

25 Vgl. Gold, Azgad: On Miracles and Nature. A Philosophical Analysis of Jewish Law (hebr.), Ramat Gan 2014, 144ff.

26 Vgl. Neuwirth: Schemirat Schabbat Kehilchata [FN 17], Kap. 32.

27 Vgl. Levine: Sefer Zichron Meir [FN 17], 111ff. – Goldberg: Pne Baruch [FN 22], 38.

28 Moses Maimonides: Hilchot Teschuwa, Kap. 2,4. Ich verdanke meinem Freund Daniel Matt den Hinweis, dass im mystischen Werk *Sohar* ein Baal Teschuwa vorkommt, der seinen Namen änderte. Ein gewisser Jehuda nannte sich nach seiner Umkehr Jehuda der Andere (Sohar 3,9a).

29 Daum, Aron: Halacha aktuell, Frankfurt a. M. 1992, Band 2, 617f.

30 Vgl. Loike; Tendler: The Miracle of the Answered Prayer [FN 6], 113.

31 Vgl. Bleicher, Ari: Tefillat Shav. The Limits of Prayer as a Means to Understanding its Transformative Nature, in: *Hakira*, Vol. 12 (2011), 233ff. – Vgl. auch Gold: On Miracles and Nature [FN 25], 116ff und 130ff.

32 Vgl. Loike; Tendler: The Miracle of the Answered Prayer [FN 6], 125.

33 Glick, Schimon M.: Der jüdische Arzt und Entscheidungen am Lebensende, in: Hurwitz, P. [u.a.] (Hg.): Jüdische Ethik und Sterbehilfe, Basel 2006, 112f. – Vgl. Gold: On Miracles and Nature [FN 25], 139.

34 Vgl.: Epstein: Aruch HaSchulchan [FN 2], Jore Dea 335:3.

35 Vgl. die Ausführungen seines Sohnes Rabbiner Yizhak Yossef, in: Jalkut Yossef, Jore Dea 335 sowie in einem Responsum in der Rabbiner-Sacks-Festschrift „Morascha Kehillat Yaakov" (hebr.), Jerusalem 5774, 206. Ein anderer seiner Söhne, Rabbiner Abraham Yossef, hat mir mündlich mitgeteilt, dass man nicht direkt um den Tod des Leidenden bitten soll. Die zu sprechende Formel lautet: „Möge Gott das Beste für den Leidenden ihm zukommen lassen."

36 Vgl. Gold: On Miracles and Nature [FN 25], 143 und 152f.

37 Vgl. Weiss, Ascher Selig: Minchat Ascher al Sefer Bamidbar (hebr.), Jerusalem 5775, 148.

Bikkur Cholim im heutigen Gesundheitssystem
Warum Bikkur Cholim aus Sicht eines Palliativmediziners auch und gerade heute so wichtig und wertvoll ist

Stephan M. Probst

Krankheit und Alter in unserer postmodernen Gesellschaft

Das Sorgen für hinfällige alte Menschen, Schwerstkranke und Sterbende wird in unserer Zeit immer wieder als zunehmende Herausforderung und Belastung für die Gesellschaft gesehen. Mehr und mehr wird der „Wert" eines Menschen an seinem Status und seiner Leistungsfähigkeit gemessen und die Vorstellung eines in allen Bereichen selbstbestimmt geführten, „erfolgreichen" und vor allem produktiven Lebens wurde längst zum erstrebenswerten Ideal. Wer aber an diesem Lebensentwurf nicht festhalten kann, weil er wegen seines Alters oder einer Krankheit seine Leistungsfähigkeit und Selbstständigkeit verliert, wird nicht selten von sich selbst oder der Gesellschaft als nutzlos erachtet. Vor allem dann, wenn ihre Versorgung und Pflege Zeit und Geld kosten, gelten Kranke und Sterbende nicht bloß als unnütz, sondern sie werden als Last für ihre Familien und die Gesellschaft insgesamt empfunden. Die mit dem demografischen Wandel in der Zukunft in noch viel größerer Zahl zu erwartenden Kranken und Pflegebedürftigen muss eine solche Gesellschaft zwangsläufig als Bedrohung erleben.

Solange sie glauben, gesund zu sein, sehen die meisten Menschen entweder keinen Grund oder sie weigern sich vehement, sich mit der eigenen Sterblichkeit und mit dem möglichen Sterben ihrer Liebsten auseinanderzusetzen. Viele von ihnen teilen die naiv-mechanistische Vorstellung, dass Krankheiten bloß Ausdruck defekter Organe oder Organsysteme seien, die es mit den Methoden der modernen Medizin zu reparieren gelte. Dieses weit verbreitete Verständnis von Medizin führte dazu, dass diese sich ganz nach dem technisch Machbaren ausrichtet. Vor lauter Begeisterung für die technischen und pharmazeutischen Errungenschaften orientiert sie sich nicht mehr am kranken Menschen und übersieht damit all seine sozioökonomische, psychosoziale und spirituelle Not. Es wird alles *gemacht*, aber zu wenig auf die *Ergebnisse* dieses Machens geschaut. Die Orientierung am Machbaren und der Anspruch, dass auch das Gesund-heitssystem (nicht zuletzt im ökonomischen Sinne) leistungs-fähig sein müsse, verstärken das schon lange zu beobachtende Phänomen des Tabuisierens von Sterben und Tod. Wir verleug-nen konsequent, dass Sterben und Tod zum Leben gehören und lassen uns gerne von einer Medizin, die so tut, als könne sie al-les, falsche Hoffnung auf stets mögliche Heilung vorgaukeln. Sterben und Tod sind in den Leitlinien einer allmächtigen Me-dizin nicht vorgesehen oder gelten als Versagen der Mediziner. Genau wie die aktive und dynamische Gesellschaft drängt auch die moderne Medizin Kranke und Sterbende an den Rand. Das Sorgen für kranke Menschen kommt schließlich im sogenann-ten Qualitätsmanagement unserer Krankenhäuser, das in Wirk-lichkeit nur der profitorientierten Ökonomisierung dient, nicht vor.

In diesem gesellschaftlichen Klima alt oder krank zu werden, macht Angst, und tatsächlich führen Alter und Krankheit nicht selten zu innerer und äußerer Vereinsamung. Statt den letzten Lebensabschnitt als wertvolle und intensive Zeit des Abschied-nehmens zu nutzen, erleben viele Kranke die zunehmende Ab-hängigkeit von der Unterstützung anderer und den Verlust von Selbstständigkeit bloß als Ausgeliefertsein und Würdeverlust. Deshalb treffen sie am Lebensende häufig extreme, oft sogar erschreckend falsche Entscheidungen. Sie haben Angst, einer Medizin ausgeliefert zu sein, die sich nur am technisch Mach-baren orientiert und angeschlossen an Apparate oder unter Ne-benwirkungen sinnloser Behandlungen ihre Würde zu verlieren. Um dies zu verhindern oder um weder ihren Familien noch der Gesellschaft zur Last zu fallen, suchen manche im Nachden-ken über (assistierten) Suizid oder Sterbehilfe nach einer Lö-sung. Umgekehrt gibt es viele Fälle, in denen das Festhalten an unbegründeter Hoffnung auf Heilung tatsächlich zu einer un-menschlichen und wirklich würdenehmenden Übertherapie führt. Vielen erscheint es unmöglich, auf Therapiemaßnahmen zu verzichten oder bereits begonnene zu beenden, auch wenn klar sein müsste, dass sie längst mehr schaden als helfen.

Fachleute betonen, dass dringend ein Wandel im Verständnis von Heilkunde sowohl bei Ärzten als auch in der breiten Öffent-lichkeit notwendig sei. Sie hoffen, dass die frühe Integration von Palliativmedizin in alle Bereiche der Medizin gleichermaßen vor Würdeverlust, Suizidwünschen und Übertherapie schützen könnte. Zudem muss die Gesellschaft wieder lernen, dass selbstverständlich auch ein Mensch in größter Pflegebedürftigkeit „wertvoll" ist, allein weil er Mensch ist.[1]

Mindestens so wichtig, wenn nicht noch wichtiger als der geforderte Dialog zwischen Experten verschiedener Fachdisziplinen auf dem Weg zu diesem Wertewandel ist der Austausch und die Kooperation zwischen Kranken, Familien, Ärzten, Pflegekräften, professionellen und ehrenamtlichen Helfern im jeweils konkreten Einzelfall. Für Menschen, die sich religiös oder spirituell im Judentum verorten, gehören auch Gemeindemitglieder aus den Bikkur-Cholim-Gruppen und Rabbiner zu wichtigen Partnern in diesem Dialog.

Verblüffend ist, dass die jahrhundertealte Tradition des בקור חולים (*Bikkur Cholim*, dt. „Krankenbesuch") und das traditionelle jüdische Verständnis von den Verpflichtungen des Arztes schon längst alle Prinzipien und Grundhaltungen der Palliativmedizin enthalten, die als etwas scheinbar ganz Neues und Subversives in den letzten Jahrzehnten „erfunden" wurden und deren Integration in die Behandlung Schwerkranker und Sterbender unser Gesundheitswesen aus den oben geschilderten Fehlentwicklungen herausführen soll. Damit hat der traditionelle jüdische Krankenbesuch auch und gerade in unserer Zeit einen sehr hohen, leider aber unterschätzten oder gar nicht erst erkannten Stellenwert. Er stellt ein effektives Gegengewicht zu antisolidarischen Tendenzen im Umgang mit den Schwächsten in unserer Gesellschaft dar. Es lohnt sich unbedingt, Ehrenamtliche aus den Bikkur-Cholim-Gruppen der Gemeinden enger mit Ärzten und Pflegekräften ins Gespräch zu bringen, damit sie gegenseitig voneinander lernen und die so dringend notwendige Zusammenarbeit auf den Weg bringen. Bikkur Cholim als מצוה (*Mizwa*, dt. „religiöse Pflicht"/„Gebot"), die von der ganzen Gemeinde erfüllt wird, ist ein wunderbares und deutliches Signal, dass das Judentum Alte, Kranke und Hinfällige nicht an den Rand drängt, sondern sie in die Gemeinschaft integriert. Darüber hinaus ist die sehr achtsame Grundhaltung, mit der das religiöse Gebot des Krankenbesuches erfüllt wird, ein guter Weg, die Kranken durch die ihnen zuteilwerdende Zuwendung besser zu verstehen und sie damit zur authentischen Selbstbestimmung zu befähigen. Die Begleitung auf diesem Weg erhält die Würde des Kranken und hilft, die richtigen Entscheidungen zu treffen. Dies gibt auch den Tagen der Krankheit Wert und Sinn.

Bikkur Cholim als selbstbestimmungsermöglichende Sorge

Autonomie und zwischenmenschliche Gebundenheit sind im Judentum wesentliche und sich keineswegs ausschließende Leitprinzipien. Der Mensch kann aus freien Stücken Erwägungen anstellen, Entscheidungen treffen und sich mit seinen Mitmenschen über die Gründe seiner Entscheidung austauschen. Diese Fähigkeit, verantwortlich Entscheidungen zu treffen, macht den Menschen überhaupt erst zu einem moralfähigen Lebewesen.[2] Juden orientieren sich in ihren moralischen Entscheidungen an der הלכה (*Halacha*, dt. etwa „jüdisches Religionsgesetz"), die für die einen autoritativ und strikt gilt, für andere eher eine allgemeine Grundlage für die zu treffenden Entscheidungen darstellt. All dies gilt ohne Unterschied für gesunde, junge, alte, behinderte oder kranke Menschen. Trotzdem ist es für Menschen, die durch Alter oder Krankheit vielfältige Funktionsverluste und Belastungen hinnehmen müssen, nicht immer einfach, diese Autonomie zu realisieren. Autonomie in Krankheit und Alter zu bewahren heißt, seinem Lebensentwurf getreu weiterzuleben – nicht nur *am* Leben zu bleiben, sondern vor allem *im* Leben zu bleiben.

Die Gefahr, mit dem Selbstbestimmungsrecht aber alleine gelassen zu werden und Entscheidungen zu treffen, die nur scheinbar authentisch sind, ist groß. Gar nicht selten treffen Menschen „autonome" Entscheidungen, die aber ganz und gar nicht ihren wirklichen Wünschen entsprechen. Sie treffen „anderen zuliebe" Entscheidungen, um niemandem zur Last zu fallen oder niemanden zu enttäuschen. Eine gelingende Kommunikation kann helfen, die wirklichen Wünsche und die konkrete Situation mit ihren realistischen Perspektiven sowie Art und Tragweite von Entscheidungen richtig zu erfassen. Nur dann sind stimmige Entscheidungen erst möglich. Fürsorge muss nicht, wie oft unterstellt wird, die Autonomie dessen, der die Fürsorge erfährt, verletzen. Wenn Fürsorge nämlich Zuwendung und Unterstützung bedeutet, so, wie es im Bikkur Cholim geschieht, ist sie „selbstbestimmungsermöglichende (Für-)Sorge". Sie ist eine Hilfe, die die Individualität und das Wertesystem des Gegenübers wahrnimmt und damit authentische Autonomie wahrt bzw. überhaupt erst ermöglicht.[3]

Nicht nur aus der klassischen rabbinischen Literatur, sondern besonders auch von Martin Buber und Emmanuel Lévinas können wir vieles über zwischenmenschliche Gebundenheit, Bezie-

hung und Begegnung lernen, was für eine „selbstbestimmungsermöglichende Sorge" von großer Bedeutung ist. Grundlage für
gelingende Kommunikation und ein verstehendes Begleiten
Kranker ist die unmittelbare Begegnung mit dem Kranken. Buber sprach von Begegnungen ohne *Mittel*. Das *Mittel* (das mit-
gebrachte Konzept oder der vorgegebene Zweck) ist für ihn „nur
Hindernis".[4] Wir müssen den Kranken zuallererst frei von Vor-
konzepten, Zielvereinbarungen, bedingenden Begrifflichkeiten
oder mitgebrachten Antworten begegnen. Im Talmud werden
sehr konkrete Anleitungen zur Vermeidung jedes Übergriffigen
schon in Vorgaben für die nonverbale Kommunikation beim
Krankenbesuch gegeben. Damit sind diese Anweisungen viel
viel mehr als bloß „Anstandsregeln". Die verbindlichen Empfehlungen, dass jeder, der einen Kranken besucht, sich einhülle und
mit dem Kranken auf Augenhöhe sitzen müsse, aber ausdrücklich nicht auf dessen Bett, einem hohen Stuhl oder sonst erhöht
sitzen oder stehen dürfe, haben viel bildhaft-Spirituelles.[5] Das
Einhüllen (seiner eigenen mitgebrachten Ansichten und Empfehlungen) sowie die Begegnung auf Augenhöhe bilden das
richtige Setting für eine Zuwendung, in der es zunächst darum
geht, zuzuhören und den Kranken zu verstehen. Es ist aber nicht
bloß Setting, sondern es teilt selbst schon vieles mit und man
begreift, was damit gemeint ist, wenn nonverbale Kommunikation die Sprache der Seele genannt wird.

Die Kunst der gelingenden Kommunikation

Ruth C. Cohn schrieb den zu Recht viel zitierten Satz: „Keine Methode ersetzt persönliche Wärme, Toleranz und positive
Einstellung zum Menschen".[6] Die Wertschätzung der Persönlichkeit des Kranken durch sein Umfeld ist die unbedingte Voraussetzung dafür, dass er sich selbst achten, seine Würde wahrnehmen und Lebensqualität finden kann. Das erkannten bereits
die Rabbinen, die Verfasser der Kodifizierungen der Halacha
und spätere פוסקים (*Posskim*, dt. „Dezisoren"/„Gelehrte", die als
halachische Autoritäten anerkannt sind). Sie alle gaben hilfrei-
che Hinweise, wie im Bikkur Cholim diese Wertschätzung verankert und Gefährdungen für das Würdeempfinden vermieden
werden können. Für Fälle, in denen beispielsweise der Besuch
den Kranken kompromittieren oder ihn krankheitsbedingte
Veränderungen beschämen könnten, wird im Schulchan Aruch
vom Krankenbesuch entweder ganz abgeraten, oder es werden

besonders behutsame Vorgehensweisen vorgeschlagen. Nie darf Bikkur Cholim zur Belastung für den Kranken werden.[7] Würde muss gesehen und von den Anderen (also von uns) bedingungslos bestätigt werden. So kann eine tragfähige gemeinsame Wirklichkeit mit dem Kranken aufgebaut werden, die unbedingt auch die emotionale und spirituelle Dimension einbezieht. Üblicherweise wird die Kommunikation im Rahmen von Bikkur Cholim weder als ärztliche noch als professionelle psychotherapeutische Kommunikation stattfinden. Sie wird diese aber ergänzen und gerade das besser erfüllen, was jene professionelle Begleitung aus verschiedenen Gründen nicht in vollem Maße kann: Die emotionale und spirituelle Situation der Kranken einbeziehen.[8]

Ehrenamtliche Begleiter in den Bikkur-Cholim-Gruppen der Gemeinden werden deswegen für die Kommunikation mit Kranken und deren Familien bevorzugt nach emotionszentrierten Ansätzen geschult. An einer schweren Erkrankung zu leiden geht, wie wir schon oben angedeutet haben, durch den Verlust verschiedenster Fähigkeiten mit Gefühlen von Ohnmacht, Ausgeliefertsein, Verzweiflung, Trauer, Angst, aber auch mit Wut und Schamgefühlen einher. Der achtsame Umgang mit diesen Emotionen ist in der Begleitung des Kranken essentiell. Die innere Haltung, die der Begleitende mitbringen muss, ist in dem Zitat der jüdischen Psychoanalytikerin Ruth C. Cohn zusammengefasst, mit dem dieser Abschnitt eingeleitet wurde. Dem Kranken muss mit einfühlender Wärme, unbedingter Wertschätzung und Kongruenz (d.h. Echtheit der Persönlichkeit des Begleiters) begegnet werden. Schließlich soll der Tradition zufolge die Fürsorge im Bikkur Cholim ein natürlicher Ausdruck von Wertschätzung und Nächstenliebe, aber auf keinen Fall die mechanische Erfüllung einer Mizwa sein.[9]

Ärzte und Pflegekräfte sind durch ihre Ausbildung und ihren professionell-alltäglichen Umgang mit den existentiell bedrohlichen Situationen ihrer Patienten oft so konditioniert, dass sie sich selbst durch einen direktiven Kommunikationsstil vermeintlich vor emotionalem Berührtwerden schützen. Zugleich glauben sie, Patienten unter dem Druck permanenten Zeitmangels besser und effektiver zu betreuen, wenn sie dies *aktiv handelnd* statt *passiv verstehend* tun. Die Patienten spüren dies, fühlen sich nicht ernst genommen und nehmen wahr, dass Ärzte und Pflegekräfte heute keine Zeit mehr zum Zuhören haben.

Kommunikation wird längst nicht mehr als wichtiges und unverzichtbares Element ärztlicher Heilkunst gesehen, und dass empathische Kommunikation heilsame Kräfte hat, ist in Vergessenheit geraten.[10]

Nondirektive Gesprächsführung und aktives Zuhören geben Kranken aber Raum, über ihre emotionale Situation zu sprechen, sich damit zu entlasten und eine Beziehung aufzubauen. Aktives Zuhören fordert keine unmittelbaren Antworten oder sofortigen Aktionismus, aber genau dazu sehen sich professionelle Helfer oft verpflichtet. Sie müssen lernen, zuzuhören, auch zwischen den Zeilen des Gesagten zu lesen und nicht gleich ihrem Drang nach unmittelbarem Agieren und Machen nachzugeben.[11] Meist bringen Menschen, die sich dazu entschließen, in einer Bikkur-Cholim-Gruppe mitzuarbeiten, die für eine emotionszentrierte Kommunikation notwendige Grundhaltung und innere Einstellung schon mit. Das Wertvollste, was sie mitbringen, sind Empathie, Wahrhaftigkeit, Respekt vor der Würde des Anderen und vor allem Zeit, da zu sein. Der große jüdische Philosoph und Denker unseres Zeitalters, Emmanuel Lévinas, dem es in seinem Werk so sehr um die „Verantwortung für den Anderen" und um die „Begegnung mit dem Antlitz des Anderen" ging, sagte über das „Sorgende" der Sprache selbst: „Die Sprache wendet sich immer dem Anderen zu, so als ob man gar nicht denken könnte, ohne sich bereits um den Anderen zu sorgen."[12]

Während die Aufklärung und Information über Diagnose und Prognose sowie die Behandlung krankheitsassoziierter Probleme eindeutig Aufgabe der betreuenden Ärzte und Pflegekräfte bleibt, ist das Eingehen auf die emotionale und spirituelle Situation des Kranken und seiner Zugehörigen durchaus kein Tabu für geschulte ehrenamtliche Begleiter aus dem Bikkur-Cholim-Dienst einer Gemeinde. In Anerkennung der persönlichen Kompetenz und der Nähe zu den Kranken sollten die Bikkur-Cholim-Begleiter, genauso wie die Profis (Ärzte, Pflegekräfte, Psychologen, Therapeuten, Sozialpädagogen usw.) in den interdisziplinären Ansatz bei der Betreuung Schwerstkranker und Sterbender, also in das Team, integriert werden. Manchmal kennen sie die Kranken – vor allem dann, wenn es keine Angehörigen gibt – am besten und sie erkennen oft genauer, was die Kranken brauchen und was nicht.[13] Die Bikkur-Cholim-Begleiter kommen aus der Gemeinde des Kranken und haben häufig eine ähnliche Sozialisation erfahren. Sie können seine Biografie und Kultur unter Umständen besser verstehen als die professionellen Helfer des Gesundheits- und Pflegesystems. Damit sind sie wertvolle Vermittler oder Kultur-Dolmetscher im Rahmen dessen, was wir modern als „Diversity Management" bezeichnen. Biografie (man denke hier besonders an Traumata durch Verfolgung, Diskriminierung oder Migrationserfahrung!), kulturelle Einflüsse, Sozialisation, spirituelle Vorstellungen und individuelle Religiosität beeinflussen sehr stark, wie ein Mensch Schicksalsschläge, Alter oder Krankheiten „versteht" und damit umgeht.[14] Die Verantwortlichen im Gesundheitssystem erkennen zunehmend diese Aspekte und versuchen, die Diversität von subjektiven Krankheitstheorien und Krankheitsverständnis besser in der Versorgung Kranker und Pflegebedürftiger zu berücksichtigen. Verschiedene Studien untersuchen, ob und wenn ja, welche soziokulturellen Gegebenheiten eine Erklärung dafür sind, dass manche Bevölkerungsgruppen (Juden aus der ehemaligen UdSSR scheinen eine solche Gruppe zu sein) die etablierten Strukturen von Pflege- und Palliativdiensten nicht im verfügbaren Maße in Anspruch nehmen und nutzen.[15]

Würde aus der Perspektive schwerstkranker und sterbender Menschen

Wir haben gesehen, dass das Erkennen kultureller Prägungen und Bedürfnisse sowie das Wissen um deren Bedeutung für Krankheitsverarbeitung und medizinische Entscheidungen die Grundlage für eine die Würde erhaltende und stützende Begleitung Schwerstkranker und Sterbender bildet. Ganz in diesem Wissen wurden bereits 1975 bei einer Tagung der *Wayne State University* in Detroit, Michigan, die Menschenrechte Sterbender formuliert. Unter anderem wurde darin das Recht Sterbender deklariert, Gefühle und Emotionen anlässlich ihres nahenden Todes auf die ihnen jeweils eigene Art und Weise ausdrücken zu dürfen. Auch das Recht, stets hoffen zu dürfen, worauf auch immer sich diese Hoffnung richten mag und zugleich das Recht, nicht getäuscht zu werden, auf alle Fragen eine ehrliche Antwort zu bekommen und über religiöse und spirituelle Bedürfnisse sprechen zu dürfen, unabhängig davon, was auch immer diese für Andere bedeuten, sind Rechte, deren Wahrung Würde aufrechterhält. Jeder, der Sterbende gut begleiten möchte, muss deren Recht anerkennen, ihre Individualität behalten zu dürfen und wegen ihrer Entscheidungen auch dann nicht verurteilt zu werden, wenn diese im Widerspruch zu den Einstellungen Anderer stehen.[16] Die Einzigartigkeit eines jeden Menschen setzt sich in seinem Umgang mit Krankheit, zunehmender Hinfälligkeit und Sterben fort. Das Grundrecht jedes Menschen auf eine angemessene, seine Autonomie und Würde respektierende Begleitung im Sterben schließt somit jedes normative Diktat eines „guten Sterbens" aus. Es gibt nur die Einmaligkeit des persönlichen Sterbens. Bleibt der allerletzte Lebensabschnitt ein individuelles Geschehen, das der Selbstbestimmung des Sterbenden nicht entzogen wird, wird es ein würdiges Sterben sein. Dies bedeutet, dass es niemals eine Aufforderung an Sterbende geben darf, sich gemäß bestimmter Vorgaben eines „guten Sterbens" verhalten oder pflegen lassen zu müssen. Alle, die Sterbende begleiten, müssen begreifen, dass Würde auch in der Weigerung liegen kann, mit dem bevorstehenden Tod Frieden zu schließen. Gerade bei der Tradition sehr verpflichteten Juden begegnet uns diese, für viele „Palliativprofis" unpopuläre Haltung. Besonders verständlich ist dies, wenn sie selbst oder Familienangehörige in der Schoa oder durch Diskriminierung in der ehemaligen Sowjetunion traumatisiert wurden. Ihnen, die sich nicht mit dem bevorstehenden Sterben-Müssen abfinden wollen, kann die Geschichte von König Chiskija aus der Hebräischen Bibel eine Stütze sein: Der Prophet Jeschajahu eröffnet dem König: „So spricht der Ewige: Bestelle dein Haus, denn du wirst sterben und nicht leben."[17] Chiskija, der zwar demoralisiert ist, aber die Hoffnung nicht aufgibt, beginnt zu beten. Daraufhin wird Jeschajahu vom Ewigen aufgefordert, zu Chiskija zurückzukehren und ihm nun mitzuteilen, dass der Ewige ihm weitere 15 Lebensjahre schenken wird.[18] Diese Geschichte bestärkt uns einerseits darin, ehrlich die Fragen der Kranken zu beantworten und fordert uns andererseits auf, ihr Recht zu respektieren, auch auf etwas hoffen zu dürfen, worauf wir selbst nicht zu hoffen wagen. Sie zeigt gleichzeitig, wie wichtig Gebet und Spiritualität für viele Menschen in der Krankheit sind. Es sind Quellen von Würde.

Trotz des hohen Stellenwertes, der heute der Würde gegeben wird, bleibt der Würdebegriff selbst oft vage und es gibt nur wenige wissenschaftliche Arbeiten, die Medizinern erklären, was genau die Würde kranker Menschen ausmacht, was diese Würde gefährdet und was sie schützt oder was dabei hilft, sie wieder zu erlangen, wenn sie verletzt worden ist. Der kanadische Psychiater und Psychoonkologe Harvey Max Chochinov erarbeitete jedoch ein sehr nützliches und empirisch begründetes Modell der Würde aus Sicht Schwerkranker und Sterbender. Es lohnt sich, dieses Modell genauer zu betrachten, denn dabei erkennen wir, welch starken, die Würde bewahrenden und stützenden Ressourcen wir im Bikkur Cholim finden können.

Bikkur Cholim als Dignity Therapy

Harvey Max Chochinov befragte in einer seiner Studien krebskranke Patienten am Ende ihres Lebens danach, wie sie den Begriff *Würde* verstehen und was aus ihrer Erfahrung das Gefühl von Würde stärken oder schwächen kann. Er fragte sie auch, was nach ihrer Vorstellung je dazu führen könnte, dass sie ihr Gefühl von Würde ganz verlören und was sie von der Behauptung hielten, dass ein Leben ohne Würde nicht mehr lebenswert sei und ob sie glaubten, Würde sei etwas, was einem von Anderen gegeben oder auch von Anderen genommen werden könne. Bei der Auswertung stellte er fest, dass es drei übergeordnete Bereiche gibt, die die individuelle Wahrnehmung von Würde beeinflussen und aus Sicht der Kranken charakterisieren:

1. krankheitsbedingte Belastungen
2. Würde bewahrende individuelle Ressourcen
3. Würde beeinflussende soziale Aspekte.[19]

Diese drei übergeordneten Bereiche werden wir im Folgenden genauer betrachten. Dabei werden wir feststellen können, dass in den Traditionen des Bikkur Cholim seit jeher eine besondere Achtung und Pflege der Würde verankert ist und wir finden in der umfangreichen Literatur über Bikkur Cholim in konkreten Anweisungen und Narrationen alle Aspekte und Erkenntnisse der modernen Forschungsergebnisse Chochinovs wieder. Viel Empathie für die *krankheitsbedingten Belastungen* wie Schmerzen und den Verlust von Selbstständigkeit, von körperlichen und geistigen Fähigkeiten sowie der hohe Respekt vor der Privatsphäre begegnen uns beispielsweise in den schon erwähnten „Anstandsregeln" für den Bikkur Cholim. Selbst für den Kranken beschämende Situationen als Folge seiner Krankheit wurden bedacht und wir finden gute Anleitungen, wie sich Besucher verhalten sollen, um Intimität und Würde des Kranken zu achten.[20]

Auch die von Chochinov identifizierten *würdebewahrenden individuellen Ressourcen* spielen im Bikkur Cholim eine bedeutende Rolle. Als solche Ressourcen beschrieben die in den psychoonkologischen Studien befragten Kranken vor allem die Kontinuität des Selbstgefühls und den Erhalt der Rollenfunktion. Sie nannten aber auch das Aufrechterhalten von Hoffnung und die Bedeutung eines Vermächtnisses. Die jüdische Tradition hat nicht nur ein Gespür für exakt diese Aspekte, sondern sie kennt sogar regelrechte „psychologische Interventionen", die zum Beispiel auf den Erhalt der Rollenfunktion und die Kontinuität des Selbstwertgefühls abzielen. Schon im 16. Jahrhundert beschrieb Rabbi Jehuda ben Bezalel Löw, bekannt als der Maharal oder „der große Rabbi Jehuda Löw aus Prag" (ca. 1512–1609) die Gefahr der Isolation Kranker, wenn diese durch eine Krankheit ihre Rollenfunktion in der Gemeinschaft verlieren. Im Bikkur Cholim sah er die Chance, durch die darin gelebte Beziehung zum Kranken diesem ein Stück Normalität wiederherzustellen. Nach seiner Interpretation ist dies auch die Erklärung des talmudischen Diktums, wonach durch den Besuch eines Kranken ein Sechzigstel von dessen Krankheit weggenommen wird.[21]

Eine schöne neuzeitliche Anekdote, die die Bedeutung des Rollenerhalts im Krankenbesuch veranschaulicht, erzählt Rabbiner Hanoch Teller in seinem Buch über Rabbi Shlomo Salman Auerbach: Rabbi Auerbach besuchte den kranken Rabbi Mosche Landau, als dieser auf der Intensivstation lag und dem Tode schon nahe war. Rabbi Landau, der noch bei vollem Bewusstsein war, entschuldigte sich bei Rabbi Auerbach dafür, dass er ihn früher einmal in einer halachischen Diskussion sehr scharf kritisiert hatte. Auerbach beruhigte Landau, dass es keinen Grund für eine Entschuldigung gäbe, denn es sei ja keine persönliche Beschimpfung, sondern ein halachischer Disput um des richtigen Verständnisses der Halacha Willen gewesen – betonte aber nochmals nachdrücklich, dass er mit seiner Auslegung recht habe und Landau hingegen ganz und gar irre. Rabbi Landau habe daraufhin Kräfte entwickelt, die man ihm nicht mehr zugetraut hätte, und habe ein heftiges Streitgespräch begonnen.

Rebb Auerbach erkannte sehr genau die „Essenz" des kranken Rabbiners und sprach ihn in der Kontinuität dessen an, was immer sein Leben und seine Persönlichkeit ausgemacht hatte. Mit dem Entfachen des Disputs tat Auerbach etwas Kluges und Würde-Erhaltendes, indem er Rabbi Landau weiterhin in dessen Rolle als halachische Autorität begegnete, statt würdenehmend und mitleidig bloß auf das Leiden und die verlorenen Fähigkeiten des auf dem Sterbebett liegenden Kranken zu schauen.[22] Nicht jeder ist eine halachische Autorität, aber jeder hat Erfahrungen und Kenntnisse, nach denen gefragt zu werden ihm guttut. Rabbiner Joseph Telushkin schildert in seinem Buch *A Code of Jewish Ethics* eine ganz ähnliche „Intervention", mittels derer ein sehr kluger Rabbiner seinem sterbenden Vater mit dem richtigen Fingerspitzengefühl half, in seiner Rollenfunktion zu bleiben. Anstatt sich mit dem Kranken über dessen Krankheit zu unterhalten, ließ sich der Rabbiner beim Krankenbesuch in Fragen zur Buchhaltung beraten, mit denen er selbst im Gemeindebüro überfordert war. Er konnte aber sicher sein, dass der frühere Kaufmann sofort die Antwort wüsste.[23] Sehr häufig können wir bei Menschen an ihrem Lebensende einen starken Altruismus beobachten. Diesen aufzugreifen, anzunehmen und zu stärken, kann wunderbare Erfahrungen in der Begleitung Sterbender ermöglichen. Man soll im Bikkur Cholim nicht nur oder besser bloß ausnahmsweise über Krankheit und den Verlust von Fähigkeiten sprechen, nämlich nur dann, wenn der Kranke von sich aus dieses Thema anspricht und ausdrücklich darüber reden möchte.

Viel hilfreicher ist hingegen die Förderung kleiner und noch so simpler alltäglicher, aber selbstständiger Unternehmungen und Tätigkeiten. Die Helfer aus der Bikkur-Cholim-Gruppe können gerade dabei eine unersetzliche Hilfe sein und damit die Würde des Kranken erhalten, etwa durch Unterstützung zum Musikhören, Spazierengehen, gemeinsamen Handarbeiten oder mit dem Pflegen jüdischer Bräuche, wenn es dem Kranken hilft, seinem Lebensentwurf treu zu bleiben.

Eine weitere, von Chochinov neben dem „Rollenerhalt" identifizierte wichtige, würdebewahrende Ressource, das „Vermächtnis", finden wir ebenso bereits in den allerfrühesten jüdischen Schriften wieder. Das Vermächtnis eines Menschen wird für ihn zu einer Quelle von Würde, weil ihn das Wissen tröstet, dass nach seinem Tod etwas den Tod Überdauerndes von ihm bleiben wird. Gerade wenn es schwierig ist, die Rollenfunktion aufrechtzuerhalten, hilft es, dem Kranken zu zeigen, dass er weiterhin ein wichtiges und wertgeschätztes Mitglied der Gemeinschaft (Familie, Gemeinde, Gesellschaft) ist. Es wird ihm Kraft geben, zu erfahren, dass die Gemeinschaft aufrichtiges Interesse an den Dingen und Werten hat, die ihm wertvoll sind oder waren. Der Rückblick auf das Leben und die Erkenntnis, dass dieses sinnvoll und bedeutsam war und dass Werte, Traditionen und innere Haltungen den Tod überdauern werden, können Hoffnung und Zuversicht geben. Dies ist das große Thema des Wochenabschnitts ויחי (*Wajechi*, wörtlich „und er lebte", vom Beginn des Abschnitts abgeleitete Bezeichnung für den Wochenabschnitt Gen. 47,28–50,26). Was heute in der Dignity Therapy als würdestiftende Intervention in Form eines strukturierten Aufschreibens der Lebensgeschichte und des Vermächtnisses alter oder kranker Menschen am Ende ihres Lebens geschieht, half auch unserem Stammvater Jakob dabei, sich an seinem Lebensende ein Gefühl für Transzendenz, für Sinnhaftigkeit und Würde zu bewahren. Seinen Angehörigen hat er ein wertvolles Andenken und uns mit dem שמע ישראל (*Sch'ma Israel*, dt. „Höre Israel") sein ethisches Vermächtnis bis heute weitergegeben. Nicht ohne Grund betont auch Chochinov diese Parallelitäten und beginnt sein Buch über *Dignity Therapy* mit der Erzählung von Jakobs Tod.[24] Der antiken Tradition der „ethischen Vermächtnisse", was eine holprige deutsche Übersetzung für den hebräischen Begriff צוואות (*Zawaot*)[25] ist, hat Shani Tzoref in diesem Buch ein eigenes Kapitel gewidmet.

Zum dritten Aspekt, den Chochinov als würdecharakterisierenden Begriff kategorisiert hat, nämlich den *würdebestimmenden sozialen Aspekt,* haben wir oben bereits festgestellt, dass Bikkur Cholim per se die würdestabilisierende Antwort ist. Das Beste, was das Judentum der in unserer Gesellschaft häufig genannten Ursache psychosozialer Belastung, nämlich der Sorge, für andere eine Last zu sein, entgegensetzen kann, ist Bikkur Cholim mit der in ihm verankerten Grundhaltung und seinem antiökonomischen Ansatz. Besser als das professionelle öffentliche Gesundheitssystem können die Gemeindemitglieder der Bikkur-Cholim-Gruppe diese Ängste beseitigen und den Kranken damit eine gute Zeit ermöglichen. Sie können die besonderen Wünsche der Kranken verstehen und bei deren Erfüllung helfen, und daneben auch die Privatsphäre der Kranken schützen und aufrechterhalten. Die Sorge für Kranke ist Mizwa und Privileg, aber keine Last.

Man muss nicht religiös sein, um spirituelle Bedürfnisse zu haben

Versteht man unter Spiritualität etwas wie die individuelle Beziehung eines Menschen zu dem tragenden Grund seines Lebens, die „Essenz" seiner Persönlichkeit oder das, was seinen ganz eigenen Lebensentwurf prägt, seinem Leben Sinn verleiht und vielleicht sogar eine Verbindung zur Unendlichkeit herstellen kann, wird deutlich, dass viele Menschen spirituell sind, ohne unbedingt religiös sein zu müssen. Fragen wie „Wozu bin ich eigentlich auf dieser Welt?", „Was ist meine Aufgabe in meinem Leben gewesen?" oder „Was kommt nach dem Tod?" kommen am Lebensende (wieder) auf und weisen als spirituelle Fragen gewissermaßen über die eigene Person hinaus.[26] Chassidische Geschichten erzählen uns viel von der Spiritualität in den kleinen Dingen und Gesten des Alltags, die zu etwas ganz Intensivem werden können, erkennt man erst die in ihnen liegende spirituelle Dimension.

Die spirituelle Begleitung von Kranken ist ein ganz wichtiger (aber für den Kranken nicht zwangsläufig religiöser[27]) Aspekt von Bikkur Cholim. Betreuende müssen genau wissen, was die spirituellen Bedürfnisse des Kranken sind und wie sie diese erkennen. Spirituelle Bedürfnisse zu entdecken und Kranke spirituell zu begleiten baut Beziehungen auf, in denen sich Menschen geborgen und aufgehoben fühlen. Oftmals öffnet sich den Kranken, regelmäßig aber auch den Besuchern eine Tür zu sehr intensiven Erfahrungen. Auch in der Begleitung Demenzkranker spielt die spirituelle Begleitung eine große und zunehmend erkannte Rolle.[28] Wichtig ist in jedem Fall, dass sich die spirituelle Begleitung am Kranken und seinen Konzepten orientiert. Voraussetzung dafür ist, dass der Betreuende seine eigene Spiritualität entdeckt. Er muss sie von den spirituellen Bedürfnissen des Kranken unterscheiden und wenn nötig trennen können. Das heißt, er muss sich klar darüber werden, mit welcher Grundhaltung er Kranke und Angehörige begleitet und wie er für sich selbst das bevorstehende Sterben des Kranken, aber auch die Endlichkeit des eigenen Lebens anerkennen kann. Schließlich hilft so die eigene Spiritualität den Mitgliedern der Bikkur-Cholim-Gruppe dabei, die Grenzen des Machbaren zu akzeptieren und mit Krankheit, Sterben und Tod „Frieden zu schließen". Durch die sie tragende Grundhaltung stellt Spiritualität also eine wertvolle Ressource für Vertrauen, Kommunikation und

Selfcare dar. Damit schafft lebendige Spiritualität lebendige Beziehungen, oder anders formuliert: Spiritualität füllt die Beziehung zwischen Krankem und Betreuendem mit Leben.[29]

Die spirituelle Begleitung wird vor allem durch die persönliche Begegnung und persönliche Beziehung getragen. Interessant ist in diesem Zusammenhang die unter halachischen Autoritäten diskutierte Frage, ob ein Telefonat oder ein Kontakt über Skype, FaceTime, WhatsApp und andere technische Möglichkeiten unserer Zeit den persönlichen Besuch beim Bikkur Cholim gleichwertig ersetzen können. Eine sehr sympathische und zugleich sehr spirituelle Antwort auf diese Frage gibt Rabbiner Mordechai Breisch. Für ihn erfüllt nur der persönliche Besuch beim Kranken die Mizwa, denn die שכינה (Schechina, meint die „Präsenz des Göttlichen"), die über dem Kopf des Kranken wacht, kann nur in der unmittelbaren Anwesenheit beim Kranken erfahren werden. Auch Rabbi Moshe Feinstein und Rabbi Ovadiah Yosef betonten die spirituelle Kraft der persönlichen Anwesenheit beim Kranken.[30]

Wer soll bestimmen, was geschieht?

Die Erfüllung der Mizwa des Bikkur Cholim beinhaltet also das Sorgen für den Kranken und die Sorge um seine physischen, psychosozialen und spirituellen Nöte. Ausdrücklich wird in der Sorge um die spirituellen Nöte oder Bedürfnisse traditionell auch nahegelegt, den Kranken zur תשובה (Teschuwa, dt. „Umkehr") und inneren Einsicht zu lenken oder zu „inspirieren". Im jüdischen Pragmatismus ging dies stets über das rein Spirituelle hinaus und es wurde immer auch zum Regeln der weltlichen Dinge angehalten.[31] Das Thema „Advance Care Planning" ist also ebenfalls ein Thema, das in der jüdischen Tradition schon seit jeher einen festen Platz hat und das sich ganz logisch und oft „von alleine" aus der würdestabilisierenden und spirituellen Zuwendung im Bikkur Cholim ergibt. Oftmals werden aktuelle Lebenssituation und Wertmaßstäbe in der Begleitung so deutlich, dass die Kranken in sich das Bedürfnis entdecken, die Dinge zu regeln, die am Lebensende zu regeln sind. Aus Sorge, anderen ausgeliefert zu sein, die die Wertmaßstäbe des Kranken gar nicht kennen, kann und sollte vorausschauend auch geregelt werden, wer entscheiden und wie in bestimmten Situationen vorgegangen werden soll, wenn der Kranke durch krankheitsbedingte Einschränkungen oder Bewusstseinsverluste selbst nicht mehr bestimmen kann. In den USA ist schon vor längerem erkannt worden, dass es bei der Erstellung von Patientenverfügungen und Vorsorgevollmachten einer dialogischen Herangehensweise bedarf und es viel antizipierende Kommunikation braucht, wenn Patientenverfügungen und Bevollmächtigungen das einhalten sollen, was von ihnen erwartet wird.[32] Es ist wichtig, dass die Kranken in einem längeren und gut begleiteten Entscheidungsprozess Wünsche und Ansichten formulieren können, die ihnen und ihrem Umfeld letztlich die Frage beantworten, wie und wo sie sterben möchten. Oft besteht die Sorge, dass es dem Kranken Hoffnung nehmen und schädlich sein könnte, wenn ihn seine Begleiter in dieses Themenfeld führen. Tatsächlich muss dies behutsam und mit dem schon erwähnten Fingerspitzengefühl geschehen. Dann kann es aber ein sehr wertvolles Nachdenken in Gang setzen und viel inneren und äußeren Frieden mit sich bringen. Die Begleiter aus Bikkur-Cholim-Gruppen können den Patienten in ihrer Funktion als Vertrauenspersonen eine große Stütze sein, wenn diese zusammen mit ihren Zugehörigen und Ärzten über Patientenverfügungen und Vorsorgevollmachten nachdenken. Natürlich setzt dies unbedingt voraus, dass die Bikkur-Cholim-Begleiter auch auf dieses Thema mit all seinen möglichen Konfliktfeldern gut vorbereitet und geschult wurden.

Rabbiner Avraham Danzig (1748–1820) schrieb ganz in diesem Sinne in seiner bis heute bedeutsamen halachischen Schrift *Chochmat Adam* darüber, wie man beim „Inspirieren zum Advance Care Planning" achtsam vorgeht, also ohne dem Kranken damit Hoffnung zu nehmen oder ihn in ein fatalistisches Aufgeben zu stürzen. Er stellte fest, dass es in vielen Gemeinden, vor allem aber in der Jüdischen Gemeinde Berlin üblich sei, dass immer am dritten Tag nach Bekanntwerden eines Krankheitsfalles ein Vertreter der Bikkur-Cholim-Gruppe den Kranken erstmals besuche. Dieser leite die Krankenbesuche stets mit der Begrüßungsformel ein, dass man dem im Talmud überlieferten Auftrag nachkomme und jeden Kranken am dritten Tag seiner Krankheit besuche. Dies mache man ausdrücklich bei jedem Kranken so und deshalb sei der Besuch kein Zeichen dafür, dass es besonders kritisch um den Kranken stünde. Auch halte man bei den Besuchen ausdrücklich jeden dazu an, seine Dinge zu regeln und das וידוי (*Widduj*, entspricht einem „Sündenbekenntnis") zu sagen, ohne dass dies sogleich bedeuten müsse, dass man mit dessen unmittelbar bevorstehendem Tode rechne.

Wenn aber wirklich mit dem baldigen Versterben zu rechnen sei, empfiehlt Rabbi Danzig, dass sich die Besucher um den Kranken versammeln und ihm klar machen, dass es nun dringend notwendig sei, das Widduj zu sagen. Man müsse dabei jedoch darauf gefasst sein, dass dies den Kranken beängstigen könne. Um dem Kranken also nicht zu schaden, sollen sie ihn immer daran erinnern, dass schon viele das Widduj gesagt haben und trotzdem nicht gestorben sind. Aber es seien umgekehrt schon viele gestorben, ohne das Widduj gesagt zu haben, was sicher ein Übel sei. Man hoffe in jedem Fall, dass das Widduj-Sagen dem singulären Kranken mit Gesundung vergolten werde.[33]

Je abstrakter und entfernter der Tod zu sein scheint, desto unbefangener lässt sich über Vorstellungen und Wünsche vom eigenen Tod sprechen. Für viele ist es in der allerletzten Lebensphase tatsächlich zu spät und kann unter Umständen wirklich mehr schaden als helfen. Aus Rabbi Danzigs Ausführungen im *Chochmat Adam* dürfen wir den Auftrag ableiten, dass man sich früh mit der eigenen Endlichkeit und der notwendigen Vorsorge befassen soll und dass an den Themen *Patientenverfügung* und *Vorsorgevollmacht* nichts Anstößiges ist.

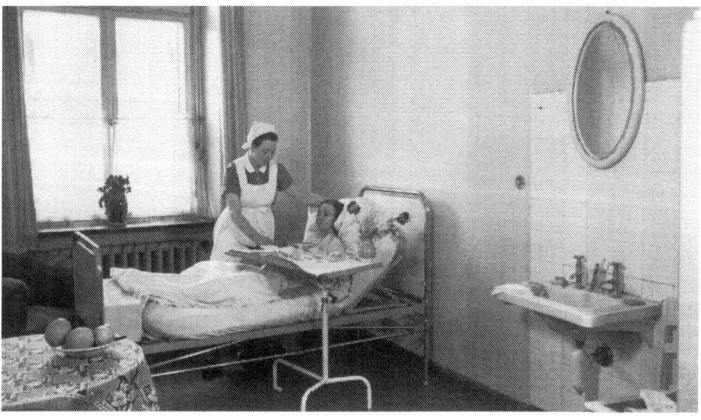

Das Sorgen für den Kranken. Herbert Sonnenfeld, Krankenzimmer im Jüdischen Krankenhaus in Berlin, Berlin ca. 1935;
Jüdisches Museum Berlin, Ankauf aus Mitteln der Stiftung Deutsche Klassenlotterie Berlin

Anmerkungen

1   Vgl. Maio, G: Den kranken Menschen verstehen, Freiburg 2015, 103–107.
– Krause, S. W.: Klug entscheiden … in der Hämatologie und Medizinischen Onkologie, in: *Deutsches Ärzteblatt*, Jg. 38 (2016), Nr. 113, A1650–
A1653. – Alt-Epping, B.; Fuxius, S.; Wedding, U.: Onkologie für die Palliativmedizin, Göttingen 2015. – Lazarus, M.: Ein psychologischer Blick
in unsere Zeit, 1872, zitiert nach Löw, L.: Die Lebensalter in der jüdischen Literatur, Szegedin 1875, 274f.: „Ich rede nicht von Jenen, die den
Erfahrungssatz, als ob das Alter leistungsunfähig geworden wäre, einfach durch ihre Thaten wiederlegen; ich rede nicht von dem, was das
Alter noch Hohes oder Besonderes zu leisten im Stande ist, sondern von
seinem bloßen Dasein, von dem bloßen Leben. Ob ein Großvater oder
eine Grossmutter in jenem unproduktiven Alter noch in der Familie lebt,
oder nicht lebt, macht für den moralischen Bestand der ganzen Familie,
und wenn es viele der Familien sind, der ganzen Stadt und des Volkes
einen wesentlichen Unterschied […] Sie empfangen […] neidlose Hin-
gebung, dankbare Pietät. Der Sinn für Pietät aber, der im Volke erzeugt
wird, ist eine moralische Kraft, welche über viele ökonomische Werthe
weit erhaben ist!"
Vgl. auch Emmanuel Lévinas, dessen Philosophie nach der Verantwortung dem Anderen gegenüber fragt und für den die Anerkennung des
Vorrangs des Anderen unsere Menschlichkeit ausmacht: „Die Sorge für
den Anderen siegt über die Sorge um sich selbst." Lévinas, E.: Die Unvorhersehbarkeit der Geschichte, Freiburg; München 2006, 173 sowie
Reddemann, L.: Mitgefühl, Trauma und Achtsamkeit in psychodynami-
schen Therapien, Göttingen 2016, 21.

2   Vgl. Dtn. 30,19.

3   Vgl. Deutscher Ethikrat: Patientenwohl als Maßstab für das Krankenhaus. Eine Stellungnahme, Berlin 2016, 38–48.

4   Vgl. Buber, M.: Die Schriften über das dialogische Prinzip, Heidelberg
1954, 10ff.

5   Vgl. Babylonischer Talmud, Traktat Schabbat 12b:

הנכנס לבקר את החולה לא ישב לא על גבי מטה ולא על גבי כסא אלא מתעטף ויושב
לפניו מפני ששכינה למעלה מראשותיו של חולה שנאמר "ה' יסעדנו על-ערש דוי"

Die Erklärung im Talmud für die gegebene Anweisung ist also die, dass
sich die göttliche Präsenz, die Schechina (שכינה), über dem Kopfteil des
Krankenbettes befindet. Wenn man die menschliche Würde auch aus
der Gottesebenbildlichkeit (שנברא בצלם) ableitet, ist dies ein sehr starker
Hinweis auf die Würde des Kranken trotz all seiner Vulnerabilität und
Hinfälligkeit.

6   Vgl. Cohn, R. C.: Von der Psychoanalyse zur themenzentrierten Interaktion, Stuttgart 1975.

7   Vgl. Schulchan Aruch, Jore Dea, Siman 335,8:

אין מבקרין לא לחולי מעים, ולא לחולי העין, ולא לחולי הראש. וכן כל חולי דתקיף ליה
עלמא וקשה ליה דיבורא אין מבקרין אותו בפניו.

אלא נכנסין בבית החיצון. ושואלין ודורשין בו אם צריכין לכבד ולרבץ לפניו. וכיוצא בו,
ושומעין צערו, ומבקשים עליו רחמים.

8   Auch wenn es keine ernsthaften Zweifel daran gibt, existieren kaum wissenschaftliche Untersuchungen dazu, dass und wie sehr Kranke von der
Begleitung durch ehrenamtliche Helfer profitieren. Unterdessen wurden jedoch in *BioMed Central Medicine* „harte wissenschaftliche Daten"
aus Großbritannien veröffentlicht, die den Benefit belegen:
Walshe, C. et al.: How effective are volunteers at supporting people in
their last year of life? A pragmatic randomised wait-list trial in palliative care (ELSA), in: *BMC Medicine* Vol. 14 (2016) No. 203, DOI 10.1186/
s12916-016-0746-8.

9   Vgl. Shapira, M.: Sefer Re'eh Emunah. (ספר רעה אמונה :משה שפירא), Jerusalem 2009, 291:

הגישה הנכונה היא, שהולכים לביקור חולים ונותנים את התחושה שעושים זאת בגלל
שאדם בטבעו אוהב אחרים ומתקשר למישהו אחר, ולא בגלל ציווי התורה.
כלומר: התורה מצווה לעשות המעשה כאילו שאין כאן ציווי, אלא בצורה טבעית דווקא.
(ר' ראובן לויכטר)
מי שמביא אוכל לחדר חולה, כמו שהוא מניח תפילין, ועושה זאת לשם שמים בגלל
שהקב"ה ציווה בלבד, הרי אע"פ שבסופו של דבר המעשה יעשה, הרי זו פגם בגוף
המצווה, שהרי עושה את המצות כ'חוקים', ולא כ'משפטים', ולו באופן זה הקב"ה ציווה
בהם. (ר' משה שפירא)

10 Vgl. hierzu: Gottschlich, M.: Medizin und Mitgefühl. Die heilsame Kraft
empathischer Kommunikation, Wien; Köln; Weimar 2007.

11 Vgl. Schmeling-Kludas, C.: Die Kommunikation mit Schwerstkran-
ken und ihren Angehörigen, in: Koch, U.; Lang, K.; Mehnert, A.; Klu-
das-Schmeling, C.: Die Begleitung schwer kranker und sterbender Menschen, Stuttgart; New York 2006, 31–50.

12 Lévinas, E.: Die Unvorhersehbarkeit der Geschichte, Freiburg; München
2006, 173.

13 Nachmanides (= Ramban, 1194–1270) schrieb in Torat Ha'Adam (Sha'ar
HaMeichusch), dass es, wie wir von Rabbi Akiba (Babylonischer Talmud,
Traktat Nedarim 40a) lernen können, Aufgabe im Bikkur Cholim sei, sich
neben der empathischen Zuwendung auch um alle physischen Bedürf-
nisse und Bedarfe des Kranken zu kümmern: ושמעינן מהכא דבקור חולים כדי
שיכבדו וירביצו לפניו, ויעשו לו הצרכים הצריכים לחליו.
Rabbi Avrohom Ehrman bezieht das für unsere Zeit auf alltägliche Erle-
digungen und Hilfen wie Hilfe beim Vereinbaren und Wahrnehmen von
Arztterminen, Hilfestellungen zur korrekten Medikamenteneinnahme,
Einkäufe und Haushaltsarbeiten, einfache Erledigungen abnehmen,
beim Kochen helfen.... Sie sind also auch wichtige Vermittler zwischen
Patient und professionellem Gesundheitssystem, vgl. Ehrman, A.: Jour-
ney To Virtue. The Laws Of Interpersonal Relationships In Business,
Home and Society, Brooklyn 2002.

14 Vgl. hierzu: Weitzel-Polzer, E.: Demenz, Traumata und transkulturelle Pflege – Der komplexe Pflegebedarf in der jüdischen Altenpflege in
Deutschland, in: *Zeitschrift für Gerontologie und Geriatrie* (2002) Nr. 35,
190–198. – Zielke-Nadkarni, A.: Jüdische Flüchtlinge aus der GUS. Sozi-

okulturelle Hintergründe, Versorgungsbedarf und Pflege, Berlin; Göttingen; Toronto; Seattle 2005.

15 Vgl. Kohröde-Warnken, C.: Zwischen Todesangst und Lebensmut, Hannover 2011, 37. – Van Keuck, G.; Joksimovic, D. (Hg.): Diversity. Transkulturelle Kompetenz in klinischen und sozialen Arbeitsfeldern. Stuttgart 2011. – Claims Conference; Zentralwohlfahrtsstelle der Juden in Deutschland (Hg.): Trauma und Intervention. Zum professionellen Umgang mit Überlebenden der Shoah und ihren Familienangehörigen, 2013. – Assion, H.-J. (Hg.): Migration und seelische Gesundheit, Heidelberg 2009 sowie den Beitrag von Silke Migala, Olga Sokolova und Uwe Flick in diesem Band.

16 Vgl. Barbus, A. J.: The Dying Persons Bill of Rights, in: *American Journal of Nursing*, Vol. 1 (1975), 99.

17 2. Kön. 20,1.

18 Vgl. 2. Kön. 20,5–6.

19 Vgl. Chochinov, H. M. et al.: Dignity in the terminally ill. A developing empirical model, in: *Social Science & Medicine*, Vol. 54 (2002), 433–443. – Mehnert, A.; Chochinov, H.M.: Würde aus der Perspektive todkranker und sterbender Patienten, in: Koch, U.; Lang, K.; Mehnert, A.; Schmeling-Kludas, C. (Hg.): Die Begleitung schwer kranker und sterbender Menschen, Stuttgart; New York 2006, 53–64. – Chochinov, H. M.: Dignity-conserving care – A new model for palliative care, in: *Journal of the American Medical Association*, Vol. 287 (2002), 2253–2260.

20 Vgl. hierzu: Babylonischer Talmud, Traktat Nedarim 41a: אין מבקרין לא
חולי מעיים... משום כיסופא
Maimonides (= Rambam), Hilchot Avel 14,5: ואין מבקרין לא בשלוש שעות
ראשונות ביום, ולא בשלוש אחרונות, מפני שהן מתעסקין בצורכי החולה.
Tur und Schulchan Aruch, Jore Dea 335,8 [FN 7] und 335,3:
המבקר את החולה לא ישב ע"ג מטה ולא ע"ג כסא ולא על גבי ספסל, אלא מתעטף
ויושב לפניו, שהשכינה למעלה מראשותיו. (הגה. ודוקא כשהחולה שוכב על הארץ
דהיושב גבוה ממנו. אבל כששוכב על המטה מותר לישב על כסה וספסל (ב"י בשם הר"ן
ותוס' והגהות מיימוני והג"א) וכן נוהגין.)

21 Vgl. Rabbi Jehuda ben Bezalel Löw (Maharal): Chiduschei Aggadot, über Babylonischer Talmud, Traktat Nedarim 39b:
החולה הוא נבדל מן כלל הבריות כאשר הוא חולה, כי כלל הנבראים הם כאשר הם
ראויים להיות, אבל החולי אשר יצא מבריאות הוא נבדל מן הכלל. ובזה שמבקרים
החולה והם מתחברים ומצטרפים אליו הנבראים, ובזה נוטל את חוליו ממנו אחד
משישים...

22 Vgl. Teller, H.: And from Jerusalem, His Word. Stories and Insights of Rabbi Shlomo Zalman Auerbach, New York 1995, 318–320.

23 Vgl. Telushkin, J.: A Code of Jewish Ethics, Vol.2, New York 2009, 83.

24 Vgl. Chochinov, H. M.: Dignity Therapy. Final Words for Final Days, Oxford; New York 2012, V–VIII.

25 Vgl. hierzu die Sammlung von Israel Abrahams, der mit ihr gewissermaßen die ethischen Vermächtnisse als literarische Gattung formuliert hat: Abrahams, I.: Hebrew Ethical Wills, Philadelphia 1926.

26 Vgl. auch: Student, J. C.; Napiwotzky, A.: Palliative Care. Wahrnehmen –

verstehen – schützen, Stuttgart; New York 2007, 186–199. – Höcker, A.;
Krüll, A.; Koch, U.; Mehnert, A.: Exploring spiritual needs and their associated factors in an urban sample of early and advanced cancer patients,
in: *European Journal of Cancer Care*, (2014), DOI: 10.1111/ecc.12200.

27 Rabbi Mosche Isserles schreibt in der Mappa zum Schulchan Aruch,
Jore Dea, dass der, der Kranke besucht, aber nicht für sie gebetet hat,
die Mizwa nicht erfüllt hat (Schulchan Aruch, Siman 335, Hilchot Bikkur
Cholim). Er muss aber nicht mit dem Kranken oder vor ihm beten. Die
Halacha lässt hier die Orientierung am Kranken zu, wie weit das Gebet
als religiöse oder spirituelle Begleitung in den Lebensentwurf des Kranken passt.

28 Vgl. Eglin, A.; Huber, E.; Rüegg, A.; Schröder, B.; Stahlberger, K.; Wuille-
min, R.: Tragendes entdecken. Spiritualität im Alltag von Menschen mit
Demenz, Zürich 2009, 10–19.

29 Vgl. Körtner , U. H. J.: Für einen mehrdimensionalen Spiritualitätsbe-
griff: Eine interdisziplinäre Perspektive, in: Frick, E.; Roser, T.: Spiritualität und Medizin. Gemeinsame Sorge für den kranken Menschen, Stuttgart 2009, 26–33. – Vgl. hierzu auch den Beitrag von Eckhard Frick in
diesem Band.

30 Zitiert nach: Amsel, N.: The Encyclopedia of Jewish Values, Jerusalem;
New York 2015, 107 (und Appendix, סד):

שו"ת חלקת יעקב, יורה דעה ב:קפח: בדבר שאלתו אם יוצאין מצות ביקור חולים בדיבור
עם החולה ע"י תלפון, וגם אי יוצאין בכתב להחולה או גם ע"י שליחו - וכת"ה האריך
בזה בחריפות ובקיאות נפלא כיד ד' הטובה עליו - וענוותו תרבני לידע גם חוות דעתי
בזה... ולפע"ד נראה ברור דעיקר מצוה אין יוצאין רק כשהולכין לבקר החולה בפניו...
וכאמורו לזה עיקר מצוה דביקור חולים,ודאי דצריך לכנס במקום שהשכינה
למעלה מראשותיו.

31 Vgl. hierzu: Chofetz Chaim, Ahavat Chessed 3:3: המבקר את החולה ראוי לו
שיפקח בצרכי החולה בגוף ונפש... בנפש - לעורר אותו לתשובה שיפשפש במעשיו...;
Schulchan Aruch, Jore Dea 335,7: אומרים לו שיתן דעתו על ענייניו, אם הלוה או
הפקיד אצל אחרים, או אחרים הלוו או הפקידו אצלו, ואל יפחד מפני זה מהמות.

32 Vgl. In der Schmitten, J.; Marckmann, G.: Gesundheitliche Vorauspla-
nung (Advance Care Planning) – Was können wir aus internationalen Erfahrungen für die Umsetzung von Patientenverfügungen lernen?, in: Borasio, G. D.; Heßler, H.-J.; Jox, R. J.; Meier, C. (Hg.): Patientenverfügung.
Das neue Gesetz in der Praxis, Stuttgart 2012, 96–114.

33 Vgl. Chochmat Adam 151,11:

המנהג בקהילות קדושות ובפרט בק"ק ברלין כשאדם חולה ביום ג' לחליו (כדאמר רבא
הכריזו דחלש) הולכין אליו גבאי ביקור חולים או שאר אנשים ואומרים לו אתה ידעת
שכן הוא התקון והמנהג אצל כל החולים ולכן אין לך לדאוג מזה כלום ולכן תעשה צוואה
מה שתרצה ומה שאתה חייב או אחרים חייבין לך לדאוג מזה וכעד אומרים לו התודה כי כל המתודה
על הטאיו מוחלין לו וכיון שבאותו הקהילות המנהג כן אין החולה דואג מזה כלום וכן
ראוי לתקן בכל עיר ועיר אך במקום שאין מנהג זה אין אומרים כן לחולה שמא ידאג
על מיתתו שכן דרך ההמון לדאוג כשאומרים לו התודה ומכל מקום כשרואין המבקרים
שנטה למות מסבבים עמו בדברים ואומרים לו התודה ואל תדאג מזה כי הרבה התודו
ולא מתו והרבה שלא התודו ומתו ובשכר שאתה מתודה אתה חי וכל המתודה יש לו
חלק לעולם הבא ואם אינו יכול להתודות בפיו יתודה בלבו ואם אינו יודע להתודות

אומרים לו אמור יהי רצון שתהא מיתתי כפרה על כל עונותי. ואין אומרים כל אלו
הדברים בפני עמי הארץ ולא בפני נשים וקטנים שמא יבכו וישברו לב החולה אלא
מוציאין אותן לחוץ וגם יאמרו לו שיבקש מחילה לכל מי שחטא כנגדו בין בממון ובין
בדברים (סימן של״ח סעיף א׳):

Diesen Text widme ich
Herrn David Rothschild
sowie meinen verstorbenen
Eltern

Über den Aufbau und die Aufgaben von Bikkur-Cholim-Gruppen und wie sie in den Gemeinden dauerhaft aufrechterhalten werden

Larissa Karwin

וכשאני לעצמי, מה אני?
ואם לא עכשיו, אימתי?

Wenn ich nur für mich bin,
was bin ich?
Und wenn nicht jetzt,
wann denn?
Pirkei Avot 1,14

Die Zentralwohlfahrtsstelle der Juden in Deutschland (ZWST e.V.) vertritt heute auf dem Gebiet der jüdischen Wohlfahrtspflege über 100 Gemeinden. Die Struktur der Gemeindelandschaft in Deutschland teilt sich in wenige große Gemeinden und viele kleine bzw. im Laufe der Zuwanderung neugegründete Gemeinden auf, die in einer relativ kurzen Zeit stark angewachsen sind. Die Mehrheit der Mitglieder bilden jüdische Migranten aus der ehemaligen Sowjetunion. Die älteren Jahrgänge nehmen – wie allgemein in der deutschen Gesellschaft – auch in den jüdischen Gemeinden stetig zu. Der Anteil der über 60-jährigen Gemeindemitglieder ist von 33% im Jahr 2000 auf 47% im Jahr 2015 gestiegen (2009: 41%). Eine weitere Zunahme des Anteils der älteren Generation in den Gemeinden ist absehbar.[1] Da der Bedarf an menschlicher Hilfe und Unterstützung aufgrund der besonderen Situation der älteren Zuwanderer (psychosoziale Auswirkungen der Migration, Gefahr der Isolation) sehr hoch ist, betrachtet die ZWST die ehrenamtliche Altenhilfe als unentbehrlichen Bestandteil ihrer sozialen Aktivitäten. Freiwillige Tätigkeit zugunsten des Nächsten und der Gemeinschaft – das Ehrenamt – ist ein zentrales Gebot des Judentums.

Es gibt nur wenige jüdische Gemeinden mit einer ehrenamtlich arbeitenden Bikkur-Cholim-Gruppe. Basierend auf dem jüdischen Verständnis von Wohltätigkeit (hebr. *Zedaka*, Leitbild der ZWST) bilden diese ehrenamtlich arbeitenden Gruppen einen der Grundpfeiler der jüdischen Tradition und Sozialarbeit; sie sollen zur Infrastruktur jeder jüdischen Gemeinde gehören. Bikkur Cholim ist hebräisch und heißt wörtlich übersetzt „Krankenbesuch", steht jedoch für ein weitreichendes und umfassendes Konzept des Füreinanderdaseins, des sich-Kümmerns, für Gemeinschaft, Solidarität und Nächstenliebe. Das Konzept von Bikkur Cholim schaut auf eine mehrere Jahrtausende alte jüdische Tradition zurück, die in der Tora (Gen. 18,1) in der Geschichte von Abraham erwähnt ist. Es steht dort geschrieben, dass „der Ewige Abraham im Eichenhain erschienen ist", während dieser um die Tageszeit am Eingang des Zeltes saß und sich (nach Meinung unserer Rabbiner) von der Beschneidung erholte. Der Talmud lehrt uns: „So wie der Ewige die Kranken besuchte, so sollst du sie auch besuchen". Bikkur Cholim ist eine wunderbare Mizwa (ein Gebot), eine moralische und spirituelle Verpflichtung für alle Juden, die Glück und Freude in das eigene Leben und in das Leben der Menschen um uns herum bringen kann. Diese Mizwa ist wichtig, weil Menschen, die krank oder ans Haus gefesselt sind, das Gefühl brauchen, mit der Gemeinschaft und der jüdischen Gemeinde verbunden zu sein. Besuche heben die Stimmung derer, die glauben, vergessen worden zu sein.

Vielen jüdischen Gemeinden fehlen die Ressourcen für die Gründung einer Bikkur-Cholim-Gruppe. Um die jüdischen Gemeinden dabei zu unterstützen, bietet die ZWST bundesweit und regional Bikkur-Cholim-Seminare an. Der „multiplikatorische Faktor" dieser Fortbildung, die Weitergabe und der Austausch von Kenntnissen, ist ein wichtiges Element zur Förderung des Ehrenamtes. Folgende Inhalte werden vermittelt: Basiswissen zu den religiösen Grundlagen sowie inhaltliche und organisatorische Kenntnisse über die professionelle Arbeit und Leitung einer ehrenamtlich arbeitenden Bikkur-Cholim-Gruppe. Das Seminarprogramm wird laufend den aktuellen Anforderungen angepasst, wie z.B. an die wachsende Anzahl der an Demenz erkrankten Gemeindemitglieder oder auch an die Entstehung von neuen Wohnformen für ältere Migranten. Neben der intensiven Fortbildung in Theorie und Praxis haben die Seminare auch die

Funktion einer ideellen Unterstützung und fördern die Motivation der freiwillig Engagierten. Hier wird die Initiative der neuen Teilnehmer gewürdigt, und die in ihrer Gemeinde bereits Engagierten erfahren die Anerkennung ihrer ehrenamtlichen Arbeit. Außerdem bieten diese Fortbildungen ein Forum für Aussprachen zu Fragen und Problemen aus der ehrenamtlichen Praxis. Die verschiedenen Bestandteile des Seminarprogramms (Vorträge, Workshops, Gesprächsrunden usw.) werden von professionellen Referenten geleitet, die aus der Praxis kommen und über spezifisches Wissen zu den verschiedenen Aspekten der sozial-religiösen Arbeit der Bikkur Cholim verfügen. Die ZWST fördert mit ihrer Weiterbildungsreihe ein Netzwerk, welches den ehrenamtlich Aktiven informativ und unterstützend zur Verfügung steht. Die intensive und engagierte Beteiligung der zahlreichen Teilnehmer zeigt, wie hoch Interesse und Bereitschaft der Gemeindemitglieder sind, sich in jüdischer Religion und Tradition weiterzubilden sowie ihre Anwendung in der ehrenamtlichen Gemeindearbeit einzubringen. In einigen Gemeinden sind konkrete, gut funktionierende Strukturen entstanden; in einigen Gemeinden befinden sich Bikkur-Cholim-Gruppen im Aufbau.

Für den Aufbau einer Bikkur-Cholim-Gruppe braucht man ehrenamtliche Helfer. Den Mitgliedern muss klar sein, dass ehrenamtliche Mitarbeiter in der Gemeinde willkommen sind. Gemeinderabbiner sollten ihnen Bedeutung und Sinn sowie ethische und religiöse Aspekte von Bikkur Cholim erklären. Für die Verbreitung der Informationen können verschiedene Möglichkeiten wie Flyer in Deutsch und Russisch, E-Mails an die Gemeindemitglieder, Artikel in den Gemeindebriefen, in Infoblättern oder auf einer Pinnwand der Gemeinde benutzt werden. Man kann bei der Mitgliederversammlung bzw. anderen Gemeindeveranstaltungen für ehrenamtliche Arbeit in der Bikkur-Cholim-Gruppe werben. Gleichzeitig werden auch alle Gemeindemitglieder und ihre Angehörigen gebeten, die Gemeinde über bekannte Krankenfälle oder Menschen, die sich in Not befinden, zu informieren. Persönliche Kontakte und persönliche Ansprache sind immer noch der effektivste Weg zur Gewinnung von Ehrenamtlichen. Während eines Krankenbesuchs berichten die Multiplikatoren der bestehenden Bikkur-Cholim-Gruppe den Patienten von ihrer ehrenamtlichen Arbeit und so passiert es oft, dass man sich nach der Genesung bereit erklärt, selbst in der Gruppe ehrenamtlich aktiv zu werden.

Jeder, der ehrenamtlich in der Gemeinde arbeiten möchte, sollte selbst für sich erkennen, auf welchem Gebiet seine Begabungen liegen und sich für die entsprechenden Aufgaben entscheiden. Hier werden einige Vorgaben genannt, die für die Tätigkeit in einer Bikkur-Cholim-Gruppe von Bedeutung sind:

1. Gesundheit

Wer in einer Bikkur-Cholim-Gruppe mitarbeiten möchte, sollte den körperlichen und psychischen Belastungen gewachsen sein. Die seelische Belastung ist die stärkste, deshalb sollte die besuchende Person ein ausgewogenes Innenleben und eine ruhige, freundliche und auch selbstbewusste Ausstrahlung haben.

2. Bereitschaft, sich mit den religiösen Gesetzen und mit der Gemeinde zu identifizieren

Als Besucher, der im Auftrag der Jüdischen Gemeinde zum Patienten kommt, sollte man sich mit ihr auch identifizieren können, und zwar sowohl mit dem jüdischen Glauben und den Gesetzen als auch mit Bräuchen und Sitten der Gemeinde.

3. Einfühlsames Verstehen (Empathie)

Die Fähigkeit, gut zuhören und sich auf Andere einstellen zu können, ist sehr wichtig.

4. Kontaktfähigkeit

Natürlichkeit und Freude daran, Menschen kennenzulernen, ist die beste Voraussetzung für jemanden, der beim Krankenbesuchdienst mitarbeiten möchte. Zuhören bedeutet nicht nur, den anderen reden zu lassen, sondern auch zu verstehen, was er uns direkt oder indirekt sagen möchte. Es bedeutet auch, ihn in seiner Andersartigkeit zu akzeptieren.

5. Teamfähigkeit und Diskretion

Die Fähigkeit, sich in einer Gruppe einzubringen und mitteilen zu können, sollte vorhanden sein. Das bedeutet, in der Art kommunizieren zu können, dass nicht nur Informationen weitergegeben werden, sondern Gefühle und Befindlichkeiten ausgetauscht werden. Teamfähigkeit be-

deutet auch die Bereitschaft, sich von Anderen etwas sagen zu lassen und schließt die Fähigkeit zur Selbstkritik
und Lernbereitschaft ein. Alles, was der Kranke über sich
selbst erzählt, darf nicht weitergegeben werden. Andererseits sollte man dem Kranken nur Informationen vermitteln, die ihm wirklich weiterhelfen können.

Nachdem sich eine Gruppe von Freiwilligen für die Arbeit in der
Bikkur Cholim gebildet hat, kommt die Gruppe mit dem Gemeindevorstand und Gemeinderabbiner zusammen. Während dieser
Sitzung wählt man einen Koordinator der Bikkur-Cholim-Gruppe. Damit die Mitarbeiter der Bikkur-Cholim-Gruppe im Krankenhaus oder bei Ämtern entsprechend akzeptiert werden, ist es
empfehlenswert, dass sie spezielle Ausweise vorlegen können.
Es ist zu empfehlen, Mitarbeiter der Bikkur Cholim-Gruppe
während ihrer Tätigkeit zu versichern (Kosten: ca. 7–8 Euro pro
Person pro Jahr). Für die o.g. Sitzung sollten von der Gemeinde
alle notwendigen Unterlagen wie Vollmachten (z.B. von allein-
stehenden Gemeindemitgliedern an eine Vertrauensperson aus
der Gemeinde für Erledigungen verschiedener Angelegenheiten
bei Behörden, für Auskunft über den gesundheitlichen Zustand
im Krankenhaus) bzw. Patientenverfügungen vorbereitet werden. Einige Gemeinden bestellen übertragbare Monatskarten,
damit die Ehrenamtlichen der Bikkur Cholim die Kranken und
einsamen Menschen mit öffentlichen Verkehrsmitteln erreichen
können.

Wer wird besucht?
Die Arbeit der Ehrenamtlichen der Bikkur Cholim macht deutlich, dass die jüdische Gemeinde an der Seite der Kranken und
Einsamen steht, dass sie für ihre Mitglieder immer da ist. Es
gibt viele verschiedene Möglichkeiten der Fürsorge. Man kann
einen Kranken bzw. Einsamen im Krankenhaus, Pflegeheim
oder zu Hause besuchen, ältere oder kranke Menschen insbesondere vor Schabbat oder Feiertagen anrufen, Besorgungen
verrichten, jemanden zu einem Arzttermin begleiten usw. Die
Form der Betreuung richtet sich nach der individuellen Situation der Betroffenen. Es ist wichtig, Menschen, die krankheits-
oder altersbedingt in Bedrängnis oder Not geraten und damit
oft sozialer Isolation ausgesetzt sind, Trost und Unterstützung
zu spenden. Wenn Ehrenamtliche der Bikkur Cholim einen

kranken Menschen besuchen, geben sie ihm zu verstehen, dass nicht nur sie sich um ihn kümmern, sondern dass die ganze Jüdische Gemeinde an ihn denkt und für seine Genesung beten wird. Die Ehrenamtlichen der Bikkur Cholim sind ein wichtiges Glied in einer langen Kette der Verpflichtungen, die in jüdischen zwischenmenschlichen Beziehungen unentbehrlich sind. Auf Wunsch der Kranken kann auch der Gemeinderabbiner sie besuchen.

Erstkontakt per Telefon ist wichtig:
Der Wunsch, besucht zu werden, ist bei Menschen, die krank oder alleine sind, oft sehr groß, und ein Besuch sollte immer angemeldet werden. Ein Anruf kann das Wohlbefinden des Kranken schon lange vor dem Besuch stärken. Das Erstgespräch sollte folgende Punkte beinhalten:

Angabe des Namens;

Organisation, von der der Besucher anruft (Jüdische Gemeinde XY, Bikkur Cholim);

ggf. erklären, was Bikkur Cholim ist;

Grund des Anrufs;

erste Vorabinformationen abgleichen und eventuell ergänzen.

Das passende Geschenk
Geschenke sind eine kleine bleibende Erinnerung an den Besuch. Vor allem beim Erstbesuch, aber auch bei Folgebesuchen sollte ein kleines Geschenk im Wert von ca. 3–5 Euro mitgebracht werden. Die Kosten für Geschenke übernimmt eine Bikkur-Cholim-Gruppe bzw. die Gemeinde. Beliebte Geschenke sind z.B. Gemeindezeitung, Zeitschriften und Rätselhefte, denn sie dienen als guter Zeitvertreib und bedeuten auch eine Verbindung zur Gemeinde, zur Welt außerhalb des Krankenzimmers; Blumen (hier sollte man jedoch vorab fragen, ob eine Allergie vorhanden ist), Pflegemittel wie Zahnpasta, Handcreme u. ä. Vor den jüdischen Feiertagen kann man z. B. Matze, Hamantaschen, Chanukkia und Chanukkakerzen usw. mitbringen. Jedes Gemeindemitglied, das sich im Krankenhaus befindet, oder ein einsamer Mensch im Altersheim oder Zuhause wird sich bestimmt über eine Genesungs-/Grußkarte des Gemeindevorstands sehr freuen.

Besuch im Krankenhaus: Was ist zu beachten?

Es ist wichtig, dem Kranken Respekt zu erweisen und sich an die Krankenhausordnung zu halten. Der Schulchan Aruch (die wichtige Zusammenfassung jüdischer religiöser Vorschriften) enthält 14 Paragraphen, die Krankenbesuche regeln. Unter anderem steht dort: „Der Besuch darf nicht in den ersten drei und in den letzten drei Stunden des Tages stattfinden". Das heißt: Wir sollen nicht zu früh morgens und nicht zu spät abends kommen. Morgens muss der Kranke seine Kräfte nach dem Schlaf sammeln und das Personal muss notwendige Messungen und Anwendungen durchführen. Die Besucher sollen sich bei dem Kranken selbst oder bei dem Personal über die gewünschte Zeit für den Besuch informieren. Sollte die Anzahl der Besucher begrenzt sein, so müssen diese ihren Besuchstermin mit den Angehörigen so vereinbaren, dass der Kranke nicht überlastet wird.

Der Besucher darf sich nicht auf das Krankenbett setzen: Das Bett ist das Zuhause des Kranken, sein Schlaf- und Wohnzimmer, und soll entsprechend respektiert werden. Ein Gespräch auf Augenhöhe, z.B. auf einem Stuhl neben dem Bett, erleichtert die Kommunikation.

Die Rolle und die Aufgaben der Ehrenamtlichen von Bikkur Cholim unterscheiden sich von denen der Sozialarbeiter oder Hauptamtlichen. Sie sollen dem Personal keine Ratschläge geben bzw. Kritik aussprechen. Bei bestimmten Fragen eines Patienten sollten sie darauf hinweisen, dass diese Fragen besser ein Arzt, eine Krankenschwester oder ein Sozialarbeiter beantworten kann. Sie sollten eine Sensibilität dafür entwickeln, wann eine fachlich kompetente Person eingeschaltet werden sollte.

Welche Kranken soll man besuchen und wann?

Familie und Freunde kommen sofort, die anderen erst nach drei Tagen (wenn die Krankheit plötzlich auftritt, kann man auch sofort kommen). Wenn es sich um urologische oder Magen-Darm-Krankheiten handelt, dürfen Männer Frauen nicht besuchen, aber Frauen dürfen Männer besuchen. Es empfiehlt sich nicht, jemanden zu besuchen, wenn Sie mit ihm kein gutes Verhältnis haben. Man besucht auch Kranke anderer Konfessionen – „Des Friedens wegen". Rabbi Jehuda haChassid (12. Jahrhundert) sagte: „Wenn ein Armer und ein Reicher krank sind, gehen viele zu dem Reichen, um ihm Respekt zu erweisen. Du sollst aber zu dem Armen gehen, selbst wenn der Reiche ein To-ra-Kenner ist".

Hiddur Mizwa bedeutet, ein Gebot zu verbessern, zu verschö-nern. So stellt man z.b. eine schöne Vase auf den Kiddusch-Tisch oder bedeckt ihn mit einer besonders schönen gestickten Tisch-decke. Beim Ausführen des Bikkur-Cholim-Gebotes soll man besonders respektvoll und zuvorkommend zu dem Kranken sein. Dadurch zeigt man die Zugehörigkeit des Kranken zur Ge-meinde, die Aufmerksamkeit für Menschen, die sich sonst ein-sam und verlassen fühlen könnten.

Man erzählt folgende Geschichte: „Jemand kam zu einem Kranken und fragte, wie er sich fühle. Nachdem dieser über sei-ne Krankheit berichtete, sagte der Besucher: ‚Wissen Sie, mein Vater ist an dieser Krankheit gestorben'. Der Kranke war sehr deprimiert, aber der Besucher sagte: ‚Machen Sie sich keine Sor-gen, ich werde für Ihre Genesung beten'. Darauf antwortete der Kranke: ‚Wenn Sie schon beten, fügen Sie bitte hinzu, der liebe G"tt möge mir Besuche dummer Menschen ersparen.'" Der Be-sucher hatte keine böse Absicht. Trösten konnte er den Kranken jedoch nicht. Wir sollten also sehr taktvoll sein und den Kranken geistig unterstützen. Man muss also Folgendes beachten:

- Niemals Fragen über die Details der Krankheit stellen. Wenn der Kranke will, wird er selbst alles erzählen.
- Auf keinen Fall von Menschen berichten, die an einer ähnlichen Krankheit litten und starben.

Besuch im Altersheim

Der Entschluss, dauerhaft in einem Seniorenheim zu leben, ist eine schwere Entscheidung. Viele wollen es nicht, denn das be-deutet, seine Unabhängigkeit und Individualität zu verlieren, seine körperliche und mentale Schwäche zuzugeben und sich überhaupt damit abzufinden, dass dies quasi die letzte Station sein wird. Man fühlt sich einsam und verlassen. Die Ehrenamt-lichen sollten sich dessen bewusst sein, um solche Patienten unterstützen zu können. Andererseits muss das Leben in einer Senioreneinrichtung nicht nur depressiv und passiv sein. Es gibt viele Möglichkeiten, das Interesse der dort lebenden Senioren zu wecken.

Die Mitarbeiter der Bikkur-Cholim-Gruppe sollen besonders vorsichtig bei Themen sein, die zu schmerzhaft bzw. zu per-sönlich sind. Es sollte damit gerechnet werden, dass die Beziehung zu dem Bewohner langfristig und tief sein wird. Um seine Freundschaft zu gewinnen, soll versucht werden, Gemeinsamkeiten zu finden. Ein alter Mensch soll selbst zeigen, was er von Besuchern erwartet. Es kann ihm gut tun, über seine früheren Lieblingstätigkeiten zu sprechen. Wenn Besucher sagen: „Wissen Sie noch, als ..." oder ihn bitten, etwas aus seinen jungen Jahren zu erzählen, zeigen sie aufrichtiges Interesse. Auch Informationen über die aktuellen Ereignisse in der Welt, außerhalb des Heims, können ihn geistig stimulieren. Die Ehrenamtlichen können ihm helfen, einen Brief zu schreiben, mit ihm Karten oder etwas anderes spielen und ihm vorlesen. Man kann mit ihm spazieren gehen, selbst wenn das nur wenige Schritte vor seiner Zimmertür sind.

Wenn Besucher einer Bikkur-Cholim-Gruppe das Zimmer eines Menschen betreten, den sie kennenlernen wollen, sollen sie sich im Zimmer umschauen – vielleicht erzählt dies etwas über diese Person. Gibt es Bilder von ihm/ihr oder von seiner verstorbenen Frau bzw. ihrem verstorbenen Mann? Besucher können Fragen stellen. Diese können eine Reaktion bzw. Erinnerungen hervorrufen. Sie sollen aufmerksam zuhören können. Man sucht nach Gegenständen im Zimmer, die etwas über die (früheren) Hobbys des alten Menschen sagen könnten. Gibt es Topfblumen? Schallplatten? Fachbücher? Das alles kann zum Gesprächsthema werden.

Es ist sehr wichtig, dass junge Leute Seniorenzentren besuchen. Sie können nicht nur einzelne alte Menschen besuchen, sondern auch ganzen Gruppen helfen. Zum Beispiel beim Basteln oder anderen kreativen Tätigkeiten. Junge Leute erstellen gerne Stammbäume oder schreiben Lebensgeschichten, und alte Menschen freuen sich, wenn sie durch ihre Erinnerungen dabei helfen können.

Besucher können alte Menschen fragen, ob sie sich für die Teilnahme am Schabbat-G"ttesdienst oder für andere jüdische Feiertage interessieren. Ob sie vielleicht einen Weg zurück zu ihren jüdischen Wurzeln finden wollen. Einige Patienten in Altersheimen wollen das nicht, denn sie haben schon längst vergessen, was sie bedeuten und wie schön sie sind. Solche Leute sind tief in ihrer Trauer versunken und meiden soziale Kontakte. Man kann sie an ihre Kindheit erinnern, fragen, ob sie Bar/Bat Mizwa gefeiert haben. Wie war das? Hat er/sie die Synagoge besucht? Welche religiösen Symbole sind ihm/ihr wichtig? Ist er/ sie stolz, Jude zu sein? Was ist der Hauptgrund dafür? All diese Fragen können sowohl negative als auch positive Reaktionen hervorrufen. Die Ehrenamtlichen der Bikkur Cholim sollen auf beides vorbereitet sein und nicht urteilen.

Ein paar Worte über Wein und *gefilte Fisch* können viel mehr helfen als lange Reden!

(Alte) Menschen, die zu Hause bleiben müssen

Es ist leicht, einen Patienten im Krankenhaus zu finden. Viel schwerer ist es, einen einsamen Menschen zu finden, der sein Zuhause nicht verlassen kann und einen Besuch dringend braucht. Die Bikkur-Cholim-Gruppe muss aktiv auf der Suche nach diesen Menschen sein! Sie sollen ihre Freunde, Bekannte und Kollegen befragen, weil einsame Menschen oft für die Gesellschaft unsichtbar bleiben. Eine solche Isolation führt zu Depressionen. Man schämt sich und will seine Hilflosigkeit nicht zeigen, weil man Angst hat, dass die Hilferufe ohne Antwort bleiben könnten.

Man erwartet von den Besuchern ein freundliches Gespräch und betrachtet sie als Verbindung zur Gemeinde und zur Außenwelt. Einige wollen nur eine Tasse Tee mit Besuchern trinken und dabei plaudern oder zusammen fernsehen oder Karten spielen. Andere benötigen Hilfe beim Einkaufen oder eine Begleitung zum Arzt. Ehrenamtliche dürfen auch „nein" sagen, wenn sie die eine oder andere Bitte nicht erfüllen wollen (in solchen Fällen ist es sinnvoll, einen Rat vom Gruppenkoordinator einzuholen). Wenn Mitarbeiter der Bikkur-Cholim-Gruppe z.B. keine Erfahrung im Umgang mit dem Rollstuhl haben, sollen sie nicht versuchen, ohne Anleitung durch geschultes Personal damit umzugehen. Es ist auch nicht die Aufgabe von Ehrenamtlichen, die Wohnung des Patienten aufzuräumen, ihm Medizin zu geben oder für ihn Entscheidungen zu treffen. Überforderung bzw. die Unkenntnis der Grenzen des ehrenamtlichen Engagements kann die Arbeit der Bikkur Cholim beeinträchtigen.

Ein Anruf zwischen den Besuchen kann einem einsamen Menschen helfen. Wenn Vertreter der Bikkur-Cholim-Gruppe ihren Besuch absagen müssen, sollen sie das dem Patienten unbedingt rechtzeitig telefonisch mitteilen, damit er nicht umsonst auf sie wartet.

Bei häufigen Besuchen kann Folgendes überprüft werden:

Gibt es Lebensmittel im Kühlschrank? Wie werden Arzneimittel aufbewahrt? Ist es in der Wohnung sauber? Es soll jedoch *immer* vorher um Erlaubnis gefragt werden. Dies zeigt Einfühlung und der Kranke fühlt sich respektiert. Hat sich der körperliche oder emotionale Zustand des Kranken sichtbar verschlechtert? Weil Besucher aber weder Arzt noch Berater oder Sozialarbeiter sind, sollen sie nur den Gruppenkoordinator oder die entsprechende Stelle der Gemeinde darüber informieren.

Wie sagt man „Auf Wiedersehen"?

Die Besucher sollen nicht länger als geplant beim Patienten bleiben, auch wenn es ihnen schwer fällt, „Auf Wiedersehen" zu sagen. Deshalb sollen sie den zeitlichen Rahmen des Besuches im Vorfeld festlegen. Es muss schon am Anfang gesagt werden: „Ich freue mich, Sie heute besuchen zu dürfen. Gut, dass ich bei Ihnen bis drei Uhr bleiben kann. Dann werde ich leider gehen müssen". Die Ehrenamtlichen sollten sich dabei nicht schämen bzw. fürchten, dadurch unfreundlich zu wirken. Eine klare Sprache und Aufzeigen der Grenzen helfen sowohl dem Besucher als auch dem Patienten. Diese Bestimmtheit trägt zur Herstellung von langen und festen Beziehungen bei und so wird das Gebot Bikkur Cholim richtig erfüllt.

Motivation des Ehrenamtes

Erfolgserlebnisse und Selbstbestätigung sind wichtig für die ehrenmtlich Engagierten. Sie suchen Möglichkeiten, sich weiterzubilden und zu qualifizieren – z.B. durch die Teilnahme an Bikkur-Cholim-Seminaren der ZWST. Jedes Mitglied der Bikkur-Cholim-Gruppe, ob Neuling oder alter Hase, braucht eine Art psychologische Unterstützung. Regelmäßige Gruppentreffen in gemütlicher Atmosphäre geben ihnen eine Möglichkeit zum Austausch. Sie können über ihre Enttäuschungen und Erfolge berichten und sich gegenseitig mit Rat weiterhelfen. Ein Gespräch mit kompetenten Fachkräften, einem Arzt oder einer Krankenschwester kann auch hilfreich sein. Ein Psychiater, Psychologe oder Sozialarbeiter kann bei Fragen hinsichtlich der psychischen Verfassung helfen bzw. einen Rat geben, wie man Kontakte mit bestimmten Patienten herstellt oder wie man sich in der einen oder anderen konkreten Situation verhält. Sozialarbeiter können Bikkur-Cholim-Mitglieder darüber informieren, mit welchen Mitteln die Gemeinde den Patienten helfen kann.

Rabbiner können die geistige Führung übernehmen und die Gruppe mit verschiedenen religiösen Texten versorgen (Gebetsbücher usw.). Die geheilten Patienten können auch viel Interessantes und Nützliches erzählen.

Ganz konkret sollen die Gemeinden bzw. Gemeindevorstände ein ehrenamtliches Engagement bei ihren Mitgliedern anerkennen (z.B. durch Ehrenamtspreise, Dankeschön-Veranstaltungen, namentliche Erwähnung in ihrer Mitgliederzeitung, Geburtstagsgeschenke, freien bzw. ermäßigten Eintritt bei den Gemeindeveranstaltungen und Übernahme der Kosten der Seniorenerholung im koscheren Hotel der ZWST in Bad Kissingen). Zudem sollte die Bereitschaft zur Ausführung ehrenamtlicher Arbeit gefördert werden (z.B. durch Fortbildungen, guten Versicherungsschutz, zeitnahen Kostenersatz usw.).

Nicht zuletzt sind die Freude und die Erfüllung einer der wichtigsten Mizwot ein zentraler Aspekt der Motivation.

Literaturverzeichnis

Ahren, Yizhak: „Bikkur Cholim", unter: www.hagalil.com/archiv/2001/06/bikkur-cholim.htm (23.01.2017).

Bennett, Chana: Bikkur Cholim. Ein Leitfaden für Schlechim und Helfer, Köln o. J.

Berger, Noemi: „Bikur Cholim. Religiöse Begriffe aus der Welt des Judentums", in: *Jüdische Allgemeine*, 25.07.2013, unter: www.juedische-allgemeine.de/article/view/id/16546 (23.01.2017).

Engelke, Ernst: Gegen die Einsamkeit Sterbenskranker. Wie Kommunikation gelingen kann, Freiburg 2012.

Epstein, Sharon Selib: Visiting the Sick. The Mitzvah of Bikur Cholim, Northvale, New Jersey 1999.

Jütte, Robert: Leib und Leben im Judentum, Berlin 2016.

Rosenwald Institut für Gemeinde- und Sozialarbeiter (Hg.): Methodische Empfehlungen für Volontäre der Jüdischen Wohlfahrtzentren, Sankt Petersburg 2000.

Anmerkungen

1   Vgl. die Mitgliederstatistik der ZWST: www.zwst.org (23.01.2017).

Dignity Therapy and the Case of the Testaments of Abraham: Biblical and Early post-Biblical Precursors to Chochinov's Generativity Documents*

Shani Tzoref

In his 2012 book, *Dignity Therapy: Final Words for Final Days*, H.M. Chochinov outlines a method that he has developed, tested and refined for the preparation of "Generativity Documents" in the course of "Dignity Therapy" designed for certain terminally ill patients.[1] In his preface, Chochinov discusses the biblical account of the patriarch Jacob's last words to his children in Genesis 49. The reference to this biblical precedent provides a frame for Chochinov's presentation of his contemporary technique, which he states "can promote spiritual and psychological well being, engender meaning and hope, and enhance end-of-life experience."[2] In this article, I use Chochinov's model as a framework for analyzing a cluster of ancient biblical and exegetical texts concerning the final words attributed to an earlier biblical figure, Jacob's grandfather, Abraham. The excerpts are taken from three compositions: the biblical book of Genesis,[3] the *Book of Jubilees* (generally dated to the second century BCE), and the *Testament of Abraham* (generally dated to the first or second century CE).

I. Dignity and Therapy, "Appropriate Death" and Genesis 25

The word "dignity" denotes recognition of "the inherent worth of each individual."[4] The current Wikipedia entry for the term states that "moral, ethical, legal, and political discussions use the concept of dignity to express the idea that a being has an innate right to be valued, respected, and to receive ethical treatment."[5] Human dignity may be conceived as simultaneously (1) a fixed quality that inheres in every human being, irrespective of their attributes, status, or actions and (2) a dynamic and variable quality, which is dependent upon recognition and acknowledgment by others and vulnerable to violation (by oneself or others).[6] The value of dignity in legal and political spheres has assumed greater significance since its inclusion in the Declaration

---

* I dedicate this article with appreciation to A, from and with whom I have learned and continue to learn so much about human dignity.

of Human Rights.[7] In the field of medicine, it is of notably growing importance in palliative care.

Neomi Rao has isolated three different (and potentially conflicting) conceptions of dignity as reflected in U.S. law: "[1] the dignity of the individual associated with autonomy and negative freedom; [2] the positive dignity of maintaining a particular type of life; and [3] the dignity of recognition of individual and group differences."[8] These categories roughly align with the factors delineated by Chochinov affecting a patient's sense of dignity:

TABLE 1

Neomi Rao: U.S. law	Chochinov: Dignity Therapy
Dignity of the individual associated with autonomy and negative freedom	Illness-Related Issues: How the illness affects personal feelings of dignity
Positive dignity of maintaining a particular type of lifestyle	Dignity-Conserving Repertoire: How a patient's own perspectives and practices can impact their sense of dignity
Dignity of recognition of individual and group differences	Social Dignity: How the quality of interactions with others can enhance or detract from one's sense of dignity

Rao's study was inspired by Isaiah Berlin's influential essay on two concepts of liberty, negative and positive, or "freedom from" and "freedom to."[9] Chochinov's model of Dignity Therapy focuses on the need to offer the patient a type of "negative freedom" in the form of relief from the indignities of their illness, as well as "positive freedom" in the form of maximizing their own sense of dignity. Rao's analysis further recognizes the importance of group identity in some conceptions of dignity, as incorporated in Chochinov's category of "Social Dignity." Chochinov's full outline of his model is reproduced here[10]:

TABLE 2

The Dignity Model	
Category	Themes and Sub-themes
Illness-Related Issues	SYMPTOM DISTRESS Physical distress: Pain, discomfort Psychological distress: Medical uncertainty, anxiety
	LEVEL OF INDEPENDENCE Cognitive acuity: Ability to think clearly, reason, remember Functional capacity: Ability to perform normal daily tasks
The Patient's Perspectives and Practices (The Dignity Conserving Repertoire)	HOW THE PATIENT PERCEIVES THE SITUATION Continued sense of self: Am I the same person I used to be? Role preservation: Have I lost my place in life? Generativity/legacy: What will I leave behind? Maintenance of pride: Do I take pride in myself? Hopefulness: Do I look forward to anything? Autonomy/control: Do I feel in control? Acceptance: Am I at peace with what is happening? Resilience/fighting spirit: Do I have the will to go on?
	WHAT THE PATIENT DOES TO EASE THE SITUATION Living in the moment: Not dwelling on the illness Maintaining normalcy: Sticking to a routine Seeking spiritual comfort: Finding solace in spiritual or religious practices
Interactions with Others (The Social Dignity Inventory)	Privacy boundaries: Feeling control over privacy Social support: Ability to draw support from friends and family Care tenor: Being treated with respect and kindness Burden to others: Worry about how others are affected Aftermath concerns: Concerns about those left behind

Sensitivity to the dignity of medical patients generally focuses on alleviating, reducing, and preventing indignities that could arise as a result of their illness and medical treatment.[11] The concern for this form of dignity, with its emphasis on the reduction of negative factors, and particularly upon "illness-related issues" is prominent in approaches to treatment of terminally ill patients. This focus on countering illness-related indignity is evident in the World Health Organization (WHO)'s definition of palliative care as "an approach that improves the quality of life of individuals and their families facing the problems associated with life-threatening illness, through the prevention and relief of suffering by means of early identification and impeccable assessment and treatment of pain and other problems, physical, psychosocial and spiritual."[12]

Chochinov's Dignity Model emphasizes a positive and proactive therapeutic and dignity-based approach. It seeks to move beyond offering relief and protection from indignity, by additionally empowering patients to adopt **dignity-conserving perspectives** and **dignity-conserving practices**. One aim of Dignity Therapy within the context of palliative care at end-of-life is to ease the patient into what is termed an "appropriate" or "good death." The Institute of Medicine defines a good death as one "free from avoidable distress and suffering for patient, family and caregivers, in general accord with patient's and family's wishes, and reasonably consistent with clinical, cultural, and ethical standards."[13]

In the book of Genesis, the report of Abraham's death implies such a "good death" (Gen 25):

> [5] Abraham willed all that he owned to Isaac; [6] but to Abraham's sons by concubines Abraham gave gifts while he was still living, and he sent them away from his son Isaac eastward, to the land of the East. [7] This was the total span of Abraham's life: one hundred and seventy-five years. [8] **And Abraham breathed his last, dying at a good ripe age, old and contented; and he was gathered to his kin.**[9] His sons Isaac and Ishmael buried him in the cave of Machpelah, in the field of Ephron son of Zohar the Hittite, facing Mamre, [10] the field that Abraham had bought from the Hittites; there Abraham was buried, and Sarah his wife. [11] After the death of Abraham, God blessed his son Isaac. And Isaac settled near Beer-lahai-roi.

Abraham is depicted as "dying at a good ripe age, old and contented" (זקן ושבע בשיבה טובה) i.e., in accord with the Institute of Medicine's stipulation of "free from avoidable distress and suf-

fering." He is buried by both Ishmael and Isaac, signaling a reso-
lution or setting aside of earlier family discord (see Gen chap. 16,
21). They bury him alongside his wife in the burial place that he
had selected (see Gen 23), reflecting consistency with "the patient's and family's wishes" and "cultural… standards."[14] The latter conformity is indicated also by means of the idiom "gathered
to his kin"(ויאסף אל עמיו).

Many of the details in the biblical passage align with the spe-
cific "Ten Criteria for a Good Death" enumerated by E. Shneidman.[15]

Table 3

	"Ten Criteria for a Good Death" (cited from Shneidman)	Gen. 25
1	NATURAL A natural death, rather than accident, suicide, or homicide	[8] *And Abraham breathed his last,*
2	MATURE After age 70; elderly yet lucid and experienced	[7] *This was the total span of Abraham's life: one hundred and seventy-five years … dying at a good ripe age, old and contented.*
3	EXPECTED Neither sudden nor unexpected; some decent warning	May be deduced from the arrangements made for the sons of his concubines shortly before the death report; perhaps implied in the word "*contented*" (vs. 7)
4	HONORABLE Emphasis on the honorifics; a positive obituary	--

5	PREPARED A living trust; prearranged funeral; some unfinished tasks to be done	*⁵ Abraham willed all that he owned to Isaac ⁶ but to Abraham's sons by concubines Abraham gave gifts while he was still living, and he sent them away from his son Isaac eastward, to the land of the East. ... ⁹ His sons Isaac and Ishmael buried him in the cave of Machpelah, in the field of Ephron son of Zohar the Hittite, facing Mamre, ¹⁰ the field that Abraham had bought from the Hittites; there Abraham was buried, and Sarah his wife.*
6	ACCEPTED Willing the obligatory; gracefully accepting the inevitable	Perhaps implied in the word "*contented*" (vs. 7), and in the idiom "*and he was gathered to his kin*" (vs. 8)
7	CIVILIZED Attended by loved ones; with flowers, pictures, and music during active transitioning	The death scene is not depicted. The burial scene brings Isaac and Ishmael together: *⁹ His sons Isaac and Ishmael buried him in the cave of Machpelah*
8	GENERATIVE To have passed the wisdom of the tribe to younger generations	--
9	RUEFUL To experience the contemplative emotions of sadness and regret without collapse	--
10	PEACEABLE With amicability and love; freedom from physical pain	*and contented* (vs. 7) Perhaps implied in the imagery of the expression *breathed his last* (vs. 8)

What is the significance of the correspondence between the two columns in the table? Genesis 25 presents an idealized report of Abraham's death, as a fitting end to the life of the righteous patriarch. On one hand, the biblical text can be presumed to reflect existing social mores and values that were operative within the community of ancient Israel at the time of its composition. At the same time, given the didactic function of Torah, the text will have aimed to shape socio-cultural and religious values and norms for its own time and for generations to come. Indeed, it has succeeded in doing so. This raises the question of cause and effect regarding the close correspondence between Shneidman's criteria and the report of Abraham's death in Gen 25. The alignment may reflect some sort of universality of human understanding of dignity at end-of-life. The presence of Shneidman's criteria in Gen 25 would thus be viewed as a *result* of this presumptive constant, with an understanding that a certain sensitivity to realities of the human condition is shared by both the biblical text and modern social scientists/clinicians. From another perspective, I propose that the alignment may be seen as a reflection of the "generative" impact of the biblical text on current conceptions of a "good death" in Western society.[16] The presence of the elements in the biblical text can thus be seen as a cause for presuppositions about a "good death" held by some patients today, and by professionals who study and treat these patients. I will address the implications of this perspective in the conclusion of this article.

Essential as "generativity" is to the aim of Torah and to numerous contemporary psycho-social evaluations of a healthy life and good death, this feature is absent from the report of Abraham's death in Gen 25. The three adjectives in Shneidman's list not represented in Gen 25 are "honorable," "rueful," and "generative." It is not surprising that indications of "ruefulness" are absent from the idealized biblical portrait.[17] Somewhat more striking is the lack of a corresponding element to "honorable" (a "positive obituary," according to Shneidman). This omission is especially noticeable in light of Gen 23:2, which records that Abraham himself lamented over Sarah after her death and cried over her (ויבא אברהם לספוד לשרה ולבכותה). I suggest that Gen 25 does, in fact, incorporate a "positive obituary" for Abraham — not in the form of a narrated report about a delivery of a eulogy, but rather through textual performativity. The passage itself – and, in fact, the entire Abraham narrative in Gen chap. 12–25 – functions as a laudatory written memorial to the patriarch. To some extent, similar explanations could be given for the absence of explicit reference to "generativity" in Gen 25, in the sense described by Shneidman regarding a "good death": "To have passed the wisdom of the tribe to younger generations; to have shared memories and histories; to act like a beneficent sage." Erik Erikson coined the term "generativity" and defined it as "the concern in establishing and guiding the next generation."[18] In referring to Abraham's sons, Gen 25 implicitly attests to his "establishing" of a next generation. Concern for establishing the next generation is a primary theme of Gen chap. 12–25, as memorialized in Abraham's very name:

> And God said to him, "As for Me, this is My covenant with you: You shall be the father of a multitude of nations. And you shall no longer be called Abram, but your name shall be Abraham, for I make you the father of a multitude of nations." (Gen 17:3–5)

Yet what about parental "guiding" on Abraham's part, beyond his establishment of biological continuity? The book of Genesis focuses upon God's promise as the source of the eternal blessing of Abraham's elect offspring, rather than recounting Abraham's own active efforts to ensure their merit and prosperity.[19] Genesis 25 features a modest reference to this covenantal continuity. In the aftermath of the death report, we read this note concerning a transmission of heritage beyond inheritance: "After the death of Abraham, God blessed his son Isaac" (Gen 25:11). Yet, the question remains regarding the lack of reference to "guidance" of the next generation: Where is the sharing of information, which is the subject of our current discussion of Dignity Therapy? Similarly, chap. 12–25 of Genesis fulfill the function of transmitting the memory and history of the nation's founding patriarch to future generations. However, where is Abraham's own active role in this transmission?

One verse in the Abraham narrative refers to such a role. Genesis 18:17–19 reads:

> Now the LORD had said, "Shall I hide from Abraham what I am about to do, since Abraham is to become a great and populous nation and all the nations of the earth are to bless themselves by him? For I have singled him out, **that he may instruct (יצוה) his children and his posterity to keep the way of the LORD by doing what is just and right**, in order that the LORD may bring about for Abraham what He has promised him" (Gen 18:17–19).[20]

Biblical scholars have noted that the reference to Abraham's instruction of his children in verse 19 is anomalous within the Genesis narrative.[21] Particular attention has been paid to its use of vocabulary typical of the book of Deuteronomy, especially in exhortation of the Israelites towards righteous conduct.[22] Notably, the verse neither cites actual instructional speech by Abraham nor narrates an account of such activity. It is a report of God's expectations. Description of Abraham's instructional generative activity is conspicuously absent in Gen 25, and in the broader biblical narrative.

To summarize this discussion of Gen 25: Abraham's death is reported in the Hebrew Bible in a manner that accords with contemporary conceptions of a "good death" described in scientific literature about palliative care. The biblical report indicates Abraham's freedom from indignities, and depicts positive manifestations of dignity befitting Abraham as an individual, within his family, and among his ethno-geographic group. A feature lacking in the text is socio-cultural "generativity," an element appearing in death reports of other leading figures in the Hebrew Bible, via extensive farewell speeches to the figures' offspring.[23]

II. Generativity Documents and Ancient Jewish Literary Testaments: Jubilees 23–25

Modern Bible scholars are not the first readers to feel the lack of "generativity" in the biblical report of Abraham's death in Gen 25 and within the larger Abraham narrative in Genesis.[24] The *Book of Jubilees*, composed in the 2nd century BCE,[25] compensates for this "gap" in the biblical text by recording three separate episodes in which Abraham delivers guiding speeches to his offspring in anticipation of his death.[26] The form and function of these farewell addresses bear considerable similarity to Chochinov's "Generativity Documents." An important difference between the two is that the narrations in *Jubilees* are literary constructions. The texts are not generated by and for a living individual and people close to them, but are rather imagined and idealized didactic texts produced in order to propagate a religious and national message.[27]

Jubilees presents itself as the words of the "Angel of the Presence," spoken to Moses following the revelation of the Torah at Sinai, as a supplement to the Sinaitic Torah. The book re-tells the narrative of Genesis with some modifications, omissions, and additions, often filling in gaps in a manner similar to rabbinic midrash.[28] Chapters 20–23 of *Jubilees* contain three instructional speeches by Abraham to his offspring, as well as an associated farewell blessing. These are presented as direct citations of his words, delivered in first-person, and addressed in the second person to his children and grandchildren.

As noted above, the Hebrew Bible contains a number of "testaments," or end-of-life-farewell addresses, attributed to significant leaders.[29] In post-biblical literature, a rather formulaic template emerged for the composition of testaments attributed to additional biblical figures.[30] The standard template contains three sections, focusing on the present, past, and future:

(1) PRESENT: *a narrative framework* that describes the setting for the address, containing (i) a notice that the death of the figure is drawing close, (ii) a note about the summoning and gathering of the attendant offspring, and (iii) a segue into the address itself, frequently a variation on the formula "he commanded."

(2) PAST: A *historical review*, usually spoken in first person and referring to exemplary episodes in the life of the biblical figure with a focus on a virtue or vice.

(3) FUTURE: A second-person *admonition* addressed to the gathered family, containing (i) exhortation to adopt the virtues of the patriarch and avoid or abandon his vices,[31] (ii) predictions, and (iii) blessings.

These ancient literary testaments reflect some similarities in form and content to the Generativity Document designed by Chochinov for end-of-life Dignity Therapy. This is a text produced via a collaborative process by a terminally ill patient and a trained psychotherapist.[32] The stages involve the following steps: one or two interview sessions conducted and audio-recorded by the therapist with the patient, transcription by a qualified expert commissioned by the therapist, editing of the text, reviewing the edited text with the patient, and lastly, creating and bestowing the final document upon the patient. These documents, comparable to the addresses in ancient Jewish literary testaments, record the individual's memories in the form of exemplary "snapshots" from their past, as well as messages of advice and hopes for their loved ones that are aimed toward the future.[33] The "Dignity Psychotherapy Question Protocol" reads as follows[34]:

Tell me a little about your life history; particularly the parts that you either remember most or think are the most important?

When did you feel the most alive?

Are there particular things that you would want your family to know about you, and are there particular things you would want them to remember?

What are the most important roles you have played in your life (e.g., family roles, vocational roles, community service roles, etc.)? Why were they so important to you, and what do you think you accomplished in those roles?

What are your most important accomplishments, and what do you feel most proud of or take most pride in?

Are there particular things you feel need to be said to your loved ones or things that you would want to take the time to say once again?

What are your hopes and dreams for your loved ones?

What have you learned about life that you would want to pass along to others? What advice or words of guidance would you wish to pass along to your [son, daughter, husband, wife, parents, other(s)]?

Are there important words, or perhaps even instructions, you would like to offer your family?

In creating this permanent record, are there other things that you would like included?

To aid in our understanding of both the modern and biblical texts, the following table demonstrates the basic elements of the testament genre (narrative framework, historical review, and admonition/prophecy/blessing) within the farewell addresses attributed to Abraham in the book of *Jubilees*, in chap. 20, 21, 22.[35]

TABLE 4

	Jubilees 20	Jubilees 21	Jubilees 22	Jubilees 22	Jubilees 22
Narrative setting: Offspring gather	Abraham summoned Ishmael and his twelve children, and Isaac and his two children, and the six children of Keturah, and their children.	Abraham summoned his son Isaac.	Isaac and Ishmael came from the Well of the Oath to their father Abraham to celebrate the festival of weeks (this is the festival of the first fruits of the harvest…)		He summoned Jacob
	He ordered them:	and gave him orders as follows: "I have grown old, but do not know when I will die because I have reached the full number of my days…"	He ate and drank. Then he blessed the most high God…		And said to him: "Now you, my son Jacob, come close and kiss me." So he came close and kissed him. Then he said:
Exhortation: Positive	to keep the way of the Lord so that they would do what is right and they should love one another… Circumcision Adherence to covenant and commandments… Serve God	"Now you, my son, keep his (God's) commands, ordinances, and verdicts" Sacrificial laws: Pouring out the blood Use of salt Proper wood for the altar. Purification			"Be strong before people, and continue to exercise power among all of Seth's descendants… Now you, my son Jacob, remember what I say, and keep the commandments of your father Abraham."

	Jubilees 20	Jubilees 21	Jubilees 22	Jubilees 22
Exhortation: Negative	Idolatry Fornication Impurity Marrying Canaanite wives	Idolatry Sacrificial laws: Consuming blood; Exonerating bloodshed of humans		*Separate from the nations and do not eat with them. Do not act as they do…* Impurity Idolatry Marrying Canaanite wives
Prediction	*because the descendants of Canaan will be uprooted from the earth*			*"All of his (Ham's) descendants and all of his (people) who remain will be destroyed from the earth"* *"This house I have built for myself to put my name on it upon the earth. It has been given to you and to your descendants forever… Your descendants and your name will remain throughout all the history of the earth"*

	Jubilees 20	Jubilees 21	Jubilees 22	Jubilees 22
Historical Review	*He told them about the punishment of the Giants, and the punishment of Sodom – how they were condemned because of their wickedness; because of the sexual impurity, uncleanness, and corruption among themselves, they died in (their) sexual impurity.* "Now keep yourselves from all sexual impurity and uncleanness and from all the contamination of sin so that you do not make our name into a curse, your entire lives into a (reason for) hissing, and all your children into something to be destroyed by the sword. Then you will be accursed like Sodom, and all who remain of you like the people of Gomorrah."	"Now I am 175 years of age. Throughout my entire lifetime I have continually remembered the Lord, and tried to do his will wholeheartedly and to walk a straight course in all his ways. I have personally hated idols in order to keep myself for doing the will of the one who created me"	"I am now 175 years of age, old and with (my) time completed. All of my days have proved to be peace for me. The enemy's sword has not subdued me in anything at all which you have given me and my sons during all my life until today."	"May the most high God give you all the blessings with which he blessed me and with which he blessed Noah and Adam." "For through Ham's sins Canaan erred." "As the people of Sodom were taken from the earth…"

Blessing/ Thanks/ Praise/ Supplication of God		"For he is the living God. He is more holy, faithful, and just than anyone… he is a just God who exercises judgment …"	"Then he blessed the most high God who created the earth… Now I offer humble thanks to you, my God, because you have shown me this day"	
Blessing of progeny	"so that he (God) may be delighted with you, give you his favor…" Rains "bless everything that you do" Fertility: land, offspring, herds "You will become a blessing upon the earth"	"… so that you may be kept from every evil one and that he may save you from every (kind of) death" "May the most high God— my God and your God— strengthen you to do his will. May he bless all your descendants—the remnant of your descendants— throughout the history of eternity with every proper blessing so that you may become a blessing throughout the entire earth…"	"May your (God's) kindness and peace rest upon your servant and on the descendants of his sons so that they, of all the nations of the earth, may become your chosen people and heritage from now until all the time of the earth's history throughout all the ages"	"My son Jacob, may the God of all bless and strengthen you to do before him what is right and what he wants. May he choose you and your descendants to be his people for his heritage in accord with his will throughout all time… May my son Jacob and all his sons be blessed to the most high Lord throughout all ages." "May he renew his covenant with you so that you may be for him the people of his heritage throughout all the ages…"

The following synoptic table documents the similarities between the literary testaments of Abraham in *Jubilees* and the Generative Documents of Dignity Therapy Narrative while also highlighting key differences:

TABLE 5

Generative Documents	Abraham's Testaments in *Jubilees*
PRESENT: Production of a written document	"PRESENT": Narrative setting within a literary text: gathering of offspring
(see below)	FUTURE: Exhortation: Positive Exhortation: Negative Prediction
PAST: Life history; most important or best-remembered memories. ("When did you feel most alive?" This functions also for present.)	PAST: Historical Review
Specific things that you would want your family to know about you Most important roles you have played in life Most important accomplishments	
FUTURE: Advice and guidance; instructions What are your hopes and dreams for your loved ones?	FUTURE: (see above) Blessing of progeny
Variable Temporality: OPEN-ENDED Are there particular things that you feel still need to be said to your loved ones, or things that you would want to take the time to say once again? In creating this permanent record, are there other things that you would like included?	Variable Temporality: (ATEMPORAL or MULTI-TEMPORAL) Blessing/Thanks/Praise/Supplication of God

Narrative is central to both the modern generative documents and the ancient literary testament texts. In the therapy process, the written generative document is the tangible artifact produced through a process of live interviewing and written transcription of the conversation between therapist and terminally-ill patient. The creation and production process itself is a key component of the therapeutic value for the patient. Therapeutic and other benefits for those close to the patient are secondary and contingent upon the patient's involvement in co-creating and producing the document. In the Second Temple composition, imagined oral speech is embedded in a textual narrative. The narrative's intended beneficiary is the implied reader of the text. The text's author also intends to derive benefit insofar as he hopes to succeed in transmitting his religious message. I thus endorse one aspect of Van Ruiten's statement that "it is not *Jubilees'* intention to instruct people with regard to their own death. As such it is not counseling for the dying but counseling for life."[36] I, however, depart from Van Ruiten's elaboration of this observation as applying to Abraham's children and grandchildren. The significant target audience of these speeches does not consist of the characters inside the narrative, i.e., those within the "world of the narrative." Instead, the speech is directed towards readers of the book in the author's own time, as well as for posterity.

The divergence in aims and audiences has an impact on the order, content, and texture of the elements listed in the two columns in the above chart. In *Jubilees*, the sequence of the elements within the spoken text is variable. Emphasis is placed on instruction and exhortation, especially concerning observance of God's commands. There is greater focus on the future than the past, and the past is referenced as a stimulus towards adherence to instructions regarding the future. In contrast, the elements in the Generative Document are ordered chronologically. The past is referenced for its own independent value in strengthening and deepening the patient's sense of self and relationships with others, and as an aide mémoire for the future to preserve and strengthen the memory and positive attachment of others to the patient.

I propose that the above distinctions may be useful in illuminating our understanding of the Generative Document, and possibly enhancing its practical application. Biblical scholars refer to the use of literary techniques such as the incorporation of testaments within *Jubilees* as "authority-conferring strategies."[37] By placing his message in the mouth of the patriarch Abraham – especially in dramatic farewell addresses – the author of the text enhances the status of both his composition and message. The enhancement is effected through the medium of pseudepigraphical oral testament embedded in a written text that purports to be a transcription of orally transmitted angelic revelation.[38] That medium embodies an essential part of the message, namely that the composition offers the key to insider information about heavenly knowledge and righteous conduct, and thus about the path to divine reward.[39]

In contrast, the Generative Document implements a "dignity-enhancing strategy." The creation, production, and sharing of the text are means of eliciting and imbuing "meaning, purpose, dignity, and spiritual or existential well-being."[40] The patient's own "authority" is the starting point of the process. The aim of enhancing the patient's sense of personal authority is predicated upon the basis of authority regarding self as an inherent human right. As noted and illustrated in Table 1, Chochinov distinguishes three aspects of dignity concerns in therapy for terminally ill patients, in alignment with Rao's categories of human dignity: the illness, the patient's own "repertoire," and an external social dignity "inventory." The model of Dignity Therapy presupposes the basic right to and existence of dignity. In large part, it is a response to the threat to that dignity posed by the illness. The concept of the Generativity Document relates primarily to Chochinov's second and third categories, the "Dignity-Conserving Repertoire" and the "Social Dignity Inventory." Chochinov describes Dignity Therapy as aiming to enhance the "dignity-conserving repertoire" of the patient. This repertoire focuses upon the patient as an individual.

Chochinov sub-divides the dignity-conserving repertoire into "perspectives" and "practices."[41] He describes dignity-conserving perspectives as "internally held qualities that may be based on long-standing personal characteristics, attributes, or an acquired world view," and he identifies eight sub-themes: (1) continuity of self; (2) role preservation; (3) generativity/legacy; (4) maintenance of pride; (5) hopefulness; (6) autonomy/control; (7) acceptance; and (8) resilience/fighting spirit. The practices he lists are "living in the moment, maintaining normalcy, [and] seeking spiritual comfort." The production of a Generativity Document is a means of engaging the patient in an active and creative task that requires attention and exertion in the present moment. It involves investing in the future in a manner that can offer spiritual comfort; offering continuity of the self beyond the approaching physical end-of-self. The medium and the message are one and the same: the patient's self. The telling of one's story is inherently a self-affirming act, and the guiding questions function to direct the story towards maximum self-affirmation and meaning-making. The patient is invited to share "the memories in which you were the most you" and to share the messages that are most important for them to pass on. Patients are invited to sift through their memories and select the ones that feel most representative of who they are, who they want to be, and how they want to be seen and remembered. That story becomes a self-portrait, and the advice offered to loved ones emerges out of that self-portrait.[42]

In Abraham's testaments in *Jubilees*, the process is reversed. As Annette Reed writes about testaments in general: "Their anonymous authors often take the opportunity to opine about life or death, present action or future judgment, and they retroject later norms and arguments onto the biblical figures in whose names they write and speak."[43]

In summary: The literary technique of having the reader "listen in" on Abraham's address to Isaac, Jacob, et al. strengthens the authority of the text and heightens the reader's identification with the founding figures of Israel, thereby shaping and fortifying their religious identity in accord with the author's values. The poignancy and pathos of the deathbed setting for Abraham's testaments and the "celebrity" attribution serve the rhetorical aim of effective transmission of the author's polemic message. In Chochinov's Generativity Documents, the transmission of the message serves the socio-psychological and spiritual aims of strengthening the dignity of the individual, their relationships, and the memories of them.

III. An Alternative Model: Subverting the Good Death in the Testament of Abraham

The *Testament of Abraham* reflects a different form of assertion of self than that found in Chochinov's Generativity Documents. This section considers this work in the context of conceptions of a "good death," in relation to Rao's and Chochinov's second and third categories of dignity: positive individual dignity and social dignity. The *Testament of Abraham*, most likely composed around the turn of the era, has sometimes been called an "anti-testament," as it subverts the conventional forms of the trope described in Section II.[44] This work combines elements of various ancient literary genres (including the apocalypse and ancient novel) with a considerable amount of wry humor to tell a story about Abraham's refusal to die or even prepare for death. Despite God's best intentions to afford Abraham the opportunity to deliver a farewell address and make other arrangements for a "good death," Abraham persists in employing various delay and avoidance tactics. In the version of the work that I discuss here, Death must finally resort to congenial deception in order to remove Abraham's soul from his body.[45]

A brief summary of the plot will facilitate our analysis. The *Testament of Abraham* describes consecutive missions to Abraham, by the archangel Michael and by the figure of Death. Initially, God deploys Michael to inform Abraham of his impending death "so that he may set his affairs in order" (T. Ab. 1:4). Michael is so hospitably and lovingly received by Abraham that he can't bear to complete his mission. In an accommodating compromise, God transmits the message via a symbolic dream dreamed by Isaac, which Michael then interprets. Abraham informs Michael that he refuses to die. He tries to put off the inevitable by requesting a tour of the earth (which is granted, followed by a tour of heaven). In heaven, he views the Final Judgment of souls and learns about the process of reward and punishment after death.[46] Upon their return, Abraham reneges on his prior assurance to go peacefully and again refuses to die. Following Michael's failure, God sends Death himself to inform and remove Abraham from life. Death, too, is graciously received, but after he identifies himself and his dual mission, Abraham again declares his refusal to comply. Abraham puts off Death with questions, dilatory tactics, and dramas, ultimately declaring his need for a nap. Finally, Death offers Abraham his right hand as though in a gesture of support, but through the contact involved in this deceptive gesture, he takes Abraham's soul and transports it to paradise at God's command.

The story pre-supposes the normative conceptions of a "good death" that we have previously identified in ancient Jewish texts, especially in the testamentary farewell addresses. At the same time, it offers resistance to some of these socio-cultural assumptions as outlined in the table below, with particular respect to the element of "acceptance."

TABLE 6

"Ten Criteria for a Good Death" by Shneidman:	Testament of Abraham Reflections of Criteria	Testament of Abraham Counters to Criteria
1. NATURAL	8:10 God tells Abraham, through Michael: "*I have not suffered any deadly disease to come upon you...*" (see also criterion 10, below, "PEACEABLE")	
2. MATURE	1:1 *Abraham lived the measure of his life, 995 years. Having lived all the years of his life in quietness, gentleness, and righteousness...* 15:1 *Behold his end has drawn near, and the measure of his life is fulfilled.*	
3. EXPECTED	1:4–7 *Now Master God, summoning his archangel Michael, said to him:* "*... You, archangel Michael, go to Abraham, my beloved friend. Announce his death to him and assure him in this manner: At this time, you are about to depart from this vain world...*'" 8:9 God tells Michael to remind Abraham that all humans are mortal and that: "*For good comfort I have sent my commander-in-chief Michael to you, so that you may know your departure from the world...*"	
4. HONORABLE	20:10–14 *Immediately* (upon Abraham's death) *the archangel Michael came with a multitude of angels and took up his precious soul in his hands in a divinely woven linen cloth. They tended the body of the just Abraham with divine ointments and perfumes... The angels received his precious soul and ascended into heaven, singing the hymn of "thrice holy"...*	

"Ten Criteria for a Good Death" by Shneidman	Testament of Abraham Reflections of Criteria	Testament of Abraham Counters to Criteria
5. PREPARED	1:4 *Now Master God, summoning his archangel Michael, said to him: Go down, commander-in-chief Michael, to Abraham, and speak to him concerning his death, so that he may set his affairs in order…* 4:11 "*…so that (Abraham) may make disposal of all his possessions.*" 8:11 God tells Michael to tell Abraham that the point of the angelic advance notice was, "*for good comfort…so that you may set your house in order and all that belongs to you, and that you may bless Isaac your beloved son.*" 15:1 After the heavenly tour, God instructs Michael: "*He shall set all things in order, and then you shall take him and bring him to me.*" At the homecoming scene, Michael instructs Abraham: "*Hearken, righteous Abraham. Behold your wife Sarah. Behold also your beloved son Isaac. Behold also all your male and female servants around you. Make disposition of all that you have for the day has drawn near…*"	

"Ten Criteria for a Good Death" by Shneidman	*Testament of Abraham* Reflections of Criteria	*Testament of Abraham* Counters to Criteria
6. ACCEPTED		RESISTANCE by Abraham (also by the archangel Michael, Sarah, Abraham's household)
		7:11 Abraham tells Michael: *"Now I know that you are an angel of the Lord and were sent to take my soul. I will not go with you, but you do whatever you are commanded."*
		15:10 *"Abraham said (to Michael): I will not go with you!"*
		16:14–16 Abraham confronts Death: *"Why have you come here?" …. "I know what you mean, but I will not go with you"*

"Ten Criteria for a Good Death" by Shneidman	Testament of Abraham Reflections of Criteria	Testament of Abraham Counters to Criteria
7. CIVILIZED	The household's love for Abraham and fear of his death is a recurring theme. This is in keeping with Shneidman's understanding of a civilized death as one in which one is demonstrably cherished by loved ones. And yet, see next column. 15:4-5 The scene that most resembles a conventional deathbed scene is the one in which Abraham's household gathers around him, demonstrating relief that he has not died. When Michael returns Abraham, Sarah thanks him, falling at his feet, and Sarah and Isaac, and all of Abraham's household *surrounded Abraham and embraced him, glorifying God.*	Even at the early stages of the story (chap. 5), Isaac's premonitory dream of having the splendorous sun and moon taken away from him sets the main characters weeping, in comic excess. At his death, Abraham is attended by loved ones, in accord with Shneidman's description of this criterion, but the scene is stereotypically undignified. 20: 6–7 After Abraham attempts to dismiss Death, so he can rest: *Then Isaac his son came and fell upon his breast, weeping, and his wife Sarah came and embraced his feet, lamenting bitterly. There came also his male slaves and his female slaves, and they surrounded his couch, lamenting greatly.*

"Ten Criteria for a Good Death" by Shneidman:	Testament of Abraham Reflections of Criteria	Testament of Abraham Counters to Criteria
8. GENERATIVE	7:7 The conclusion of Isaac's dream of being deprived of the sun and moon is: "*And he took them away from me, but he left the rays upon me.*" 8:11 A purpose of the death notification to Abraham is "*and that you may bless Isaac your beloved son.*"	
9. RUEFUL. To experience the contemplative emotions of sadness and regret without collapse		9:5–6 Abraham claims that if he is given a tour of all the earth, then he will have no regrets. He asks Michael to bring his request to God: "*But I ask one request of you: now, Lord and Master, hear my prayer, for while still in this body I desire to see all the inhabited earth and all the creations that you established by one word. When I see these, then I shall depart from life, I shall be without sorrow.*"

"Ten Criteria for a Good Death" by Shneidman:	Testament of Abraham Reflections of Criteria	Testament of Abraham Counters to Criteria
10. PEACEABLE With amicability and love; freedom from physical pain	16:5 God commands Death, "*But I tell you not to terrify him. Bring him with fair speech, for he is my friend.*" (In contrast, Death shows Abraham a display of dreadful deaths, *great fierceness and unendurable bitterness, and every mortal disease as of the odor of death* causing *about seven thousand male and female servants* to die (17:13–17), though they are later returned to life (18:11); He explains these visions to Abraham (ch. 19), and notes that there are "*72 deaths.*" (20:2)) Death states that of the 72 types of death, "*One is the just death, buying its fixed time, and many people in one hour enter into death before being given over to the grave.*"	8:8 God asks Abraham about his non-compliance: "Tell me why you have rebelled against me and why there is grief in you."

Table 6 highlights the theme of resistance to dying and death in the *Testament of Abraham*. In addition to Abraham's repeated explicit declarations of his refusal to die and his delay tactics,[47] non-acceptance is found also in actions and statements by other figures and in play with conventional tropes about a good death. Michael's emotional overwhelm and non-compliance are introduced with bathroom humor:

> The chief captain arose and went out, as if by constraint of his belly to make issue of water, and he ascended to heaven in the twinkling of an eye. He stood before the Lord and said to him: Master, Lord, let your power know that I am unable to remind the righteous man of his death … (T. Ab. 4:5–6).[48]

Abraham's request for a tour of the earth reflects familiarity with the phenomenon of end-of-life "ruefulness" and recalls the convention of the "last request" granted to prisoners prior to execution. In a surprising variation on the convention, Abraham receives not only his specified wish, but also a far more extraordinary bonus trip to heaven before he reneges on his agreement to die after the fulfillment of his request. The gathering of his household around Abraham sets the perfect scene for a farewell address and a dignified or "civilized" parting from his loved ones. However, the scene degenerates into an unseemly excessive demonstration of grief. This uncontrollable communal weeping has its precedents in earlier episodes in the book, for example when Sarah began to cry along with Abraham, Michael, and Isaac solely out of empathy and without even knowing the cause of the contagious sobbing.[49] These comic scenes of excessive weeping in the *Testament of Abraham* (occurring before Abraham's death and around his deathbed) are to be contrasted with the scene of Abraham's death in *Jubilees* 23, where a great family and communal weeping occurs *after* the patriarch has died:

> He (Abraham) put two of Jacob's fingers on his eyes and blessed the God of gods. He covered his face, stretched out his feet, fell asleep forever, and was gathered to his ancestors. During all of this, Jacob was lying in his bosom and was unaware that his grandfather Abraham had died. When Jacob awakened from his sleep, there was Abraham, cold as ice. He said: Father, father"! But he said nothing to him. Then he knew that he was dead. He got up from his

bosom and ran and told his mother Rebecca. Rebecca went to Isaac at night and told him. They went together – and Jacob with them (carrying) a lamp in his hands. When they came, they found Abraham's corpse lying (there). Isaac fell on his father's face, cried, and kissed him. After the report was heard in the household of Abraham, his son Ishmael set out and came to his father Abraham. He mourned for his father Abraham — he and all Abraham's household. They mourned very much. They—both of his sons Isaac and Ishmael—buried him in the double cave near his wife Sarah. All the people of his household as well as Isaac, Ishmael, and all their sons and Keturah's sons in their places mourned him for 40 days. Then the tearful mourning for Abraham was completed.

I propose that the the aim of the tragicomic account of resistance in the *Testament of Abraham* is to guide readers towards "acceptance."[50] The composition aims to shake up readers' assumptions and expectations in order to relieve their anxieties about death and to exhort them towards righteous behavior. The key message of the work is that accepting the reality of death can be liberating rather than paralyzingly depressing, and that this acceptance offers the possibility (and necessity) for each person to assume responsibility for their own lives. The medium, as I see it, is experiential literary and psychological identification.[51]

A recurring motif in the *Testament of Abraham* is that death is unavoidable, universal, and undesirable. This is stated in the opening of the work: T. Ab. 1:2 "But even upon this man, however, there came the common, inexorable, bitter lot of death, and the uncertain end of life." The universality of death is emphasized in God's speeches about Adam and Eve and all subsequent humanity (T. Ab. 8:5) and in the heavenly Judgment scene (chap. 11–13). The ultimate inevitability of death is asserted despite the reversal of some unusual instances of accidental premature death.[52] Furthermore, despite his resistance, even the exceptional Abraham dies in the end. I suggest that the repeated assertions about the inevitability of death are intended to guide the reader towards *acceptance* of mortality through identification with Abraham. The text presumes and invites sympathy with Abraham, and also with the patriarch's determination to defy death. The underlying message, however, is that despite his resistance, Abraham ultimately moved on to a heavenly afterlife that far surpasses any earthly existence, including Abraham's distinctively blessed existence in which he enjoyed riches, righteousness, and love, "as the stars of heaven."

By encouraging readers to identify with Abraham and his defiance, the text paves a way for the reader to feel reassured about their own inevitable end of life. The readers' reluctance to confront their own mortality is validated by the fact that even the paradigmatically obedient Abraham attempted to evade this inescapable fate.[53] In one sense, the reader's journey through the book may be seen to correspond with Abraham's journey through earth and heaven, and ultimately to eternal dwelling in paradise. At first, death (and even the mere prospect of death) is something to be kept at bay, something that might touch one's life only when it happens to other people.[54] When Abraham prays for the deaths of the sinners whom he views during his tour of earth, this serves to reinforce a negative understanding of death as punishment for extreme evildoers — a possibility that further corroborates the inclination of the presumably non-evil (though imperfect) reader to dissociate from death. These episodes appeal to readers by confirming their negative presuppositions about death; at the same time, they begin to accustom the reader to the reality of the inescapability of death. In this sense, the text subverts even its own ostensible assumptions.

By setting up an association of death with sin, the text allows readers to remain in their comfort zone of identifying with righteous Abraham who does not want to die, but it also non-threateningly interjects a seed of recognition that they themselves are not as perfect as Abraham. Readers might even be encouraged to begin thinking of using their time on earth for repentance. Moving on to heaven, the reader learns together with Abraham that while there is room for mercy in the final judgment, sinners greatly outnumber righteous souls. Here, too, there is validation of readers' fears of death, but also a guiding message that an alternative is available, by way of righteousness. When Death finally takes Abraham's hand, Abraham believes he will receive this-worldly solace. We, the readers, know that this is not the case. We watch him being deceived, knowing that rather than merely being soothed, he is being released from life as he is unwittingly and unwillingly subjected to the fate that he has been trying so hard to avoid. We are aware that had Abraham known this would happen, he would have resisted. We also know, however, that his resistance would have been misplaced. The release given to him by Death is, of course, far more beneficial to him than the comfort that he sought from his anxieties about dying. In a similar vein, in the process of reading this story, readers will have believed that their anxieties about death were being validated, but in the end, we have been tricked into recognition that Death can be a highly desirable passage into eternal blessing. We will also have been primed to conclude that the key to relieving anxieties about death is to emulate Abraham's righteousness.[55]

The book's ending was in fact announced in its beginning. Michael was charged to tell Abraham: "You shall at this time depart from this vain world, and shall quit the body, and go to your own Lord among the good." Neither Abraham (nor the implied reader) was receptive to that message. As the story moves through Abraham's experiences, readers vicariously come to see death as something relevant, interesting and manageable. Abraham himself does not succeed in learning this lesson during life. That is acceptable, as he had already lived an exceptionally long and righteous life. Abraham merits an alternative form of "good death" to the one that he has been so assiduously avoiding. Readers who have accompanied him on his journeys will undoubtedly have a less blessed death than that of this special patriarch. We can nevertheless aim to merit a reasonably blessed death, as befits righteous individuals. More importantly, the *Testament of Abraham* assures us that we have the ability to attain a similarly blessed afterlife in paradise.

As the above analysis has shown, the *Testament of Abraham* creatively reworks sacred scripture and conventional literary forms, subverting textual traditions for the purpose of reinforcing traditional religious beliefs regarding acceptance of death and belief in the afterlife.[56] I argued that this combination of doctrinal normativity and free textual play is intended to provide both consolation and encouragement for readers. This result depends upon a mixture of both individualism and social conformity, which can provide insight into end-of-life Dignity Therapy.

Shneidman's ten criteria for a good death are highly contextualized within socio-cultural norms. The elements "honorable" and "civilized" are explicitly determined by society, and his understanding of "prepared" and "generative" also relate to conventional expectations. These external determinants are less prominent in A.D. Weisman's more compact list of four criteria for an "appropriate death":[57]

(1) Internal conflicts, such as fears about loss of control, should be reduced as much as possible;

(2) The individual's personal sense of identity should be sustained;

(3) Critical relationships should be enhanced or at least maintained, and if possible, conflicts resolved; and

(4) The person should be encouraged to set and attempt to reach meaningful, albeit limited, goals such as attending a graduation, a wedding, or the birth of a child, as a way to provide a sense of continuity into the future.

Shneidman and Weisman both reflect concern with individual and social dignity. However, they differ in their assumptions about how dignity is constructed by the relationship between an individual and society. Shneidman describes individual dignity as stemming from conformity to societal expectations, whereas Weisman depicts social dignity as emerging from individual values. Weisman's streamlined model reflects Rao's understanding of social dignity as "recognition of individual and group differences." This is a somewhat more nuanced formulation than Chochinov's description of social dignity as related to direct interaction with others, or "how the quality of interactions with others can enhance or detract from one's sense of dignity." For the purpose of palliative care in general, Chochinov's category of "external sources of issues" is appropriate for the Social Dignity Inventory. However, for the particular purpose of evaluating the appropriateness of creating a Generativity Document for and with terminally ill patients, it might be important to bear in mind that internal factors (such as positive individual dignity) and external ones (such as social dignity) are inextricably linked. An individual's sense of self is constructed and preserved in relation to their communities. This is often not a simple case of conformity or non-conformity, but rather a complex and highly individualized blend of the two.

The *Testament of Abraham* has often been understood as non-conformist and irreverent.[58] I have argued that it employs subversive literary techniques in order to provide a consoling message geared towards accepting both the inevitability of death and conventional beliefs about repentance and the afterlife. I agree with Lawrence Wills' characterization of the work as "a satirical novel, written in the form of a mock testament, that utilizes a considerable artistic skill in creating an arch narrative for an alienated readership."[59] However, I disagree with his assessment that the work "satirizes the very values that the other Jewish novels would affirm." The *Testament of Abraham* plays with genre and with biblical narrative and traditions, but it affirms core traditional *values*, while shifting the perspective to the individual. Classic testaments showcase "Great Men" calmly facing death with control, preparation, acceptance, and dignity. The *Testament of Abraham* presents the traditionally quintessentially obedient patriarch in fantastical distress, denial, and resistance, in order to invite the reader to adopt a stance of control, preparation, acceptance, and dignity. Traditional testaments heighten the stature of the patriarch to serve as an authority figure and role model. The *Testament of Abraham* reduces Abraham's stature in some ways. It retains a portrait of an extraordinarily righteous and divinely beloved man, but one beset by ordinary human misconceptions about death, judgment, and mercy, as well as by common human states and responses such as fear, deflection, and avoidance. It does this, I have argued, in order to guide readers towards overcoming their resistance.

As is the case with the testament genre and literary testaments in *Jubilees*, the *Testament of Abraham* is a literary work that aims to propagate a socio-religious message and promote a particular socio-religious identity. Both compositions tell narratives about the patriarch Abraham and both purport to transmit the patriarch's words. In *Jubilees*, the embedding of the farewell address is an "authority-conferring" strategy that confers authority upon the *Book of Jubilees* and its author. The technique aims to influence the reader to *follow* Abraham's example and instruction as conveyed in the form of the author's messages. In the *Testament of Abraham*, the subversion of the testament genre functions as a "dignity-conferring technique" upon its readers. We are challenged to participate in an interactive journey through the text, and ultimately to reject (the fictionalized) Abraham's example.

Conclusion

My purpose in writing this chapter is to enrich conversation about Dignity Therapy by identifying features in ancient Jewish textual depictions that align with core elements in Chochinov's Generativity Documents. I have attempted to maintain a descriptive stance, in a conscious effort to avoid common tendencies of apologetics or normativization. I do not advocate viewing the overlaps between the ancient texts and the modern therapeutic technique as a basis for asserting the validity of either dataset.[60] I have attempted (1) to illuminate some of the socio-historical underpinnings for consideration of written legacies as vehicles for nurturing "psychological and spiritual well-being" and (2) to contribute to the development of a broad socio-cultural "language" that will facilitate conversation about how to conduct effective and dignity-preserving conversations about uncomfortable topics, such as end-of-life experiences.

In Section I, I examined how the description of Abraham's death in Genesis 25 contains many of the elements that palliative care specialists identify as characterizing an "appropriate" or "good death." I addressed the question of cause and effect with respect to these similarities. Does the account in Genesis reflect widely shared human values that have been identified in our own time through the insight of clinicians such as Chochinov? Or have contemporary researchers been influenced by the generativity of the biblical text? It seems most likely to me that both hypotheses are correct.[61] The textual analyses in Sections II and III indicate that the direction of influence between textual tradition and society is not linear but cyclical. The re-working of the biblical text in early Jewish writings such as *Jubilees* and the *Testament of Abraham* demonstrates an interplay between canonical text and social norms resulting in new textual traditions, which in turn may generate new socio-religious realities.

Since biblical and post-biblical texts have played such a significant role in establishing meaning for Western society, these texts can potentially offer information helpful for understanding patients' needs.[62] One of the hallmarks of the Hebrew Bible is its use of narrative. In making use of the widespread human predilection for narrative, the Generativity Document continues a long-standing tradition. Yet it is important to bear in mind that storytelling might not be the best-suited or most natural means of self-expression for all individuals.

In Section II, I distinguished between the "authority-conferring" strategy of farewell addresses in ancient Jewish literary testaments and the "dignity-enhancing" technique of Chochinov's Generativity Document. I noted that in *Jubilees*, the figure of

Abraham serves as a mouthpiece for the author's socio-religious message. In the Generativity Document, the content is secondary to the affirmation of the patient's personhood. Nevertheless, the content must have meaning in order for the process to be effective. The questions posed in Chochinov's model incorporate a careful balance between open-ended autonomy and guided focus, with particular sensitivity to the fact that patients who are offered Dignity Therapy as a therapeutic means are often physically, mentally, and emotionally exhausted.[63] The active involvement of the interviewing therapist makes it inevitable (and even necessary) for the therapist to inject their understandings of social norms into the narrative, guiding a patient towards memories that will be positive and affirming for them. In order to support the individual's assertion of individual dignity, the therapist must make assumptions about the patient's views concerning topics such as family, friends, honor, and generativity.[64] This bears some similarity to the "gap-filling" that characterizes *Jubilees* and ancient midrash. The ancient Jewish authors used scriptural gaps as opportunities for weaving their own narratives to authorize their own messages – which they understood to be religiously valid expressions and extensions of the sacred texts. For the contemporary therapist working on a Generativity Document, gaps pose a challenge to connect the dots in a way that is as faithful as possible to the patient's (perceived) will. There is a tension between eliciting and validating the patient's self-understanding and the therapist imposing their own criteria of dignity.

In Section III, I suggested that the *Testament of Abraham* subverts conventional literary forms and textual traditions in order to ultimately encourage the reader to embrace conventionally pious beliefs about reward and punishment and the afterlife. The work also offers consolation through its empathic message of acceptance. The *Testament of Abraham* appeals to readers with an individualist outlook, offering spiritual comfort. This solace is not particularly well-suited to individuals who would actually be in an end-of-life situation. The book is oriented more towards the existential philosophical problem of mortality than the experiential phenomenon of death. The figure of Abraham is not suffering physically from a terminal disease but rather experiences psycho-emotional and spiritual angst about the universal terminal condition of Life. This theoretical bent enables the book's lightness of tone and use of humor. It also drives the technique of identification and empathy, which stands in contrast to *Jubilees'* appeal to authority. Consideration of the literary use of sympathy and empathy in the *Testament of Abraham* could potentially be of value for consideration of these perspectives in relation to real-life end-of-life palliative care.[65]

In closing, I would like to remark once more on the interplay between individual and social conceptions of identity in relation to religious and personal narratives. Although I find the distinction between individual dignity and social dignity to be heuristically useful, I would emphasize that positive conceptions of the former are derived from conceptions of the latter. Individual preferences for seeing and imbuing meaning in life are constructed on the basis of broader conventions and assumptions about meaning. One's perceptions of identity, role in life, generativity, etc. are shaped through conscious and unconscious reaction to social expectations (whether conformist, oppositional, or, most frequently in the contemporary era, selective). It would be convenient for me to end this chapter with an observation about sensitivity to individual preferences in determining best practices for end-of-life care. There is something reassuring and compassionate-feeling about empowering patients to make their own decisions.[66] However, those of us who shape policy and public discourse (which may possibly include all human beings) have a responsibility to acknowledge that individual choices function within systemic structures, and that our assumptions and prescriptions contribute to construction, preservation, or change in normative perspectives.[67] I have attempted to bear this responsibility in mind, along with awareness of the diversity and dynamic shaping and re-shaping of Jewish texts and traditions, in producing this article as my contribution to developing a common multidisciplinary language for discussing "Jewish Perspectives" on end-of-life.

Notes

1   Harvey M. Chochinov, Dignity Therapy: Final Words for Final Days, Oxford, 2012. I would like to express my gratitude to Stephan Probst for introducing me to Chochinov's work, and for inviting me to contribute to this volume. See also Chochinov, "Dying, Dignity, and New Horizons in Palliative End-of-Life Care," in: CA: A Cancer Journal for Clinicians 56 (2006), 84–103. doi:10.3322/canjclin.56.2.84; Chochinov et al., "Dignity Therapy: A Novel Psychotherapeutic Intervention for Patients Near the End of Life," in: Journal of Clinical Oncology 23 (2005), 5520–5525; Chochinov et al., "Dignity in the Terminally Ill: A Developing Empirical Model," in: Social Science and Medicine. 54(3) (2002):433–443.

2   The term "frame," together with the citation from Chochinov (Dignity Therapy, preface, vi) are taken from Vedder's review of the volume: Rachel Vedder, Review, H.M. Chochinov, "Dignity Therapy: Final Words for Final Days," in: BMJ Support Palliative Care 3 (2013), 122.

3   Text is cited from the NJPS Tanakh translation.

4   Neomi Rao, "Three Concepts of Dignity in Constitutional Law," in: Notre Dame Law Review 86 (2011), 183–271; George Mason Law and Economics Research Paper No. 11-20. Available at SSRN: <https://ssrn.com/abstract=1838597>. Rao states further: "Such dignity exists merely by virtue of a person's humanity and does not depend on intelligence, morality, or social status" (187). In the German philosophical and legal tradition, this concept is termed *Menschenwürde*.

5   <https://en.wikipedia.org/wiki/Dignity> accessed 17 January, 2017.

6   In this article, I presume universal dignity as a basic value and human right, while acknowledging that this ideal is not currently universally recognized. See Josiah Ober, "Democracy's Dignity," in: American Political Science Review 106, 4 November 2012, 827–846. Ober situates his categories of dignity within "nonideal" political theory (see esp. 828 fn. 4). In an earlier paper that he described as a work in progress, Ober proposed three categories of dignity, with "civic" dignity as an intermediate category between universal human dignity and meritocratic dignity: "Three Kinds of Dignity," Yale Law Workshop. December 10, 2009. Draft of 2009.11.30. <https://www.law.yale.edu/system/files/documents/pdf/Intellectual_Life/LTW-Ober.pdf> accessed 16 February 2017. In the earlier paper, Ober observed that a distinction is generally made between "the Kantian conception of dignity as intrinsic 'worth beyond price' (universal human dignity) and an older conception of dignity as high standing (which I call meritocratic dignity)." (See "Dignity, Rank, and Rights: The 2009 Tanner Lectures at UC Berkeley." Public Law and Legal Theory Research Paper No. 09–50. New York, New York University School of Law, cited by Ober, op. cit.). In the final 2012 paper, Ober revised his taxonomy, describing four kinds of dignity. In my opinion, the revision compounded an earlier problem with his model, in presuming that status is, or can be, merit-based in a nonideal framework. Selective dignity has historically been bestowed on individuals and groups on the basis of a variety of factors, most often resulting from unearned

privileges of status and power. Evidence does not support Ober's claim that non-ideal societies confer dignity and rank primarily on the basis of qualifying attributes, even when they may claim to do so.

7   Rao cites Eleanor Roosevelt's explanation that the Human Rights Commission carefully considered the word and included it "in order to emphasize that every human being is worthy of respect." (Rao, "Three Concepts," 195 fn. 39, citing Mary Ann Glendon, A World Made New: Eleanor Roosevelt and the Universal Declaration of Human Rights. New York, 2001, 173 f., here 146. See also, Article 1.1 of the German Basic Law (*Grundgesetz*): "Die Würde des Menschen [= Menschenwürde] ist unantastbar. Sie zu achten und zu schützen ist Verpflichtung aller staatlichen Gewalt." ("Human dignity shall be inviolable. To respect and protect it shall be the duty of all state authority.")

8   Rao, "Three Concepts," 269.

9   Isaiah Berlin, Two Concepts of Liberty. Oxford, 1958, reprinted as "Two Concepts of Liberty" in idem, Four Essays on Liberty. Oxford, 1969; and idem, Liberty. Oxford, 2002.

10   <http://www.dignityincare.ca/en/the-model-in-detail.html> Accessed 19 February, 2017. I am grateful to Dr. Chochinov for his permission to reproduce this chart.

11   Ober's definition of dignity as "non-humiliation" and "non-infantilization" is pertinent here (Ober, "Democracy's Dignity").

12   World Health Organization. National Cancer Control Programmes: Policies and Managerial Guidelines, 2nd Ed. Geneva, 2002. Cited by Chochinov, "Dying, Dignity, and New Horizons." and New Horizons. and New Horizons. and New Horizons.

13   Marilyn J. Field and Christine K. Cassel (eds.), Approaching Death: Improving Care at the End of Life. Washington DC, 1997. Cited by Chochinov, "Dying, Dignity, and New Horizons."

14   Here, too, is evidence of the three perspectives noted above: (1) alleviation and prevention of negatives, (2) attention to positive wishes of the individual and their close circle, and (3) attention to broader societal concerns.

15   Edwin Shneidman, "Criteria for a Good Death," in: Suicide and Life-Threatening Behavior 37 (2007), 245–247.

16   I use "generative" here in the dictionary sense of "relating to production and reproduction," but also with the intent of calling to mind Erik Erikson's seventh psychosocial stage of "generativity," described below. See fn. 18; Chochinov, Dignity Therapy, 16.

17   See Gen. 17:1, where God adjures Abraham to be perfect (תמים).

18   Erik H. Erikson, Childhood and Society. New York, 1950, 257. See Dan P. McAdams and Ed de St. Aubin, "A Theory of Generativity and Its Assessment Through Self-Report, Behavioral Acts, and Narrative Themes in Autobiography," in: Journal of Personality and Social Psychology 62 (1992), 1003–1015.

19   This is true also in the case of the narrative that most reflects Abraham's active efforts to ensure tribal continuity: his commissioning of his ser-

vant to find a wife for Isaac from among Abraham's kin. The text is re-
plete with references to divine providence as the basis for the success
of the servant's mission to find and acquire Rebecca as a wife for Isaac.
The initial note that Abraham was "old, advanced in years," (Gen 24:1)
contextualizes the account as an expression of Abraham's generativity in
preparation for death.

20 The context is God's decision to inform Abraham of his intention to de-
stroy Sodom as punishment for its inhabitants' sins.

21 Menahem Kister, "Commentary to 4Q298," in: Jewish Quarterly Review
85 (1994), 246-47; David Lambert, "Last Testaments in the Book of *Jubilees*," in: Dead Sea Discoveries 11 (2004), 82–107; note the section head-
ing "The (Near) Absence of Instruction in the Book of Genesis" (84). See
Jacques T.A.G.M. van Ruiten, Abraham in the Book of Jubilees: The Re-
writing of Genesis 11:26–25:10 in the Book of Jubilees, Leiden 2012, esp.
chap. 8, "Abraham's Testament to All His Children and Grandchildren"
(Jub. 20:1–13), 253–274.

22 Some scholars have therefore suggested that this verse was not part of
the original composition of Gen 18, but was a later addition, inserted by
a theologically-oriented reader-scribe who felt the need to correct for a
perceived gap in the Genesis account. See Lambert, "Last Testaments,"
86 and the sources cited in fn. 16, especially David M. Carr, Reading the
Fractures of Genesis: Historical and Literary Approaches, Louisville,
Kentucky 1996, 159–161.

23 Compare Jacob's farewell address to his sons in Genesis 49 (cited in
Chochinov's preface as noted above); Isaac's blessings of Jacob and Esau
(Gen 27); and the final national addresses of Moses (Deut 31–33), Joshua
(Josh 22–24), and Samuel (1 Sam 12). (David's final instructions to Solo-
mon in 1 Kgs 2:1–9 pose an unusual variation on the form; contrast 1 Chr
28–29). In the Second Temple era, farewell addresses were composed for
additional figures, including, inter alia, Adam, Job, Amram, and Solo-
mon. The early Christian work (actually, a collection of works) called the
Testaments of the Patriarchs contains testaments for each of the twelve
sons of Jacob. The fragmentary remains of a testament of Levi and similar texts from Qumran offer evidence that Jewish source material under-
lies at least some of the twelve testaments.

24 Thus, for example, *Gen. Rabbah* 56:11 states that Abraham sent Isaac to
Shem, son of Noah, to study. I thank Dr. Jan Fritzsche for this reference.

25 Fragments of just over a dozen copies of this composition are among the
manuscripts in the corpus of the Dead Sea Scrolls, discovered in the 20th
century in caves near the site of Qumran. The earliest of these manuscripts, 4Q216, is dated by its script to the late second century BCE. (See
James C. VanderKam and Józef T. Milik, "Jubilees," Discoveries in the Ju-
dean Desert 13, Oxford 1994, 1–185.

26 For our current purposes, it is of no concern whether, or to what extent,
these speeches are original creations of the author(s) of the *Book of Jubilees*, or whether and how they were borrowed or adapted from previous-

ly existing written and oral traditions. For a review of scholarship on the composition history of Jubilees, see van Ruiten, Abraham, 12–17.

27 See Annette Reed, "Textuality between Death and Memory: The Prehistory and Formation of the Parabiblical Testament," in: Jewish Quarterly Review 104 (2014), 381–412. Reed's observations about Levi's testament in the Aramaic Levi Document, are applicable also to Abraham's testaments in *Jubilees*: "The combination of Levi's first-person speech with the reference to the writing he commands for his sons to teach to their sons functions to pull the reader/hearer into the narrative world of the text—as one who hears the voice of Levi, and through him Isaac, Abraham, and Noah, resounding even after death, whenever the words of this text are read" (394). With reference to Martin Jaffee, she states that, "The oral/aural character of ancient Jewish reading makes the allusion to the power of the book to adjure the absent past even more poignant" (ibid. fn. 42. See Martin S. Jaffee, Torah in the Mouth. Writing and Oral Tradition in Palestinian Judaism 200 BCE–400 CE, New York 2000, 15–27).

28 See James L. Kugel, The Bible as It Was, Cambridge, Mass. 1997.

29 See fn. 23.

30 See John Collins, "Testaments," in Michael E. Stone (ed.), The Literature of the Jewish People in the Period of the Second Temple and the Talmud, vol. 2, Jewish Writings of the Second Temple Period, Philadelphia 1984, 349–354; Robert A. Kugler, "Testaments," in Lawrence H. Schiffman and James C. VanderKam (eds.), Encyclopedia of the Dead Sea Scrolls 2 vols., Oxford/New York 2000, vol. 2, 933–936; idem, "Testaments," in Dictionary of Early Judaism, ed. John J. Collins and D. Harlow, Grand Rapids, Mich. 2010, 1295–1297. I use the term "genre" somewhat loosely here, applying it to individual sections within a book, rather than to a full composition. See the extensive nuanced discussion in Annette Reed, "Textuality." Reed employs the more precise term "testamentary tropes."

31 These admonitions are drawn from the biographical narrative. Compare this case, mentioned by Chochinov: "one sad elderly gentleman with a long history of alcohol abuse used his therapy as an opportunity to wish his children and grandchildren 'a better life than I had.' He stated that he realized it was 'too late' to make amends to his children, but wanted his grandchildren to know the truth about him, 'so they can choose a better way than I did'" (Dignity Therapy, 63).

32 "To be eligible for the study, patients had to have a terminal illness with a life expectancy of no more than six months, be a minimum of eighteen years of age, speak English, be willing to commit to three to four contacts over approximately seven to ten days, be cognitively intact, and be willing to provide verbal and written consent" (Chochinov, Dignity Therapy, 44).

33 The open-ended questions allow for individual content and focus. See Chochinov, Dignity Therapy, 63. See also Alexia Elejalde-Ruiz, "Dignity Therapy Allows Terminally Ill Patients to Recount Lives for Posterity," in: Chicago Tribune, 11 January, 2012. <http://articles.chicagotribune.

com/2012-01-11/health/sc-health-0111-dignity-therapy-20120111_1_
patients-training-sessions-technique>

34 Chochinov, Dignity Therapy, 71.

35 Text is cited from James C. VanderKam, The Book of Jubilees: A Critical Edition, Leuven 1989. For an accessible translation in English, some general discussion of the work and brief explanatory commentary, see James L. Kugel, "Jubilees," in Louis H. Feldman, James L. Kugel, and Lawrence H. Schiffman (eds.), Outside the Bible: Ancient Writings Related to Scripture, 3 vols., Philadelphia 2013, vol. 1, 272–465.

36 Van Ruiten, Abraham, 268. He cites Eckhard Von Nordheim, Die Lehre des Alten: Das Testament als Literaturgattung im Judentum der Hellenistisch-römischen Zeit, 2 vols., Leiden 1980/1985, vol. I, 237–239.

37 Hindy Najman, "Interpretation As Primordial Writing: Jubilees and Its Authority Conferring Strategies," in: Journal for the Study of Judaism 30 (1999), 379–410; idem, Seconding Sinai: The Development of Mosaic Discourse in Second Temple Judaism, Leiden 2003. See also, van Ruiten, Abraham, 11–12.

38 See Loren Stuckenbruck, "Pseudepigraphy and First Person Discourse in the Dead Sea Documents: From the Aramaic Texts to Writing of the Yahad," in Adolfo D. Roitman, Lawrence H. Schiffman, and Shani Tzoref (eds.), The Dead Sea Scrolls and Contemporary Culture, Leiden 2011, 295–326.

39 Reed, "Textuality," 389: "To the degree that the medium is the message, it is a message about the power of teaching and writing to keep the memory of the dead alive. This message—as we will see—finds expression within some of the speeches that testaments purported to record, but it is also communicated by their very existence as self-claimed records of near-death teaching. To consider references to writing embedded in such narrative settings is thus to grapple with the determinative feature of the parabiblical testament—the literary choice to frame texts as the first-person teachings of ancient biblical heroes near death—as well as with the social and cultural worlds in which such a choice made sense."

40 Chochinov, "Dying, Dignity, and New Horizons."

41 From Chochinov et al., "Dignity in the Terminally Ill"; see Chochinov et al., "Dignity Therapy: A Novel Psychotherapeutic Intervention"; Chochinov et al., "Dignity-conserving Care. A New Model for Palliative Care. Helping the Patient Feel Valued," in: JAMA 287 (2002), 2253–2260.

42 This can be seen in some of the patient evaluations in Chochinov et al., Dignity Therapy: A Novel Psychotherapeutic Intervention, 5523; e.g., the words of a 36 year old woman dying of metastatic breast cancer: "It's helped bring my memories, thoughts, and feelings into perspective instead of all jumbled emotions running through my head. The most important thing has been that I'm able to leave a sort of 'insight' of myself for my husband and children and all my family and friends."

43 Reed, "Textuality," 382.

44 See Lawrence M. Wills, "Testament of Abraham," in idem, (ed.), Ancient Jewish Novels. An Anthology. Oxford 2002, 269-292, at 269; idem, "Ap-

pendix: The *Testament of Abraham* as a Satirical Novel," in idem, The Jewish Novel in the Ancient World. Ithaca 1995, 245–256; Dale C. Allison, Testament of Abraham. Berlin 2003, 42, 51. See also, George W.E. Nickelsburg, "Stories of Biblical and Early Post-Biblical Times," in Michael E. Stone (ed.), Jewish Writings of the Second Temple Period, Philadelphia 1984, 33–87.

45 The work is preserved in two main recensions. The text used here is the longer, and most likely earlier, Recension A. On the origins and authorship of the work, see Allison, Testament of Abraham, 3–30. An accessible brief introduction and insightful explanatory commentary is found in Annette Yoshiko Reed, "Testament of Abraham," in Feldman et al., Outside the Bible vol. 1, 1671–1696, at 1671. The text is cited from this edition, which is Reed's light adaptation of W.A. Craigie trans., "Testament of Abraham," in Ante-Nicene Christian Library 9, Edinburgh 1987, 183–201. As the manuscript evidence for the composition is rather late, citations from the text are intended to be illustrative, not definitive. Most of the elements noted are recurring motifs that are essential to the plot. The following two articles came to my attention after this chapter was already submitted for publication, too late for me to interact with them. The analysis and approach anticipates and expands upon some of my observations here: Françoise Mirguet, "Beyond Authority: The Construction of Scriptures on the Testament of Abraham," in Eibert Tigchelaar, Old Testament Pseudepigraphy and the Scriptures, BETL 270, Leuven 2014, 211-228; eadem, "They Visited Heaven and Refused to Die: Anxieties of Discontinuity in the Testament of Abraham and in Ezra Traditions," forthcoming in Tobias Nicklas, Jan N. Bremmer (eds.), The Figure of Ezra between Early Judaism and Ancient Christianity. Studies in Early Christian Apocrypha; Leuven: Peeters.

46 On the heavenly tours in literary apocalypses, see Martha Himmelfarb, Ascent to Heaven in Jewish and Christian Apocalypses, Oxford 1993.

47 Abraham's delay tactics include: asking for a tour of the earth (T. Ab. chap. 9); asking for a nap (Abraham tells Death, "Depart! Depart from me, for I desire to rest upon my couch," T. Ab. 17:2 and similarly in 20:4); and possibly also, asking Death to tell him about death (T. Ab. chap. 17).

48 Even after Abraham and Michael return from their tour of heaven and earth, when Abraham refuses to die, Michael reports this to God and says, "I refrain from laying hands on him" (T. Ab. 15:14–15).

49 In addition to posing a farcical contrast to the acute grief of genuine mourning, these scenes model an empathy that is similar to the technique of "identification," which I suggest is central to the work. Thus, in chap. 5, when Isaac awoke from his frightening dream, he ran to the room where Abraham and Michael were sleeping, and when Abraham opened the door, Isaac "hung upon his neck and began to weep with a loud voice" (T. Ab. 5:9). Empathically, "Abraham, being moved at heart, also wept with a loud voice, and the commander in chief, seeing them weeping, wept also." As their crying wakened Sarah, she ran to the room, and she also began weeping. Earlier in the book, there was a similarly

vaudevillian domino effect of crying when Abraham first welcomed Michael to his home and became moved to tears while washing his guest's feet. This led Isaac to cry in empathy, which in turn caused Michael to weep. The author augmented the fanciful nature of this vignette by having the tears fall into the water of the basin and become precious stones, which Abraham later shows to Sarah in the dream scene. In the middle of the bathethic vignette of the weeping foursome, Michael informed Sarah that they were crying because Isaac had a bad dream. Hearing the guest's speech, Sarah recognized that he was an angel. In a disruptive interlude to the scene, Sarah and Abraham go to the door to reminisce sotto voce about the visit of the angels who had announced the birth of Isaac, before Abraham returns to learn about the dream and its interpretation.

50 See John J. Collins, The Apocalyptic Imagination: An Introduction to Jewish Apocalyptic Literature. Grand Rapids, MI, 1998, 253. On the use of humorous exaggeration for instructional purposes, especially in emotionally difficult situations, see Adele Faber and Elaine Mazlish, How to Talk so Kids can Learn: At Home and in School, New York 1995. See also, idem, How to Talk so Kids will Listen and Listen so Kids will Talk, New York 1980; Michael G. Lovorn, "Humor in the Home and in the Classroom: The Benefits of Laughing While we Learn," in: Journal of Education and Human Development 2 (2008) no. 1. <http://www.scientific-journals.org/journals2008/articles/1268.pdf>.

51 The technique of identification is explicitly reflected in the book in the scenes of empathic weeping (see fn. 49) and also in Abraham's method of instructing Isaac in hospitality, in chapters 3 and 4. Abraham includes Isaac in his activities as host, thereby modeling righteous behavior, and he explicitly instructs Isaac to set up the sleeping chamber and couches (T. Ab. 4:1–3), and denies Isaac's request to sleep in the chamber with them, so that they do not disturb the guest (T. Ab. 4:4). See Reed, 393 f., on a similar claim in the *Aramaic Levi Document* (partly preserved at Qumran), in which Levi states that Isaac learned about sacrifices from Abraham, by watching his father, and by direct instruction, including on the basis of books of Noah.

52 Thus, after Abraham learned more about judgment in the afterlife and divine mercy, he successfully entreated for the revival of the sinners he had spotted during his tour of the earth, whom God had killed in response to his prayers (T. Ab chap. 14). Also, Abraham's slaves were revived following their fatal reaction to viewing Death's fearsome displays (T. Ab. 18:11).

53 Abraham's disobedience is a negation of one of the patriarch's chief signature traits, along with his hospitality, which is most notably evident in the ordeal of the binding of Isaac (Gen 22). Reed (fn. on 1680 ad loc) points to T. Ab. 1:1 and Gen 12 as well as Gen 22; Nickelsburg points to Gen 18:22 ("Stories," 62).

54 Thus, in the scene of weeping and Isaac's dream (see fn. 49) Sarah intuited that the cause of the men's sorrow was related to death, but she

suspected that the guest had brought news of the death of Abraham's nephew, Lot.

55 Erikson's "generativity" is widely associated with optimistic views of humanity. The *Testament of Abraham* makes use of deeply entrenched negativity—fear and denial in the face of the inevitability of death—to deliver an optimistic message about the eternal afterlife.

56 Perhaps the most glaring of the departures from the biblical narrative in Genesis is the fact that Sarah is alive when Abraham dies, in direct contradiction to the biblical account of Abraham's burial of Sarah and mourning for her in Gen 23:2.

57 Avery D. Weisman, On Dying and Denying: A Psychiatric Study of Terminality, New York 1972.

58 Jared Ludlow argues that the main objective of Recension B was to tame Recension A towards a more pious composition, especially by eliminating humor. Jared Ludlow, Abraham Meets Death: Narrative Humor in the Testament of Abraham, Sheffield 2002.

59 Lawrence M. Wills, The Jewish Novel in the Ancient World, Ithaca, New York 1995, 256.

60 I thus avoid (1) normativizing prescriptive approaches, which advocate treating religious texts as authoritative sources for shaping contemporary public policies and (2) apologetic approaches, which aim to validate biblical texts by harmonizing these texts with modern scientific concepts, and discerning an anticipation of contemporary concepts in the earlier sources. These approaches are often employed together, in a mutually reinforcing and often circular manner. They may be appropriate for some confessional settings, but I have attempted to adopt an approach that I believe to be more suited for multidisciplinary academic discourse.

61 I am grateful to Dr. Peter Porzig for sharing his insights on this matter with me.

62 Chochinov (Dignity Therapy, vii) refers to "minor regional issues and subtle cultural variations" in the global studies that have been conducted to date: studies in Canada, Australia, the United States, China, Japan, Denmark, Sweden, Scotland, Portugal, and England; training workshops in Hong Kong, Taiwan, Argentina, and New Zealand.

63 See the criteria for eligibility in fn. 32. It is my conjecture that the tendency in Western society to pursue aggressive treatment to extend life reduces the pool of patients who might otherwise be served by Dignity Therapy and leads to a situation in which eligible patients might be more fatigued than would otherwise be the case in a society with a different stance towards end-of-life. My own consciousness of these issues was raised by Dr. Atul Gawande. See inter alia, Atul Gawande, Being Mortal: Medicine and What Matters in the End, New York 2014. I am grateful to Dr. Yoel Finkelman for introducing me to Atul Gawande's publications.

64 This is perhaps even more true in the editing process, when the therapist actively shapes the narrative from the information provided by the patient. The narrative reflects values: those that emerged explicitly

during the interview, others that the interviewer detected, and still others that the interviewer/editor unwittingly imposes. Chochinov, Dignity Therapy, 3. On the role of the therapist in "reshaping" the narrative, see Chochinov et al., Dignity Therapy: A Novel Psychotherapeutic Intervention.

65 See Shane Sinclair et al., "Sympathy, Empathy, and Compassion: A Grounded Theory Study of Palliative Care Patients' Understandings, Experiences, and Preferences," in: Palliative Medicine, Epub 17 August, 2016.

66 Thus, for example, Rabbi Elliot Dorff in his responsum on end-of-life medical interventions states: "I presented the case for using the best interests of the patient as the criterion for selecting appropriate therapy. 'Best interests' are, in each case, to be defined by the patient him/herself, if possible – presumably in consultation with others – like the person's physician, family, and rabbi-or otherwise, by the physician together with the patient's family or surrogate." (Elliott N. Dorff, A Jewish Approach to End-Stage Medical Care, 1990. <http://www.rabbinicalassembly.org/sites/default/files/assets/public/halakhah/teshuvot/19861990/dorff_care.pdf> I thank Dr. Jan Fritzsche for bringing this responsum to my attention. I appreciate Dorff's approach. I insist, however, that individuals' consideration of their "best interest" are always going to be determined by their social matrix. Just as Dorff addresses the fact that allocation of resources must be considered systemically, so too, must the patient's physical and psycho-emotional well-being be understood within social systems.

67 Thus, an individual's choice of metaphor to describe an illness—e.g., describing cancer as a "battle" or a "journey" is not only a personal choice but is shaped by and shapes wider discourse, which in turn shapes popular perceptions, public policy, and even medical research, which then in their turn have an impact on individual experiences. See, inter alia, Judy Z. Segal, "The View from Here and There: Objectivity and the Rhetoric of Breast Cancer," in Flavia Padovani et al., Objectivity in Science: New Perspectives from Science and Technology Studies, Cham 2015; Siddhartha Mukherjee, The Emperor of All Maladies. A Biography of Cancer, New Delhi 2010.

Der Glaube an Seelenwanderung im Judentum

Tovia Ben-Chorin

Aus dem Hebräischen von Sebastian Molter

Einleitung

Dieser Artikel ist mein ganz persönlicher Beitrag zum Buch *Bikkur Cholim*,[1] das hauptsächlich die Situation Kranker vor ihrem Tod behandelt, denn ich glaube, dass Besucher von Todkranken auch einen persönlichen Standpunkt entwickeln müssen. Etwa, ob der Tod das Ende des Menschen ist; das Ende in dem Sinne, dass von unseren Lebtagen nichts außer den Erinnerungen unserer Verwandten und Bekannten bleibt. Aus den Überlieferungen der (monotheistischen) Religionen kennen wir den Glauben an die Auferstehung der Toten. Auch die hauptamtlichen Vertreter der Religionen – Rabbiner, Pfarrer und Imame – zitieren häufig den Glauben an die Auferstehung der Toten. Dabei kommt allerdings die Frage auf: Glauben sie selbst wirklich daran? Viele haben Schwierigkeiten und die ausweichende Antwort ist: „Das ist ein kompliziertes Thema. Es braucht mehr Zeit, um auf diese Frage zu antworten." Es ist leichter zu sagen: „Das ist das, was uns die Tradition lehrt und du, der Kranke, musst dich entscheiden, an was du glaubst". Teilweise wird auch gelehrt, dass Religionsvertreter, die den Kranken besuchen und begleiten, herausfinden müssen, wie sie mit dem Kranken zu sprechen haben und sich dann entsprechend der Meinung des Kranken zu verhalten. Auf diese Weise weicht man häufig der Frage: „Gibt es deiner Meinung nach ein Leben nach dem Tod oder ist der Tod das Ende des Lebenswegs und nichts folgt?" aus.

Natürlich durchlief ich zu Beginn meines Dienstes als Rabbiner (ich wurde 1964 am Hebrew Union College in Cincinnati in den USA ordiniert) die beschriebenen Prozesse. Ja, es gab und gibt bei mir bis heute ernsthafte Zweifel an einer „Auferstehung der Toten". Im Gespräch mit meinem Lehrer und Rabbiner Jakob Petuchovski – seligen Angedenkens – erwähnte ich einmal diese Zweifel. Seine Antwort war: „Hast du einen Beweis, dass sie nicht existiert?"

Man muss von der Annahme ausgehen, dass man als individuell geprägte Person den Kranken als ebensolches Individuum besucht. Oder, allgemein gesagt: Wenn man in Beziehung mit einem Menschen tritt, ist die Kommunikation nicht nur verbal, sondern es entstehen weitere Kommunikationswege wie die Körpersprache, die Bewegungen, die wir machen. Auch durch Nicht-Reden strahlen wir etwas aus: Durch Stille, die wir einander mitgeben; sei es eine schwere Stille, die ein Ausdruck des Schweigens und der Angst, das Falsche zu sagen, ist, oder sei es die Stille, die das Gesagte nachwirken lässt.

Ich möchte in dieser Einleitung festhalten, dass hauptamtliche Religionsvertreter, die Kranke besuchen, eine klare Meinung zur Frage „Was passiert nach dem Tod?" haben müssen. Es ist klar, dass wir hier alle nur Herantastende sind.

Es gibt den, der sich mit Kompass und Gewissen herantastet und es ist erlaubt zu sagen: „Ich weiß es nicht, aber ich neige dazu zu glauben ..." – vielleicht muss das sogar so gesagt werden. Aber der Besucher von Kranken braucht eine Meinung, die es ihm ermöglicht dem Kranken oder dessen Angehörigen seinen Standpunkt zu erläutern, wenn die Situation dies erfordert. An diesem wichtigen Punkt unterscheidet sich, meiner Meinung nach, der professionelle Besucher vom Laien, der als Zugehöriger oder Freund den Kranken besucht.

Grundannahmen

Im Judentum existiert schon sehr lange der Glaube an die Seelenwanderung. Er entwickelte sich später zum Glauben an die Auferstehung der Toten. Innerhalb des Judentums ist dieser Glaube also legitim und daher kann ich mich aus einer jüdischen Perspektive auf diesen Glauben beziehen. Die nun folgenden Begründungen [weshalb dieser Glaube vertreten werden kann][2] stammen zum Teil von mir.

In der „Kabbala"[3] ist der Glaube an Seelenwanderung verbreitet, er nimmt auch im Chassidismus einen zentralen Platz ein. Im liberalen Judentum besteht ihm gegenüber hingegen Zurückhaltung und es wird vorherrschend der Glaube vertreten, dass die Erinnerungen an den Toten die Fortsetzung seiner Existenz ist. Angesichts der Tatsache, dass innerhalb der Tradition des Volkes Israel von den Talmudweisen das Gebot „seid fruchtbar und mehret euch" als das erste Gebot der Tora angesehen wird, interpretiert man die Bildung des Menschengeschlechts als das Ziel dieses Gebotes. Aber man kann von diesem Gebot nichts über die Seelenwanderung erfahren.

Erste Grundannahme: Die Lebenskraft des Menschen setzt sich aus zwei Bestandteilen zusammen. Zum einen aus dem

Odem – ein Ausdruck, der sich vom Wort „Atem" ableitet.[4] Dieser Teil der Lebenskraft meint also das, was mit dem Körperlichen des Menschen zusammenhängt. Zum anderen die Seele (*Nefesch*), also der dem Menschen seine Einzigartigkeit verleihende Bestandteil: d.h. seine Charakterzüge; seine Begabungen; seine Fähigkeit, sich mit anderen Menschen zu verbinden und mit ihnen Brücken zu bauen, aber auch sich von ihnen zu lösen; auch seine Fähigkeit, mit dem Kosmos eine Verbindung einzugehen, mit der Welt der Geistes- und Naturwissenschaften. In der religiösen Sprache ist die Seele mit dem Geist Gottes verbunden und kommt von diesem; in Gen. 1 steht über diesen Geist Gottes: „er schwebte auf dem Wasser".

Zweite Grundannahme: Diese Grundannahme ist der Naturwissenschaft entnommen. Sie geht davon aus, dass die Energiemenge im Kosmos immer gleich ist, aber in zwei Formen vorkommt: Als kinetische (dynamische) Energie oder als potentielle Energie (eine naturwissenschaftliche Definition von Energie, wonach man die Konzentration von Energie messen kann. Das lässt sich etwa am Beispiel von Elektrizität beschreiben, die an einem gewissen Punkt gespeichert wird; oder am Beispiel einer bestimmten Masse, deren Energie nicht umgesetzt ist. Der Begriff beschreibt, dass von einer Kraft etwas umgesetzt werden kann, z.B. Elektrizität in einer Batterie, bevor diese verwendet wird. Bei deren Verwendung wird die in ihr gespeicherte Elektrizität in kinetische Energie umgewandelt).

Dritte Grundannahme: Das Werk des Schöpfers lässt sich in der Wiederkehr der Jahreszeiten, der Tageszeiten und in der Wiederkehr von Leben und Tod erkennen. In dieser Wiederkehr ist Gott. So wie wir die Elektrizität selbst nicht sehen, aber das, was sie bewirkt: das Leuchten der Lichter, den Betrieb verschiedener elektrischer Geräte. Auch die Seele und den Odem treffen wir nirgends an, aber wir sehen das, was sie bewirken, nämlich das Leben der Menschen.

Seelenwanderung

Vor dem Hintergrund dieser Ausführungen wenden wir uns jetzt dem Menschen zu. Ausgehend von dem, was wir sehen und beschreiben können, besteht der Mensch aus zwei Bestandteilen. Der erste Bestandteil ist der Körper. Dieser ist konkret, kann gesehen und auch behandelt werden. Der zweite Bestandteil, von dem wir Anzeichen sehen – wie oben auch über die Elektrizität gesagt wurde –, sind der Odem und die Seele. Ähnlich ist es auch bei einem Baum, der verbrennt. Die Gestalt des Baumes verschwindet und wird wieder zu nichts Weiterem außer seinen Grundbestandteilen. Die Energie, die durch den Brand freigesetzt wird, wird dabei von potenzieller zu kinetischer Energie. All dies geschieht im größeren Zusammenhang des Kosmos und stellt die regelmäßige Wiederkehr dar, die es in der Natur gibt; es ist die Energie, die niemals versiegt. Diese Energie schließt auch uns mit ein. Daher kann ich meine Nähe, die ich zum Schöpfer spüre, auch nicht mit traditionellen Begriffen wie „König, König der Könige, Hirte, Richter" beschreiben, sondern ich definiere ihn als „Schöpfer" (הבורא, *haBoreh*) und die Kenntnis von ihm als „selbstbewusste Energie". Die Beschreibung des Schöpfers als selbstbewusste Energie – mit diesem Ausdruck halten wir an dem Konzept der Ewigkeit des Schöpfers und an seiner Allwissenheit fest. Natürlich kann ich keine Aussage darüber treffen, welche Dinge er weiß und welche Dinge er nicht weiß.

An dieser Stelle wollen wir wieder auf das Beispiel der Elektrizität zurückkommen. Diese sehen wir nicht, aber wir sehen, was sie bewirkt, und so verhält es sich auch mit dem Schöpfer: Wir sehen ihn nicht, aber wir sehen, was er bewirkt. Und wie spüren wir den Schöpfer? Auf diese Frage gibt es viele Antworten, manche überzeugen, andere nicht. Meine Antwort ist, dass ich den Schöpfer zuallererst im wiederkehrenden Prozess der Natur spüre. Damit meine ich nicht nur die Wiederkehr der Jahreszeiten, sondern auch das, was tagtäglich wiederkehrt, so wie es im Schacharit[5] heißt: „In seiner Güte erneuert er immer, jeden Tag, das Werk seiner Schöpfung" oder im Aravit[6]: „Der das Licht vor der Finsternis wiederkehren lässt und die Finsternis vor dem Licht und der den Tag vorübergehen lässt und die Nacht bringt und der zwischen Tag und Nacht trennt …" In meinen eigenen Worten würde ich sagen, dass er die Quelle dieses zyklischen Prozesses ist. Oder, um wieder zum Ursprung zurückzukehren, zur Bibel: „Der ich das Licht mache und schaffe die Finsternis, der ich Frieden gebe und schaffe Unheil" (Jes. 45,7). Der Prophet Jesaja (Deuterojesaja), der die Diaspora erlebte und durch diese Erfahrung eine weitreichendere Gottesvorstellung entwickelte – keine, die nur an das Land und das Volk Israel gebunden ist –, bezeichnete das Volk Israel als das Volk, das die Zeugenschaft besitzt: „Ihr seid meine Zeugen, spricht der HERR, und mein Knecht, den ich erwählt habe, damit ihr wisst und mir glaubt und erkennt, dass ich's bin. Vor mir ist kein Gott gemacht, so wird auch nach mir keiner sein" (Jes. 43,10). Das heißt: Also ist eure Existenz Zeugnis für die Existenz des Schöpfers. Diese Worte stammen aus dem 6. Jahrhundert v.u.Z. und sie haben noch einen bedeutenden Wert im 21. Jahrhundert n.u.Z.

In den Rahmen dieses zyklischen Prozesses gehören nach meiner Auffassung auch die Geburt und der Tod eines jeden einzelnen Individuums. Warum geht in diesem zirkulären Prozess Lebensenergie verloren? Nun, es findet der motorische Teil, der Teil des Odems – also der Teil der kinetischen Energie, die im Menschen ist – ein Ende. Aber der seelische Bestandteil, die charakteristische Besonderheit eines jeden Einzelnen, besteht weiter; und genau dies ist die Seele.

Ich muss gestehen, dass ich nun etwas zu einem Exkurs über unsere Einbildungskraft abschweifen möchte. Ich erlaube mir diesen Exkurs, da ich mich mit dieser Frage schon seit meiner Zeit als Gymnasiast in Jerusalem beschäftige; mit der Frage, ob der Mensch in der Lage ist, sich Dinge einzubilden, die nicht existieren. Der Surrealismus hat uns gelehrt, dass wir (möglicherweise) Dinge zusammensetzen können, die nicht existieren: Pferde mit Flügeln oder Zentauren (Mischwesen aus Mensch und Pferd), aber auch unsere wildeste Fantasie setzt sich aus reellen Dingen zusammen (nur die Zusammensetzung der Dinge ist anders). Das, was wir in der abstraktesten Kunst finden, setzt sich aus Formen und Farben zusammen, die in der Natur vorkommen. Persönlich habe ich das am stärksten in einem Vortrag über Genetik gemerkt, in dem farbige Bilder zu diesem Thema gezeigt wurden. In dem Moment, in dem diese Bilder vergrößert wurden, sahen sie aus wie abstrakte Kunstwerke. Aber kehren wir zu unserem Thema zurück.

Mit dem Tod endet die persönlich-körperliche Existenz des Geschöpfes, aber die Seele kehrt zu einem Seelenreservat zurück. Aus diesem Reservat kehrt die Seele wieder in einen menschlichen Körper zurück. Was ist also die Verantwortung des Einzelnen, bezogen auf die Seele? Mit umso weniger schwarzen Flecken eine Seele zurückkehrt (eine Bezeichnung für die Sünden, die wir in unserem Leben begehen), desto eher hat der neue Lebenszyklus die Chance, mit einer relativen Vollkommenheit zu beginnen.

Wenn der Schöpfer uns schuf und es darüber heißt: „Und Gott schuf den Menschen nach seinem Bilde, zum Bilde Got-

tes schuf er ihn; und schuf sie als Mann und Frau" (Gen. 1,27),
so heißt das auch, dass die Menschen einen göttlichen Grund
haben, einen Grund des Schöpfers. Hier stütze ich mich auch
auf das Verständnis von einem Schöpfer, wie es in der Offenba-
rung an Moses am Dornbusch zum Ausdruck kommt: „Ich werde sein, der ich sein werde" (Ex. 3,14). Daher liegt es an uns zu
definieren, welche Identität wir unserem Schöpfer zuschreiben.
Darauf weist auch der vierkonsonantische Gottesname JHWH
hin, denn dies sind auch die vier Buchstaben, aus denen im Hebräischen die drei Zeiten Vergangenheit, Gegenwart und Zukunft gebildet werden:[7] Die Vergangenheit mit der Konsonantenfolge היה (*HaJaH*), die Gegenwart mit der Konsonantenfolge
הוה (*HoVeH*) und die Zukunft mit der Konsonantenfolge יהיה (*Ji-
HiJeH*). So verhält es sich auch mit unserer Seele, die den göttlichen Funken enthält: Sie enthält Vergangenheit, Gegenwart
und Zukunft. Vor dem Hintergrund der ersten beiden tragen
wir Verantwortung, aus Sicht des Glaubens an die Seelenwanderung, wie es mit dieser Seele – der spezifischen Energie eines
Menschen – auf ihrer nächsten Reise weitergeht. Wenn sie weniger (mit Sünden) befleckt ist, hat sie einen leichteren Anfang ihres Lebensweges. Wenn sie sehr befleckt ist (mit vielen Sünden)
kann sie dem Geborenen einen physisch und seelisch schweren
Lebensweg bescheren. Ich bin nicht in der Lage einzuschätzen,
welche Menge an Sünden auf der Waagschale diese Waage auf
die eine oder andere Seite kippen lässt. Jedenfalls ist uns aber
aus dem gesellschaftlichen und privaten Leben bekannt, dass
der Mensch nicht nur für seine Vergangenheit und Gegenwart
Verantwortung trägt, sondern auch für die Zukunft, die er nach
seinem Tod hinterlässt; ob wir an die Seelenwanderung glauben
oder nicht.

Ich denke, ich muss auch erklären, weshalb ich mich auf den
vierkonsonantischen Gottesnamen (JHWH) stütze und nicht
auf [das hebräische Wort für Gott][8] Elohim oder auf eine andere [biblische][9] Gottesbezeichnung. In den Jahren, in denen ich
die Bibel gelesen habe, bin ich zur Erkenntnis gelangt, dass der
Gottesname Elohim – wie es auch in der vergangenen hebräischen Bibelauslegung erwähnt wird – „Richter" bedeutet (siehe
Ex. 21,6: „So bringe ihn sein Herr vor Gott"). D.h. die jüdische
Tradition versteht dieses Wort als Synonym für „Richter". Daraus
können wir schließen, dass der biblische Autor uns beschreibt,
wie Gott uns sieht. Durch die präsentische Verwendung des

Gottesnamens[10] ist das Beschriebene subjektiv. Der Leser spürt den Schöpfer, wie der biblische Held ihn spürt, wie den Gott, an den Abraham seine Worte „ Sollte der Richter aller Welt nicht gerecht richten?" (Gen. 18,25) richtet. In den verschiedenen in diesem Kapitel beschriebenen Ereignissen – der Flucht Lots, seiner Frau und seiner Familie aus Sodom – erscheint Gott im vierkonsonantischen Namen (der Name JHWH). Diese Geschichte endet mit „Und es geschah, als Gott (Elohim) die Städte in der Gegend vernichtete, gedachte er an Abraham und geleitete Lot aus den Städten, die er zerstörte, in denen Lot gewohnt hatte" (Gen. 19,29). Hier gibt uns der Erzähler einen ganz klaren Blick von oben bis unten, wie Gott, der Richter, der Schöpfer uns, die Menschen und den Kosmos, sieht.

Wenn man meinen Glauben von der Seelenwanderung hört, wird die Frage gestellt, wie es sein kann, dass es in manchen Generationen mehr und in anderen Generationen weniger Juden gibt. Ist die Anzahl an Juden immer gleich, ja oder nein? An dieser Stelle gestehe ich, dass ich wieder auf meine logische Fantasie ausweichen muss und dass ich glaube, dass es ein Reservat gibt und dass von diesem Reservat manchmal mehr und manchmal weniger Gebrauch gemacht wird.

Und was ist mit den Nichtjuden? Die werden ja nicht als Juden geboren. Daher glaube ich, dass sie und die Seelen der Israeliten zusammen in der Generation vom Berg Sinai waren. So gilt zum Beispiel für Menschen, die zum Judentum konvertieren – von denen ja manchmal welche Jüdinnen und Juden in ihrer Familiengeschichte finden –, dass ich mit ihnen zum Berg Sinai zurückkehre.

Es ist klar, dass im Kapitel, das vom Seelenreservat handelt, vielleicht mehr aus dem Bereich der Fantasie geschöpft wird, aber bezüglich des Glaubens an die Seelenwanderung[11] möchte ich die Verantwortung des Einzelnen nicht nur für die Vergangenheit und persönliche Zukunft betonen, sondern auch für die seelische Energie, die er nach seinem Tode hinterlässt.

„Wachet auf und rühmet, die ihr liegt unter der Erde! Denn ein Tau der Lichter ist dein Tau" (Jes. 26,19): Hier wird über diejenigen, die unter der Erde liegen, ausgesagt, dass es die Wiederkehr des Taus und des Lichts ist (letzteres verweist uns wieder auf die Schöpfungserzählung zurück, wo das Licht das erste Schöpfungswerk ist), die sie einschließt in die Wiederkehr, die als „Seelenwanderung" bezeichnet wird. Durch unseren Lebenswandel haben wir Anteil am Urteil, das im Laufe dieses beschriebenen wiederkehrenden Prozesses über uns gesprochen wird.

Anmerkungen

1   Dt. „Besuch bei Kranken".

2   Anmerkung des Übersetzers.

3   Jüdische Mystik.

4   Anmerkung des Übersetzers: In der hebräischen Sprache setzt sich sowohl das Wort „Odem" (*Neshama*) als auch das Wort „Atem" (*Neshima*) aus drei Konsonanten zusammen und nur die unterschiedliche Vokalisierung gibt den beiden Wörtern eine unterschiedliche Bedeutung. Im Deutschen kann die enge Verbindung der beiden Wörter am ehesten durch die Übersetzung von „Neshama" mit „Odem" (Lutherübersetzung des Wortes „Neshama" z.B. in 1. Kön. 17,17) wiedergegeben werden. Buber und Rosenzweig übersetzen *Neshama* in 1. Kön. 17,17 mit dem im heutigen Deutsch gängigeren Wort „Hauch".

5   Jüdisches Morgengebet.

6   Jüdisches Abendgebet.

7   Jeweils in der 3. Person Singular.

8   Anmerkung des Übersetzers.

9   Anmerkung des Übersetzers.

10 D.h. wenn die im Gottesnamen JHWH vorhandene Präsensform HWH („er ist") benutzt wird.

11 Anmerkung des Übersetzers: Der Autor fügt hier den Satz „Seele, so wie ich diesen Begriff beschreibe" ein. Diese Ergänzung ist im Hebräischen nötig, denn der hebräische Begriff für Seelenwanderung (*gilgul haneshamot*) enthält das Wort „Neshama" (Odem) und nicht „Nefesh" (Seele), aber aus Sicht des Autors beschreibt Seelenwanderung die Wanderung der *Nefesch* und nicht der *Neshama*. Da im Deutschen der Begriff *Seelen*wanderung gebräuchlich ist, bedarf es dieser ergänzenden Bemerkung in der Übersetzung nicht.

Bikkur Cholim, Jewish Healthcare Chaplaincy and Spiritual Care: Three Culturally Influenced Concepts of Patient-Centered Care

Sarah Werren

Bikkur cholim is the term for the Jewish concept for visiting the sick. On an interpersonal level it means the religious deed (*mitzvah*) of visiting people, Jews and non-Jews alike. Even though *bikkur cholim* is not to be found as a Biblical commandment, later rabbinic scriptures and commentaries made sure to mention the importance of this type of loving-kindness. Thus, Talmud Nedarim 39b states:

"It was taught: There is no measure for visiting the sick. What is meant by, 'there is no measure for visiting the sick?' R. Joseph thought to explain it: its reward is unlimited."

As a social institution, the *Chewra Bikkur Cholim*, the association for visiting the sick, provided, and still does so in many contemporary congregations worldwide, (spiritual) care for Jewish patients. This group of lay men and women only admitted their most venerable and God fearing congregants.

Within modern societies and national health care systems, the sick visit has been professionalized and more or less successfully implemented in the different healthcare systems. While the United States has the most advanced system of interfaith chaplaincy, professional healthcare chaplaincy is a fairly new phenomenon in Israel.[1] This might come as astonishing news for Westerners with traditions of pastoral care or even interfaith chaplaincy available within the respective medical settings. It might come as a surprise also for Jews living outside Israel who are used to the concept of *bikkur cholim* religiously and socially; in light of this tradition one might expect that some sort of professional "pastoral" care has been made available for Israeli citizens.

This article elaborates on the conceptual relationship between the lay performance of *bikkur cholim* and the professional practice of Jewish healthcare chaplaincy. Further, it questions how the American and Israeli models of healthcare chaplaincy differ from each other.

1. Bikkur Cholim and Healthcare Chaplaincy
The Tradition of Bikkur Cholim

The Hebrew term *bikkur cholim*, which literally translates as "the sick visit," means the *mitzvah* (Engl. good deed, duty) of visiting someone who is ill. Interestingly, no commandment for *bikkur cholim* can be found in the Tanach, the Hebrew Bible, even though commentators as influential as Rabbi Moses ben Maimon (Maimonides, 1135–1204) and Rabbi Moses ben Nachman (Nachmanides,[2]1194–1270) maintain that this service is one of a set of deeds the rabbis mandated to fulfil the command to "love your fellow as yourself (Leviticus 19:18)."[3]

However, by ways of interpretation the rabbis traced back the theological foundation for this mitzvah to a well-known passage in Genesis 18:1–2 where Abraham is visited by God (angels) while sitting by the terebinths in Mamre. Using proximity as an interpretive device they observed that Genesis 18 is preceded by the story of Abraham's circumcision. The Bible doesn't state a purpose for the visit, thus the rabbis concluded that God's visit to the patriarch was a divine sick call, even though Abraham's behaviour isn't that much in accordance with what one may expect from a newly circumcised 99-year-old, e.g. sitting outside of his tent in the sizzling heat and sprinting to fetch water for his guests.[4]

Rabbinic literature offers a lot of sources from which one can learn how to approach a patient or sick person. Whether it's the *midrashim* (interpretive writings), the *halakhic* texts (religio-legal literature) or certain prayers: they are the basis to understand and discuss spiritual care and the practice of visiting the sick in Jewish religious culture.[5] The rabbis of the Talmud and later commentators "had high expectations for Bikkur Holim; they did not see it as a merely 'friendly visit,' instituted to pass away the time of the sick. The objective of Bikkur Holim was to offer a healing intervention."[6]

This healing intervention consisted of what can best be described as pragmatic and medically related services combined with prayer and active presence.

a) Provision of the patient's needs: Most of what is important for the discussion of Talmudic statements concerning an ill person and the proper behaviour as well as do's and don'ts can be found in the tractate Nedarim (esp. 39–41). Ned. 40a for example gives a concrete description of an action taken by one of the most famous rabbis of his time, Rabbi Akiba.

"So, R. Akiba himself entered [his house] to visit him, and because they swept and sprinkled the ground before him, he recovered."

This means that an important duty of any visitor is to see to it that the patient is well looked after. The word *bikkur* not only means "visit" but also includes the meaning of "investigation." The purpose of the sick visit is to examine whether the bedridden person is well provided for. Is there enough food, medication, and money? The holistic approach of the Jewish *mitzvah* of the sick visit consists of lay nursing as well as any sort of assistance, spiritual assistance included.

b) Prayer: The second responsibility involved in visiting the sick is prayer. To stress the importance of healing, Jewish religio-legal literature states that a sick visit was not complete unless the visitor prayed on behalf of the patient. A special prayer for healing is known by its opening words, *Misheberakh* (May the One who blessed…). In this prayer Jews pray for a *refuah shlemah*, a complete healing.[7] The end of the prayer reveals what is meant by a complete healing: this is *refuat ha-guf*, the healing of the body, and *refuat ha-nefesh*, the healing of the spirit, the soul. The dual aspect of healing, that of cure (*refuat ha-guf*) and that of care (*refuat ha-nefesh*), the provision of therapy for the ailing body as well as the offer to care for the soul, is the Jewish key concept for a holistic approach to heal a person. Even if a patient will not recover from his/her illness, spiritual accompaniment may contribute to a person's healthy death ("that a person can die healthily)." This seemingly paradoxical statement of an Israeli spiritual care giver clarifies the self-understanding of a patient-centered care that seeks to alleviate not only bodily pain but the suffering of the soul accordingly.

In the United States, Jews might even participate in a "Service for Healing, a special liturgy designed for those whose lives are touched by illness, pain, and loss."[8] Such services are provided by the programs and centres institutionalized by the Jewish Healing movement.[9]

c) Presence: Visiting a sick person doesn't have to imply an action. Listening to the patient's distress or relieving his or her anxiety by conversation, is equally important and shouldn't be neglected. Ideally, the positive consequence of this interpersonal aspect of the sick visit would be the patient's state of *nachat ruach mechaveraw*, the peace of mind (Seelenfrieden) one receives by the presence of his friends. Accordingly, Talmud Nedarim 39b states: "Whoever visits the sick takes away one-sixtieth of his distress," or in a slightly other version in Baba Metzia 30b: "A man's affinity takes away a sixtieth of his illness."

The sick visit is not restricted to close family, friends or medical professionals like doctors or nurses, but is a collective duty for all Jews in the community. Accordingly, *bikkur cholim* is not only a religious and moral obligation but an important concept for social behaviour. As a communal service the "holy societies" for visiting the sick were established as early as the fourteenth century in Spain and Southern France, and Italy. Only in the sixteenth century this communal service was institutionalized in the rest of Europe and just a few such societies existed in seventeenth century Germany. A *chewrah bikkur cholim* usually paid for a physician, druggists, barber-surgeons, hospital attendants, midwives, and others. Additionally, care was not only provided for the poor, but all communal members could rely on the association for help.[10] On the other hand, bioethicist Michael Y. Barilan argued that religious idealism shouldn't be confused with actual norms and social reality:

> "Between the lines of the written sources, we may discern huge gaps between abstract norms and actual compliance. At times, communities would send sick vagabonds away in order to avoid the expenses of care and burial. Some of the regulations were quite cruel, like the prohibition against hosting deformed people on the Shabbat; these unfortunates had to stay in a public shelter."[11]

In many places these *chewrot bikkur cholim*, the societies for visiting the sick, disappeared due to different historical events and their social, political, and cultural consequences. The Russian Revolution, the Holocaust, and two world wars contributed to the dissolution of traditional community structures in many parts of Europe and the mass immigration of Mizrachi Jews to Israel emptied the Jewish communities in the Middle East and North Africa.[12]

On the other hand, still a lot of congregations maintain *bik-*

kur cholim groups. This holds true for example for the Chewra Bikur Cholim of the Einheitsgemeinde Basel/Switzerland (IGB). Also, community-based *bikkur cholim* may have a different outlook today: The Satmar Chassidim for example set up an organization that provides "practical and emotional support services to the sick and disabled and their families within the Charedi community in North London."[13] Another solution for big cities are organizations that are specialized in bikkur cholim-related services, as for example Bikur Cholim Los Angeles.[14] Besides visiting the sick they also organize blood drives and maintain a special program for Holocaust survivors.

The Professionalization of the Sick Visit: Jewish Healthcare Chaplaincy

The traditional Jewish sick visit, an obligation for all Jews, contains many aspects of professional spiritual care. Yet, their approaches and methodologies are different from each other.

In an enlightening description of how he became a chaplain, American rabbi and chaplain David Singer described well one of the main differences between the religious obligation of *bikkur cholim* and his professional role as a chaplain.[15] At the beginning of his training he was convinced that pastoral care was identical with the commandment of *bikkur cholim*. Contrary to his supervisor's understanding, for him it was enough to know that visiting the sick was a *mitzvah*, and one he was reminded of every day due to its prominent placement in the morning service.

His change of perspective was brought about by the close reading and reflection on Martin Buber's I-Thou philosophy and a tale taught by Rabbi Nachman of Bratslav, a late-eighteenth century Chassidic rebbe. This story is about a prince who suddenly thought he was a turkey. He felt compelled to sit naked under the table, and instead of ingesting food in a normal manner he was pulling at bits of bread like a turkey. None of the doctors who were sent for by the king were able to cure the prince. In the end, it was a "wise man" who initiated the healing process. How? The man went to sit with the prince-turkey under the table, himself naked and pulling at pieces of bread, as well. Asking questions like "Do you think a turkey can't wear a shirt?" or "Do you think a turkey has to sit under the table? You can be turkey and sit up at the table," the wise-man gradually but completely cured the prince.

This Chassidic tale helped Rabbi Singer understand that illness can be a very lonely place, and as part of his role as chaplain he was "going to the place where the patient is and, if they want to be brought somewhere, helping them in that transition."[16] Thus, pastoral or spiritual care means reaching out to the patient at the place of his or her confinement.[17]

By the end of his chaplaincy training David Singer realized that in comparison to his earlier "Jewish" understanding of *bikkur cholim* "chaplaincy and pastoral care, though they fulfill the basic Jewish obligation of visiting the sick, are actually much more. They are a professionalized means of helping people—being *with* other human beings—in their most difficult and painful times."[18]

Many professional spiritual care givers, whether they published their experiences or talked about them during an interview with the author of this article, repeatedly insisted on the fact that the methodology to providing professional chaplaincy is key. Developing approaches to deal with such situations on an everyday basis as well as the development of coping strategies is an important goal of modern chaplaincy training and supervision. The fact that clinical pastoral education imparts tested methodologies that are universally applicable may leave Jewish (or any other religious community) chaplaincy trainees wondering how to implement the respective religious knowledge and how/if/when to use it. This process is a very individual one because it implies a search for linking established "eternal" knowledge and personal life stories, character, and experiences. The aforementioned story of Rabbi David Singer serves as an example of such an integrative process.

Concurrently, it is crucial to always focus on the patient's needs first, as Charles Sheer, an American Orthodox rabbi and experienced chaplain serving the New York area states very clearly:

> "Pastoral care should be driven by tested methodologies, not by texts. The principal focus of a trained practitioner is upon the patient, and a clinical response should be based upon the assessment of the patient's condition and need. That assessment, however, can be informed by the wisdom of our religious traditions that guide—but do not determine—pastoral care."[19]

2. United States: Healthcare Chaplaincy and Jewish Healing

In comparison to most European countries and Israel, North American healthcare chaplaincy developed the most comprehensive education for pastoral care and provides the best implementation of these services in the health care system. The approximately 10'000 certified chaplains belong to one of five major professional organizations: The Association for Clinical Pastoral Education (ACPE), the Association of Professional Chaplains, the Canadian Association of Pastoral Practice and Education, the National Association of Catholic Chaplains, and Neshama: Association of Jewish Chaplains (NAJC). In 2004 these organizations set up the Spiritual Care Collaborative (SCC) that defines pastoral care as a profession, which provides common standards for accountability and communicates unanimously with legislators and other official bodies.[20] Even before this official fusion they produced the white paper "Professional Chaplaincy: Its Role and Importance in Healthcare."

A study about the extent of hospital chaplaincy service in the United States between 1980 and 2003 revealed that between 54% and 64% of hospitals had these services available.[21] Church-operated hospitals were much more likely to provide this kind of patient-centered care. According to Cadge's assessment this is a potential indicator for "different value commitments around religious/spiritual care and/or greater ease of finding and financially supporting chaplains."[22]

Of course, this finding is not surprising with historical hindsight: Anton T. Boisen (1876–1965), who graduated at Union Theological Seminary in the City of New York, is acknowledged as founder to the clinical pastoral movement. Boisen's primary intention was to establish pastoral care in psychiatric institutions and to provide clergy with clinical pastoral training.[23] As early as 1930 Boisen and his colleagues Elwood Worcester, Helen Flanders Dunbar, and Richard Cabot—the early leaders of the clinical pastoral movement—formed the Council for the Clinical Training of Theological Students. Encouraging interprofessional cooperation, they designed their programs according to the structure of the training of medical and social work professionals. The primary goal of this structural resemblance was the translation of the scientific method into the clinical training of the ministers. They worked with the case study method as the main teaching tool:

> "In one sense, CPE [Clinical Pastoral Education; SW] pro-
> grams in the 1930s remained true to Boisen's vision of the
> minister as a scientist of religion and to his idea that knowl-
> edge about human personality was accumulated most ef-
> fectively not through the reading of books but through the
> study of 'the living human document.'"[24]

Another method that was an important tool for most CPE supervisors was the process of befriending patients. Called "therapeutic friendship," this pastoral technique was of special importance to many CPE supervisors. Obviously, for many educators,
chaplaincy training in the healthcare setting was intended "to
teach ministers how to deal with 'ordinary people in their own
parishes.'"[25] To deliver lectures, case seminars, and supervi-
sor-student conferences served those ministers to exercise their
counselling and pastoral care skills.

Almost certainly the first Jew who was approved as CPE supervisor by the predecessor of the ACPE was Rabbi Fred Hollander,
an Orthodox rabbi at Bellevue Hospital in New York. This was
in 1958. But comprehensive formal training for Jewish chaplains had not yet been developed and only a few Jewish facilities participated in CPE programs. Even after World War II CPE
programs were heavily influenced by Protestantism and limited
to Protestant ministers and seminary students. On an organiza-
tional level this only changed in 1990 when the National Association of Jewish Chaplains (NAJC[26]) was founded. [27]

Today the American interfaith chaplaincy system generally, but
not exceptionally, operates with clergy that has been thorough-
ly trained in clinical pastoral care and did clinical pastoral education. This holds true also for Jewish healthcare chaplains,
whether they are Orthodox, Reform, Conservative, or Recon-
structionist. When the JCAHO[28] changed policies in the 1990s
and stated that hospitals must demonstrate respect for pastoral
counseling, it subsequently may have influenced the number
and visibility of chaplains at the hospitals. On the other hand,
these changes have not increased the fraction of hospitals that
employ chaplains.[29] The implications and consequences of this
result were analysed in a study by Lauren Vanderwerker et al.
The authors concluded that even though the extent of chaplaincy services stayed more or less the same between 1980 and

2003, "the role of chaplains had been expanding in the U.S. and elsewhere. [...] For instance, chaplains counsel staff members, conduct community outreach activities with local clergy, sit on ethics committees, and participate in medical and nursing education programs."[30] Considering this development, the study also evaluated the lengths of visits with patients in order to determine whether today's chaplains have less time at the bedside. Interestingly, this is not the case and chaplains seem to be adjusting to these increased demands by improved screening processes, referral protocols through staff members, and the assistance of pastorally-trained volunteers.[31] This expanded role differs from the "solo practitioner" of earlier times who visited and prayed with patients and family. According to chaplain Martin W. Feldbush there was minimal interaction with the patient care process and the medical staff.[32]

In the 1930s, clinical pastoral education was "part of a larger movement among liberal Protestants of the period who were attempting to make an explicit connection between Protestantism and healing, whether physical or mental."[33] This connection was promoted in mainstream Protestantism as well as in Christian Science via "the mind could heal the body" principle, or in the Lutheran Church of America which supplied their community hospitals with chaplains to visited the sick.

Similarly, in the early 1990s Progressive Judaism which includes the Reform movement (America's largest Jewish denomination), the Conservative movement, as well as Reconstructionism and the Jewish Renewal movement, developed their own theologically founded approach: Jewish Spiritual Healing. This movement yielded the National Center for Jewish Healing as well as different local Jewish healing networks. Another very important promoter and turntable for different themes on Judaism, health, and spirituality is the Kalsman Institute on Judaism and Health of the Hebrew Union College – Jewish Institute of Religion. The Institute describes the reason for the emergence of the Jewish healing movement as follows:

> "The work was spearheaded by professionals and lay leaders who came to realize that, as a consequence of modern life, many Jews no longer had easy or meaningful access to the spiritual and communal supports that had sustained previous generations of Jews through difficult times of illness and loss."[34]

The Jewish healing movement equipped itself with a language that combines therapeutic language with Hebrew expressions and a vocabulary common for groups that offer tools in the realm of spirituality, meditation, and mindfulness. The strong promotion of the link between religion and health thus seems to mirror some of the concepts already put forward by the early clinical pastoral educators within liberal Protestantism.

3. Terms and Their Contexts

One of the leaders of the Jewish healing movement is American Rabbi Dayle A. Friedman, the author of the seminal handbook, "Jewish Pastoral Care: A Practical Handbook from Traditional & Contemporary Sources," who suggested to use the Hebrew term *hitlavut ruchanit* or *livui ruchani* (spiritual accompanying) to describe the Jewish tradition and way of spiritual care:

"The root of this term, lvh[35], is used in biblical and rabbinic texts to refer to one who 'walks with' another. Ministering angels, God's presence, friends, priests, and peers all are described as lvh, accompanying people as they go on their path." [36]

It's interesting to note that the Hebrew term for funeral, *levayah*, derives from the same root. When someone dies, a community of mourners escorts the dead person to the burial site, an act that stresses the meaningful coherence of Jewish social practice and language. It is a consoling thought that the concept as well as the social act of accompanying (lvh) a human being who suffers from illness and pain continues by means of escorting (lvh) the body after death has occurred.

Rabbi Friedman's hope that "*hitlavut ruchanit (livui ruchani;* S.W.) or other terms that practitioners may coin can come to serve as alternative, organically Jewish labels for this work"[37] became true: The term *livui ruchani* became essential for the spiritual care movement in Israel and has been adopted by most of Israeli spiritual caregivers. They are called and introduce themselves as *melavah ruchanit* (fem.) or *melaveh ruchani* (masc.). Alternatively, the term *temicha ruchanit* (spiritual support) is used.[38] Interestingly, *temicha* (support) was a common term to name associations that performed different kinds of *gemilut chassadim* (acts of loving-kindness). Several examples from pre-Holocaust Vienna testify to the existence of groups like *Tomchei Jeschurun* (Support for the Jewish People) or, most relevant here, *Temicho uwikur Cholim* (Supporting and Visiting the Sick, founded 1920).

However, both terms (*livui/temicha*) and their derivations focus on interpersonal relationships. On a conceptual level this is more in sync with the main purposes of modern interfaith chaplaincy and Jewish spiritual care than the term "pastoral care." Pastoral care is understood traditionally as the clergy's religious role in a situation of taking care of the other, including a thorough reflection of the self. The "pastoral" refers to his role of providing a religious service for the patient, his professional duty. From the Latin term pastor, he is "the first shepherd" of his congregation or faith community and devotes his flock with whatever religious practice (sacrament, prayer, kashrut) is indicated. Chaplaincy and pastoral care are terms connected to concepts that refer to ideas and practices from within the Christian tradition of caring for the "other's soul." Together with the term spiritual care which has been employed increasingly in the last twenty years, they are often used interchangeably. This shift in term usage occurred in the 1990s. Interestingly, although the rate of English-language journal articles about pastoral care is much higher than that for spiritual care, there is a steady decline in articles about pastoral care since 1996.[39] Thus, spiritual care seems to be the new pastoral care for multi-ethnic, multi-religious, and secular societies. Due to the many possible or obvious reasons for this development, suffice it to say that the lack of the term's coherence (or because of it), spirituality serves the concept of patient-centered care better since "pastorality" is interlinked with religion, religious institutions, rituals, and ideology while in general "people are much happier with the language of spirituality rather than religion."[40]

4. Israel: The Novelty of Spiritual Care

Until a few years ago spiritual care was basically non-existent in Israel. The process of its institutionalization has been started about twelve years ago with the support of the NAJC, the organization and certifying body for Jewish chaplains in the United States, local support from JDC-Eshel, an NGO dedicated to the development of services for the elderly in Israel, and financial support from the UJA-Federation of New York.[41] But only in 2014 the Association for Spiritual Care in Israel was founded in order to serve as the body responsible for certifying spiritual care co-ordinators and spiritual care educators as well as reviewing the training programs for spiritual care coordinators.

Rachel Ettun, one of the association's co-founders, mentioned in a personal communication to the author in August 2016 that they considered whether to adopt the American healthcare chaplaincy model or the Jewish Healing Center model (see above). The former involved the setup of a new profession, including training and supervision possibilities, the latter a group oriented cooperation between rabbis and social workers. They chose the first option and decided to create a profession. But unlike in the United States, in Israel most spiritual care providers are not rabbis. They come from other backgrounds like nursing, counseling, psychotherapy, social work, and education.[42] On the one hand this circumstance explains—at least to a certain extent—why there was no professionalized spiritual care in the medical setting, while on the other hand this absence of clergy is the very reason for the present development and outlook of the Israeli model.

First, apart from the fact that the rabbinate has its own history of professionalization, the job description of Israeli rabbis who are employed in healthcare facilities does not include the duty to visit patients for the purpose of providing spiritual support. These rabbis also don't call themselves chaplains. They are charged with such activities as ensuring that the hospital is following halachic standards and policies. This includes dietary laws, Shabbat observance and festivals, and many other areas that are subject to rabbinic scrutiny. In some of the so called "religious" hospitals, the rabbi in charge even has decisive power in the realm of ethical decision-making. Even though most of these rabbis wish they had more time for *bikkur cholim*, the performance of pastoral care is not a role-inherent duty of a rabbi, at least not for the Orthodox rabbi in Israel. This image suits way better the Christian role model for clergy.

Second, this religious reality bears an important impact on the development of the Israeli spiritual care movement. The fact that Orthodox rabbis and Orthodoxy, the only Jewish (religious) denomination[43] in Israel that possesses religious/political power, did not provide this service systematically, made it possible for the movement to create a clergy-independent spiritual care model.[44] That's not to say that religion or more specifically Orthodoxy, is against spiritual care in the medical setting. Of course, there are many who belittle the importance of this service or try to ignore the ongoing processes of implementation in the different healthcare facilities (as do many head nurses and social workers out of fear for their "professional territory"); but by and large people who identify themselves as religious (Heb. *dati*) or traditional (Heb. *masorti*) are more willing to accept a chaplain compared to patients who are secular and "not spiritual."[45]

The secular clientele was allegedly another main reason why spiritual care in Israel did not adopt the "religion-clergy model." Linking religious practice and spiritual care would be problematic due to the tensions among Jews in Israel, "where the religious and secular publics are polarized and the secular shy away from anything that may be interpreted as religious coercion [...] Out of awareness of this concern regarding the relationship between spiritual care and religion, spiritual care in Israel has intentionally been built not on a religious framework, in contrast with some other parts of the world."[46]

Leaders of the Israeli spiritual care movement as well as social scientists and health policy researchers agree that there are still many obstacles to overcome in order to achieve a successful and sustainable long term implementation of spiritual care in the Israeli healthcare system:

> "Firstly, spiritual care should get official credentialing as a new health care profession. Secondly, decision-makers should be given a full and detailed introduction to the new profession, thereby raising its profile. [...] At the same time, in order to attain professional recognition from the Ministry of Health, the profession should continue to develop at grassroots level."[47]

Conclusion

The histories of healthcare chaplaincy have always been influenced by cultures, shaped and transformed by societies and religious traditions. The American pastoral care model, including Jewish chaplaincy, has been developed within and along mainstream Protestantism. Thus, most certified chaplains in healthcare facilities are clergy (priests, rabbis, vicars). Additionally, communal care or *supra*-communal care of the sick, i.e. *bikkur cholim* groups and organizations, successfully provide such services too.

In Israel on the other hand, the chosen name *livui ruchani* says it all: as has been described above, the root lvh (*livui, hitlavut*) in traditional Jewish texts means the (spiritual) accompaniment provided by all kinds of people or even non-human beings like angels or God, not only ordained rabbis. This concept seems to be the Israeli vision of healthcare chaplaincy, namely the implementation of trained spiritual care providers albeit with different professional backgrounds. Even though it will still take a long time to establish a coherent system of professional spiritual care in Israel that will be financially independent from American philanthropic institutions, the first steps that are often the most difficult, have been successfully taken.

Notes

1   This article doesn't elaborate on the European situation. Suffice it to say that most European countries operate with professional Christian chaplains who hold a degree in theology combined with the so-called "parochial model," which operates with parish-based clergy, i.e. religious specialists (e.g. rabbi, imams) provide pastoral care for their congregants.

2   Nachmanides' work Torat ha-Adam deals with the sick visit, the laws of mourning and burial ceremonies. The Shulchan Arukh (Yoreh Deah 335–338), a code of Jewish law, adopted its content.

3   See Charles Sheer, Bikkur Holim: The Origins of Jewish Pastoral Care, in: *Journal of Health Care Chaplaincy* 15:2 (2008), 99–113, here 107.

4   See ibid. 106; See Joseph S. Ozarowski, Bikur Cholim: A Paradigm for Pastoral Care, in: Dayle A. Friedman (ed.), Jewish Pastoral Care: A Practical Handbook from Traditional & Contemporary Sources, Woodstock 2001, 16–34, here 17.

5   Of course, there are many more resources that are used for Jewish spiritual care giving today. Besides written sources like Chassidic tales, life stories, or philosophic works (i.e. Martin Buber) chaplains also use other means of expression like art and music. See Rachel Ettun/Michael Schultz/Gil Bar-Sela, Transforming Pain Into Beauty: On Art, Healing, and Care for the Spirit, in: Evidence-Based Complementary and Alternative Medicine, 16 April 2014, https://www.hindawi.com/journals/ecam/2014/789852/ (31 October 2016).

6   Sheer, Bikkur Holim, 102.

7   Additionally, this is the response to give if one is told that someone is ill. Instead of "get better/get well", a Jewish option to respond in Hebrew is "*refuah shlemah.*"

8   See Nancy Flam, Healing the Spirit: A Jewish Approach, in: *CrossCurrents*, 46:4 (1996/1997), 487–496, here 492.

9   The most influential institutions for Jewish Spirituality and Healing are: the Kalsman Institute on Judaism and Health, the National Center for Jewish Healing, Shine and Divine, and the Jewish Healing and Hospice Project of Los Angeles.

10   See Isaac Levitats/Natan Efrati, Sick Care, Communal, Encyclopaedia Judaica, 2nd ed., vol. 18, Jerusalem 2007, 544.

11   Michael Y. Barilan, Jewish Bioethics. Rabbinic Law and Theology in Their Social and Historical Contexts, New York 2014, 16.

12   See ibid.

13   Jweb. Learning disabilities in the Jewish community: Bikur Cholim. D'Satmar Trust, http://www.jweb.org.uk/services/151/ (11 January 2017).

14   See http://www.bikurcholim.net (11 January 2017). See also http://bikurcholimgw.org for Greater Washington.

15   See David Singer, The Turkey, Chaplaincy, and Jewish Pastoral Care, in: *Journal of Pastoral Care and Counseling* 63:1-2 (2009), 1–3.

16   Ibid, 3.

17 See Barilan, Jewish Bioethics, 53. This perspective and behaviour holds true (or at least is the ideal) for patient-centred care personnel in general.

18 Singer, The Turkey, 3.

19 Sheer, Bikkur Holim, 101.

20 See Margaret J. Orton, Transforming Chaplaincy: The Emergence of a Healthcare Pastoral Care for a Post-Modern World, in: *Journal of Health Care Chaplaincy* 15:2 (2008), 114–131, here 122.

21 See Wendy Cadge et al., The Provision of Hospital Chaplaincy in the United States: A National Overview, in: Southern Medical Journal, 101:6 (2008), 626–630.

22 Ibid, 629. Other demographic and institutional characteristics revealed that smaller hospitals and those located in rural areas were less likely to have chaplaincy services than larger hospitals and those located in urban areas.

23 See Curtis W. Hart/M. Div, Present at the Creation: The Clinical Pastoral Movement and the Origins of the Dialogue Between Religion and Psychiatry, in: *Journal of Religion and Health* 49:4 (2010), 536–546, here 540.

24 See Susan E. Myers-Shirk, Helping the Good Shepherd. Pastoral Counselors in a Psychotherapeutic Culture, 1925–1975, Baltimore 2009, 48.

25   Ibid. 57.

26 The acronym NAJC now stands for Neshama: Association of Jewish Chaplains.

27 See Robert Tabak, The Emergence of Jewish Health-Care Chaplaincy: The Professionalization of Spiritual Care, in: *American Jewish Archives Journal* 62:2 (2010), 89–109.

28 JCAHO: Joint Commission on Accreditation of Healthcare Organizations.

29 See Wendy Cadge et al., The Provision of Hospital Chaplaincy, 630.

30 Lauren C. Vanderwerker et al, Selected Findings from the "New York" and the "Metropolitan" Chaplaincy Studies: A 10-Year Comparison of Chaplaincy in the New York City Area, in: *Journal of Health Care Chaplaincy* 15:1 (2008) 13–24, here 14.

31 See ibid. 21.

32 See Martin W. Feldbush, Healthcare chaplaincy: Taking a look at the new model, in: *Southern Medical Journal* 101:6 (2008), 580.

33 Myers-Shirk, Helping the Good Shepherd, 56.

34 Weintraub, Rabbi Simkha Y.; Rosenthal, Susan J.: Kalsman Institute on Judaism & Health: What we mean by Jewish Spirituality, http://kalsman.huc.edu/SpiritualityHealing/ (16 January, 2017).

35 In Hebrew letters the root is לוה.

36 Dayle A. Friedman, Jewish Pastoral Care: A Practical Handbook from Traditional & Contemporary Sources, Jewish Lights Publishing, Woodstock, 2001, xiii.

37 Friedman, Jewish Pastoral Care, fn. 14 (introduction).

38 Accordingly, a spiritual care provider is called *tomechet ruchanit* (f.) and *tomech ruchani* (m.).

39 See Stephen Harding et al: "Spiritual Care, Pastoral Care, and Chaplains: Trends in the Health Care Literature", in: *Journal of Health Care Chaplaincy*, 14:2 (2008), 99–117, here 99.

40 Mike Gartland is an Anglican priest and psychotherapist leading a multi-faith mental health chaplaincy and counseling service in West Yorkshire. Barton, Adriana: Reclaiming medicine's spiritual roots: Treating people, not just diseases, in: The Globe and Mail, published 23 November 2014, http://www.theglobeandmail.com/life/health-and-fitness/health/reclaiming-medicines-spiritual-roots-treating-people-not-just-diseases/article21704383/ (22 December 2016).

41 See Barry M. Kinzbrunner/Bryan D. Kinzbrunner, Spiritual Care in Israel: The Future is Now, in: *Israel Journal of Health Policy Research* 3:32 (2014), 1–5, here 2.

42 See Tabak, The Emergence of Jewish Health-Care Chaplaincy, 102.

43 The term denomination is used faute de mieux. Jewish Orthodoxy, especially in Israel, is very heterogeneous.

44 There are chaplaincy training programs for rabbinical students of the Conservative Movement, carried out at the Machon Schechter in Jerusalem, for example. Most other programs offer training for all professionals or health care professionals.

45 See Michael Schultz et al., Cultural Differences in Spiritual Care: Findings of an Israeli Oncologic Questionnaire Examining Patient Interest in Spiritual Care, in: *BMC Palliative Care* 13:19 (2014), 1–11, here 5.

46 Michael Schultz et al., Cultural Differences in Spiritual Care: Findings of an Israeli Oncologic Questionnaire Examining Patient Interest in Spiritual Care, in: *BMC Palliative Care* 13:19 (2014), 1–11, here 2.

47 Netta Bentur/Shirli Resnizky, Challenges and Achievements in the Development of Spiritual-Care Training and Implementation in Israel, in: *Palliative Medicine* 24:8 (2010), 771–776, here 775.

Seelsorge in Israel und Einblick in die Arbeit mit Schwerkranken in der Abteilung für Knochenmarktransplantation

Dina Herz

Im Moment gibt es in Israel ca. 70 zertifizierte Seelsorger, die in insgesamt vier zertifizierten Programmen in Israel ausgebildet wurden. Man kennt noch fast jeden Seelsorger beim Namen oder doch wenigstens vom Sehen. Das israelische Gesundheitsministerium erkennt den Beruf des Seelsorgers (מלווה רוחני, *melaweh ruchani*, „spiritueller Begleiter", oder תומך רוחני, *tomech ruchani*, „spiritueller Beistand") noch nicht an, was u.a. weitreichende finanzielle Konsequenzen hat. Doch trösten sich die Seelsorger damit, dass auch die Reflexologie und die Akupunktur in Israel anfangs nicht offiziell anerkannt waren, jetzt aber von jeder Krankenkasse als zusätzliche, medizinische Dienstleistung den Versicherten angeboten werden.

Seelsorger fühlen sich in Israel manchmal wie „Pioniere", ein Gefühl, das in der heutigen modernen Gesellschaft eher selten ist. Der Vergleich mit den Pionieren der Gründergeneration Israels, die beispielsweise unter Lebensgefahr die nordisraelischen Sümpfe der Chulaebene in den 1950er Jahren entwässerten, mag weit hergeholt sein, doch teilen wir mit ihnen die Dringlichkeit unserer Aufgabe für die heutige israelische Gesellschaft und die Notwendigkeit unseres Berufes bzw. unserer Berufung für die kommenden Generationen. Es liegt an uns, eine „israelische Version" der Seelsorge zu schaffen.

Was zeichnet die israelische Seelsorge aus?

Kurzer Einblick in die Entwicklung der Seelsorge in Israel

Um der Entwicklung der institutionalisierten Seelsorge gerecht zu werden, sollte man sich ihre Anfänge in den USA und Europa vergegenwärtigen, vor deren Hintergrund die Seelsorge in Israel entstand. Unter den Seelsorgern in Israel gab und gibt es diejenigen, die das amerikanische Modell fast komplett übernehmen und lediglich an die israelischen Umstände anpassen wollen, während andere dafür plädieren, in Israel eine eigene und unabhängige Seelsorge entstehen zu lassen. Diese Debatte kam z.B. bei der Frage auf, wie lange man noch einen amerikanischen Ex-

perten für die jährlichen Zertifizierunsgespräche der Seelsorge-
kandidaten in Israel einfliegen sollte, oder ob die Zeit nicht reif
sei, auf „eigenen Beinen" zu stehen.

Im Januar 2017 fanden die ersten Fachprüfungen ohne amerikanische Vertreter statt. Nichtdestotrotz sind sich alle Seelsorger
einig, dass die israelische Seelsorge ihrer amerikanischen großen Schwester viel verdankt und von ihr noch viel lernen kann.

In der Geschichtsschreibung gelten der Mediziner und Dozent an der Harvard Universität in Boston, Dr. Richard Cabot,
der zum ersten Mal ein *Clinical Pastoral Training* (CPT) an-
bot, und der protestantische Theologe Anton T. Boisen, der die
Case-Study-Methode und ein klinisches Jahr im Theologiestu-
dium einführte, als Begründer der modernen Seelsorge. Boisen
und Cabot richteten in den 20er Jahren des 20. Jahrhunderts
das erste Programm zur Ausbildung professioneller Seelsorger
in dem Krankenhaus ein, wo Richard Cabot als Arzt arbeitete.
Bei dieser Ausbildung handelte es sich um einen Vorläufer der
CPE-Methode (*Clinical Pastoral Education*), deren Ausbildung
hauptsächlich aufgrund von Fallstudien und Gesprächsproto-
kollen und durch Selbst- und Gruppenerfahrungen erfolgte.

Die Webseite des *Instituts für Klinische Seelsorgeausbildung
der Erzdiözese Freiburg in Heidelberg* nennt als „Grund für die
Entstehung von Clinical Pastoral Education (CPE) in den zwan-
ziger Jahren des 20. Jahrhunderts in den USA [...] die Kluft zwischen theologischem Wissen und eigenen Erfahrungen, der
Wunsch nach einer Theologie, die sich für Menschen in Le-
benskrisen bewährt, und die Kritik an einer theologischen Ausbildung, die theologisches Wissen und Seelsorge trennt."[1]

1963 wurde in den USA die ACPE gegründet, die *Association
for Clinical Pastoral Education*, die größte Dachorganisation
professioneller Seelsorger in den USA, der im Moment ca. 300
CPE-Zentren angehören.

In Europa ist die Entwicklung der professionellen Seelsorge weniger genau dokumentiert. Dr. Einat Ramon setzt in ihrem umfassenden Artikel „The History of Spiritual Care in the
World and in Israel"[2] zum Thema „Seelsorge in Israel" den An-
fangspunkt der modernen Seelsorge in Europa 1944 in Schwe-
den mit der Eröffnung des katholischen *St. Luke's Institute of
Spiritual Counsel and Psychological Treatment in Sweden* fest,
also ca. 20 Jahre nach der Entstehung des ersten CPE-Program-
mes in den USA. Sowohl in den USA als auch in Europa waren

die Anfänge der beruflichen Seelsorge eng mit christlichen Institutionen verbunden.

In Israel könnte man die Anfänge der professionellen Seelsorge im Jahre 2006 festlegen, wobei es dazu verschiedenste Meinungen gibt. 2006 wandte sich Elisheva Flamm-Oren, die damalige Vertreterin der *UJA Federation of New York*, an ihre Arbeitgeber in New York. Die *UJA Federation of New York*, eine der einflussreichsten jüdischen philanthropischen Organisationen überhaupt, unterhielt in Israel ein Vertretungsbüro zur Koordination der von ihnen finanzierten Programme vor Ort. Elisheva Flamm-Oren, deren Vater selber Rabbiner und Seelsorger war, schlug ihren Vorgesetzten in New York vor, verschiedenste Initiativen in der Seelsorge in Israel finanziell zu unterstützen, um diese für Israel neue Disziplin ins Leben zu rufen.

Bereits vor 2006 gab es in Israel vereinzelte Programme in der Seelsorge, wie beispielsweise Weiterbildungen für Therapeuten und Beschäftigte im Gesundheitswesen, Kurse im Geiste des Buddhismus oder als Teil der Ausbildung zum Gemeinderabbiner, z.B. im *Schechter Institute of Jewish Studies* in Jerusalem. Jedes dieser Angebote war auf seine spezifischen Ansprechpartner fokussiert und schien keinerlei Interesse am Aufbau einer institutionalisierten Seelsorge zu haben.

Dies änderte sich dank der finanziellen Unterstützung der *UJA New York*. 2006 erhielt eine Auswahl von Programmen, die sich um Förderung beworben hatten, eine dreijährige Zuwendung zum weiteren Ausbau ihrer vielseitigen Seelsorgeprogramme, und 2009 forderte die UJA von allen von ihr finanzierten Programmen, sich zu einer Organisation zusammenzuschließen und gemeinsame Richtlinien und Statuten für einen zukünftigen „Verhaltenskodex der Seelsorge in Israel" zu entwickeln.

Einen gemeinsamen Nenner für derart unterschiedlich orientierte Gruppierungen wie z.B. orthodoxe und liberale jüdische Strömungen, Buddhisten oder New-Age-Einrichtungen zu finden, schien eine Sache der Unmöglichkeit. Doch genau wie der Staat Israel in seiner Unabhängigkeitserklärung vom Mai 1948 „allen seinen Bürgern ungeachtet ihrer Rasse und Religion volle, gleiche gesellschaftliche und politische Rechte"[3] gewährte, so musste auch in den Richtlinien dieser neuen Berufsgattung der hart erkämpfte und fast täglich bedrohte Status Quo der heterogenen israelischen Gesellschaft garantiert werden.

Aus dem Verhaltenskodex der Seelsorger in Israel, 2012:

Teil 2: *Moralische Verhaltensregeln im religiös-kulturellen Bereich:*

> „In einer öffentlichen Institution angestellte Seelsorger stellen sich weder mit ihrem akademischen noch mit ihrem religiösen Titel vor. Sie geben weder ihre politische noch andere Meinung preis. Sie stellen sich ihrem Patienten lediglich mit Namen vor. Dies gilt sowohl für ihr Namensschild als auch für ihre Visitenkarte, die lediglich ihren Namen und den Beruf aufführen dürfen."

Um unnötige Konflikte zu vermeiden, stellen sich Seelsorger in Israel also lediglich mit Namen und Beruf vor. Man stelle sich etwa die Situation in einem Krankenhaus vor, in der eine Seelsorgerin, die den Rabbinertitel einer liberal-jüdischen Religionsgemeinschaft trägt, sich einem ultraorthodoxen Patienten als Rabbinerin und Seelsorgerin präsentiert. Die Aussicht auf ein potenziell heilendes Gespräch wird wahrscheinlich bedeutend höher, wenn der Rabbinertitel nicht im ersten Atemzug fällt.

Dies bedeutet allerdings nicht, dass wir keine Texte aus unserem Glauben als Teil unserer Seelsorgearbeit einbringen können. Der Schwerpunkt soll jedoch auf den universellen, menschlichen Werten des Textes liegen. Der Seelsorger darf den Patienten keinesfalls von seiner Meinung oder seinem Glauben überzeugen wollen oder mit ihm ein Streitgespräch zu diesem Thema initiieren.

Dazu ein Beispiel aus der Praxis:

2. Kön. 4,1–7 (Übersetzung Luther 1912): Die Situation: Elia, der Prophet und Lehrer von Elisa, ist vor Kurzem verstorben, und Elisa übernimmt nun die Aufgaben seines Mentors. Bereits sein erster Einsatz ist eine große Herausforderung:

Zitat aus der Bibel:

> *„Elisa mehrt das Öl der Witwe:*
>
> 1 Und es schrie ein Weib unter den Weibern der Kinder der Propheten zu Elisa und sprach: Dein Knecht, mein Mann, ist gestorben, so weisst du, dass er, dein Knecht, den HERRN fürchtete; nun kommt der Schuldherr und will meine beiden Kinder nehmen zu leibeigenen Knechten. 2 Elisa sprach zu ihr: Was soll ich dir tun? Sag mir, was hast du im Hause? Sie sprach: Deine Magd hat nichts im Haus denn einen Ölkrug. 3 Er sprach: Gehe hin und bit-

te draussen von allen deinen Nachbarinnen leere Gefässe, und derselben nicht wenig. 4 Und gehe hinein und schliesse die Tür zu hinter dir und deinen Söhnen und giess in alle Gefässe; und wenn du sie gefüllt hast, so gib sie hin. 5 Sie ging hin und schloss die Tür zu hinter sich und ihren Söhnen; die brachten ihr die Gefässe zu, so goss sie ein. 6 Und da die Gefässe voll waren, sprach sie zu ihrem Sohn: Lange mir noch ein Gefäss her! Er sprach: Es ist kein Gefäss mehr hier. Da stand das Öl. 7 Und sie ging hin und sagte es dem Mann Gottes an. Er sprach: Geh hin, verkaufe das Öl, und bezahle deinen Schuldherrn; du aber und deine Söhne, nähret euch von dem übrigen."

Auch die Patienten in der Abteilung für Knochenmarktransplantationen befinden sich in einer lebensbedrohlichen Situation und ihr Leben ist in einer schweren Krise. Elisa fragt die Witwe: „Was hast du im Hause?", worauf sie antwortet: „*Nichts*, außer einem Ölkrug." [Hervorhebung der Autorin]

Dieses Gefühl von Leere, wenn zu Hause <u>nichts</u> mehr vorhanden ist, teilen viele meiner Patienten. Auch wer sich vorher ausgefüllt fühlte, und ihm im metaphorischen Sinne viele „Töpfe" mit verschiedensten Ressourcen zur Verfügung standen, ist jetzt ausgelaugt, energielos und manchmal sogar hoffnungslos. In diesem Moment, so lehrt uns die biblische Geschichte, wende man sich an die Umgebung, an die Nachbarn, die Gemeinschaft, um deren Hilfe zu erbitten.

Laut einer Studie des *Zentrums für Qualität in der Pflege* (ZQP) leben bundesweit über die Hälfte der Menschen mit Pflegebedarf und ambulanter Versorgung allein. Ralf Suhr, Vorstandsvorsitzender der ZQP: „Alleinlebende Pflegebedürftige sind besonders gefährdet, sich einsam zu fühlen."[4]

Alte Menschen und Pflegebedürftige leiden oft unter großer Einsamkeit und haben keine Gemeinschaft, an die sie sich in Not wenden können und von der sie „Gefäße" ausleihen können. Zu biblischen Zeiten lebte man noch in einer Gemeinschaft, umgeben von Menschen, von denen man abhängig war und ohne deren Hilfe und gegenseitige Unterstützung man nicht überlebensfähig war. Im modernen Leben ist dies häufig nicht mehr der Fall. Menschen leben immer häufiger allein, und soziale Kontakte sind leider oft keine Selbstverständlichkeit mehr.

Nachdem die Witwe und ihre Söhne Elisas Befehl, bei den Nachbarinnen Töpfe einzusammeln, nachgekommen sind, kommt die nächste Phase, nämlich Elisas Aufruf, die Türe zu verriegeln, um sich wieder im engsten Familienkreis zu treffen und sich so symbolisch auf die eigenen vier Wände zu besinnen. Die Kraft der Außenwelt, die Hilfe von draußen, wird schlussendlich im Inneren, Privaten verwirklicht.

Durch das Lesen und Interpretieren dieses und anderer Texte erhoffe ich mir, gemeinsam mit dem Patienten eine neue Sichtweise in seiner manchmal aussichtslos scheinenden Situation zu erkennen. Wir lesen gemeinsam, besprechen das Gelesene und konzentrieren uns vor allem auf die Reaktion des Patienten und auf das, was der Text bei ihm auslöst. Ich halte weder einen Vortrag noch unterrichte ich. Vielmehr erarbeiten wir uns die biblische Geschichte auf lebendigste Art und Weise gemeinsam und fragen uns, ob und inwiefern dieser altertümliche Text auch für uns noch von Bedeutung ist.

So wird unsere Begegnung zu einer Suche nach Bedeutung, nach neuen Möglichkeiten, nach neuen Wegen, die eigene Situation zu verstehen. Ich biete keine Lösungen an, sondern Denkanstöße. Ich bringe den Text als Anregung, und dann gehen wir auf gemeinsame Erkundigung. Wir hätten auch ein Gedicht von Rumi, dem persischen Sufi-Mystiker aus dem 13. Jahrhundert, lesen können, das Gedicht *Ithaka, 1910/11*, vom griechischen Schriftsteller Konstantinos Petrou Kavafis, oder eine der chassidischen Geschichten aus der mündlichen jüdischen Tradition. Wichtig ist einzig, was der Text beim Patienten auslöst, zu welchen Erkundigungen er ihn inspiriert.

Zusätzliche Zitate aus dem Verhaltenskodex der Seelsorger in Israel, Juni 2012

„Grundsatz: Die Seelsorge ist in Israel kein ‚religiöser‘ Beruf und steht jedem Menschen offen; Seelsorger brauchen weder einen religiösen Glauben noch eine religiöse Lebensweise vorzuweisen, und sie müssen auch keiner Religionsgruppierung vorstehen."

„Auch wenn die Seelsorge sich oft Inhalte, Quellen und Praktiken religiöser Natur bedient, muss dies auf jeden Klienten und dessen Umstände angepasst werden. Der Beruf der Seelsorge steht jedem Mann und jeder Frau in Israel unabhängig von Religion, Ideologie und politischer Meinung offen, so lange sie den Erfordernissen der Berufsausbildung genügen."

Die israelische Seelsorge ist ein eigenes Gebilde, eine Originalkreation, die sich langsam ihren eigenen Weg in dieser komplexen Gesellschaft bahnt. Es ist ein großes Privileg, Teil dieses Reifungsprozesses zu sein. Wohin er führen wird, kann nicht vorausgesagt werden, aber spannend wird es ganz bestimmt.

Anmerkungen

1 Institut für Klinische Seelsorgeausbildung der Erzdiözese Freiburg in Heidelberg (KSA): Konzept, www.ksa-heidelberg.de/konzept.html (23.01.2017).

2 Ramon, Einat: „The History of Spiritual Care in the World and in Israel", in: Schultz, M.; Bentur, N. (Eds.): On Spiritual Care in Israel, Jerusalem (hebräisch, im Erscheinen).

3 Vgl. die Unabhängigkeitserklärung Israels im Originaldokument unter: haGalil.com. Jüdisches Leben online: 14. Mai 1948. Die Unabhängigkeitserklärung des Staates Israel: www.hagalil.com/israel/independence/declaration.htm (23.01.2017).

4 Vgl. ZQP: Alleinlebende Pflegebedürftige in Krisensituationen häufig auf sich gestellt. Eine aktuelle Studie der Stiftung Zentrum für Qualität in der Pflege (ZQP) verdeutlicht soziale Unterschiede in der häuslichen Pflege. 07.05.2014, www.zqp.de/alleinlebende-pflegebeduerftige-in-krisensituationen-haeufig-auf-sich-gestellt/ (23.01.2017).

Die praktische Spiritualität – Meditation im Judentum

Tom Kučera

Einleitung

Ich benutze ein Wort, das ich im weiteren Text am liebsten vermeiden würde. „Meditation" ist einer der negativ beladenen Begriffe, dennoch kann sie eine Bereicherung unseres Lebens darstellen. Ich war ihr gegenüber skeptisch. Auch das Buch *Meditation für Skeptiker* von Ulrich Ott mit dem Untertitel „Ein Naturwissenschaftler erklärt den Weg zum Selbst" hat mich erst einmal nicht dazu bewogen, nach diesem Buch zu greifen. Im Tschechischen gibt es das Sprichwort „Wie die Not Dalibor beibrachte, Geige zu spielen". Dalibor ist der Held der gleichnamigen Oper von Smetana. Er kam in das Gefängnis auf der Prager Burg, das zum Dalibor-Turm wurde. Um in seiner Notsituation mehr Halt zu haben, lernte Dalibor, Geige zu spielen. Jede Krankheit und jede Plage ist gewissermaßen ein „Dalibor-Turm", jedoch das „Geigespielen" vermag auch unabhängig von jeder Notsituation einen nicht vernachlässigbaren Halt zu geben. Darum beschreibe ich in diesem Artikel die theoretische und praktische Bedeutung der Meditation auch bei einer Krankheit.

Missdeutung und Bedeutung von Meditation

Warum wäre es besser, den Begriff „Meditation" zu vermeiden? Für diejenigen, die an unterschiedliche spirituelle Übungen gewöhnt sind, ist er irrelevant. Bei anderen ruft dieser Begriff den manchmal begründeten Verdacht hervor, die nachweisbare Wirklichkeit zu ignorieren und in die unvorhersehbaren Tiefen des Geistes einzutauchen. Diese Einstellung entspricht jedoch nicht dem heutigen Wissensstand in Bezug auf die Meditation, die religiös-neutral in der Hirnforschung intensiv untersucht wurde,[1] definiert als „temporäre, intentionierte, selbstgesteuerte Einstellung eines besonderen (d.h. vom durchschnittlichen Tageswachbewusstsein unterschiedenen) Bewusstseinszustandes"[2]. Die Verbindung mit religiöser Esoterik entstand möglicherweise mit ihrer europäischen Verbreitung in den 1970er Jahren, mit den *Beatles* und ihrem Guru Maharishi, dem Gründer der transzendentalen Meditation. In der wissenschaftlichen Literatur wird Meditation als ein mentales Training, eine Methode zur Selbstregulation verstanden.[3]

Bei der Meditation geht es primär um die Aufmerksamkeit und die Akzeptanz. Ich beobachte und bewerte nicht. Die grundlegende Durchführung der Meditation ist für mich die gedankenfreie Aufmerksamkeit für den Atem und der erwartungsfreie Gleichmut. Statt von Meditation spreche ich lieber kurz von der Atemachtsamkeit. Atem, auf Hebräisch *Neschima*, hat die gleiche Wurzel wie *Neschama*, der Inbegriff des Seelisch-Geistigen.[4] Neurophysiologisch gesehen haben wir über die meisten unserer Handlungen, Gedanken und Empfindungen keinerlei bewusste Kontrolle. Unser bewusstes Ich macht nur den kleinsten Teil dessen aus, was in unserem Gehirn abläuft.[5] Darum betrachte ich die Atemachtsamkeit als die Umarmung dieser unbehaglichen Tatsache und die Verstärkung des Bildes von unserem Selbst, das damit umzugehen lernt, dass mein bewusstes Ich letztendlich ziemlich unwichtig für meine Hirnfunktion ist. Der zweite Aspekt ist die Energieeffizienz. Das Gehirn hat eine bessere Leistung, wenn es weniger tut.[6] Darum vermag die regelmäßige Atemachtsamkeit, verbunden mit der Befreiung von den Gedanken und einer nicht wertenden Haltung, unsere Hirnaktivität und damit unser Leben, d.h. unsere Denkmuster und Verhaltensweisen, wirksamer zu gestalten.

Die MBSR-Methode (*mindful-based stress reduction*) von Kabat-Zinn vermeidet in ihrem Namen das Wort Meditation[7] und verspricht, die Selbstheilungskräfte zu mobilisieren und das Selbstwertgefühl zu steigern. Jede Krankheit ist mit Stress verbunden, der in einer langfristigen oder ernsthaften Situation wegen Schmerzen und oft durch Angst entsteht. Die aktuellste Metaanalyse von 2009 bezeugt für die MBSR-Methode einen positiven Effekt mittlerer Größe auf die psychische Gesundheit: eine Reduzierung von Ängstlichkeit und grüblerischen Gedanken, eine Zunahme von Mitgefühl und Selbstfürsorge.[8] Wenn die physische Gesundheit nicht mehr erworben werden kann, bedeutet jede psychische Erleichterung die wünschenswerte Erhöhung der Lebensqualität. Darum wird im *Mischeberach*, dem Gebet für die Kranken, nach dem Wunsch von *Refua schlema*, der vollkommenen Genesung, hinzugefügt: *Refuat haNefesch uRefuat haGuf*, das „Heilwerden der Seele" und (eventuell) das „Heilwerden des Körpers".[9] Ich übersetze beide Begriffe als psychisches (an erster Stelle) und physisches Wohlbefinden (das nicht immer möglich ist). Schon Maimonides (1135–1204) betonte, dass nicht nur der Körper die Seele beeinflusst, sondern auch umgekehrt die Seele den Körper. Heute bezweifeln nur wenige Menschen unsere psychosomatische Einheit. Trotzdem nehmen weiterhin nur wenige Menschen wahr, dass sich die geistigen Tätigkeiten auf neuronaler Ebene widerspiegeln.[10] Es gilt als bewiesen, dass sich unser Gehirn auch im Erwachsenenalter ändern kann (Neuroplastizität) und neue Neuronen in bestimmten Hirnbereichen entstehen können (Neurogenese). Dies mag eine Regel sein, oft ist es aber ein Potenzial, das gezielt in Anspruch genommen werden muss.

Ergebnisse der Meditationsforschung

Die geistigen Aktivitäten, inklusive Meditation, stärken permanent neuronale Funktionen unterschiedlicher Hirnteile, die z. B. an der Angstverminderung oder an der Verbesserung der kognitiven Fähigkeiten beteiligt sind.[11] Die Untersuchungen können auf einigen Ebenen dargestellt werden: das EEG-Muster, die Hirnareale der Großhirnrinde, die tiefer gelegenen Hirnstrukturen und die Gesamtkörpereffekte. Die EEG-Muster beruhen auf den Messungen der elektrischen Hirnaktivität: Die Alpha-Wellen (8–12 Hz, entspannter Wachzustand) werden bei Geräuschen während einer Meditation unterbrochen, bei den Yogis dagegen nicht.[12] Buddhisten sind in der Lage, die Gamma-Wellen (30–80 Hz, fokussierte Aufmerksamkeit) willentlich aufrechtzuerhalten.[13] Die Verschiebung der EEG-Aktivität führte zusätzlich zu einer stärkeren Immunantwort.[14] In den Hirnarealen der Großhirnrinde wurde im parietalen Kortex der OAA-Bereich[15] entdeckt, der für die Raumorientierung zuständig ist und dessen Aktivität bei der Meditation heruntergeregelt wird, was zur vorübergehenden Auflösung des Ich-Gefühls beiträgt.[16] Bemerkenswert sind die Änderungen in den tiefer gelegenen Hirnstrukturen des limbischen Systems, das das Zwischenhirn (Diencephalon) ummantelt und vereinfacht als „Gefühls-Gehirn" bezeichnet wird.[17] Hier beeinflusst die Meditation optimal, meistens durch das Wachstum der grauen Substanz, die Hauptstrukturen des limbischen Systems: die Amygdala (Mandelkern, das Zentrum der negativen Emotionen, vor allem Angst), ACC (anteriorer cingulärer Cortex, vordere gürtelförmige Rinde, das „Herz" im Gehirn, ein limbisches Integrationszentrum mit erstens kognitiven Funktionen wie Aufmerksamkeit und Konflikterkennung und zweitens limbischen Funktionen wie Schmerzwahrnehmung und Störreizausblendung)[18] und der Hippocampus („Besserwisser" des Gehirns, Umschaltstelle zwischen dem Kurzzeit- und Langzeitgedächtnis, Ort der Neurogenese auch im Erwachsenenalter).[19]

Von den Gesamtkörpereffekten ist an erster Stelle die Synchronisierung von Atem-, Herz- und Blutdruckrhythmen zu erwähnen.[20] Schon dies kann ein Potenzial des Heilwerdens sein. Die eintägige intensive Achtsamkeitsübung erniedrigte bei Meditationserfahrenen die Genexpression der Entzündungsmarker RIPK2 und COX2.[21] Sechs Monate regelmäßiger Achtsamkeitsübungen reduzierten den Rückfall der Depression um fast 40 Prozent.[22] Eine Studie zeigte bei einem dreimonatigen Retreat eine Aktivitätserhöhung der Telomerase, die zur Langlebigkeit der Zellen, auch des Immunsystems, beiträgt.[23]

Die Auswirkungen auf das Immunsystem müssen besonders hervorgehoben werden. Jede Immunkrebstherapie zielt darauf ab, das eigene Immunsystem zum Angriff auf die Krebszellen zu bewegen, die irrtümlich als körpereigen angenommen werden. Jeder Beleg einer erhöhten Immunantwort als Folge einer Meditation[24] liefert eine theoretische Grundlage für die beschriebenen, oft erstaunlichen Heilungen, zu denen die Meditation beigetragen haben könnte.[25] Die Ergebnisse der neuen Meditationsforschung kündigen ein neues Zeitalter an, in dem Rationalität und Spiritualität verbunden werden. Etwa wie *Higajon haLew*,[26] die Logik des Herzens, in der das Kognitive nicht ohne das Emotional-Motivationale auskommt.

Mithilfe der Entwicklung der bildgebenden Verfahren ist es gelungen, das Gehirn bei der fokussierten Aufmerksamkeit (Atemachtsamkeit) zu beobachten.[27] Wenn die Gedanken umherschweifen (*mind wandering*), leuchten viele Hirnareale des Ruhemodus-Netzwerks (*default mode network*, DMN) auf. Dies ändert sich plötzlich mit der Bewusstwerdung der Zerstreuung (dabei wird der erwähnte ACC aktiv). Die Mühe, die Aufmerksamkeit aufrechtzuerhalten (Neuorientierung), übernehmen wieder andere Hirnareale. Wenn sich die fokussierte Aufmerksamkeit einstellt, bleibt nur der DLPFC (dorsolateraler präfrontaler Cortex) aktiv.[28] Als ein Erfolgsmaßstab der Atemachtsamkeitsübung gilt, wie lange die ausschließliche Aktivierung des DLPFC bestehen bleibt, bevor durch die umherschweifenden Gedanken das DMN aufleuchtet, d. h. wie viele Male der beschriebene Zyklus „Abschweifen-Bewusstwerdung-Neu-orientierung-Fokussiertsein" während einer Atemachtsamkeit durchlaufen wird.

Meditation in den jüdischen Quellen

An Rosch haSchana wird als Haftara der Anfang des ersten Buches Samuels gelesen. Elkana nimmt seine Familie und geht nach Schilo. Eine seiner beiden Frauen heißt Chana. Sie kann keine Kinder bekommen und ist darum *marat nefesch* – „betrübten Gemütes", d.h. existenziell bitter, voller Verzweiflung und Aussichtslosigkeit. Dieser Zustand kann auch in einem anderen Kontext bei langwieriger Krankheit auftreten. Chana betet, sie macht eine *Tefilla* (im Text wird das Verb *lehitpalel* benutzt). Später sagt sie auch: „*wa'eschpoch et nafschi lifnej Adoschem*, ‚ich habe meine Seele ausgeschüttet vor dem Ewigen.'" (1. Sam. 1,15). Wenn das für die Seele benutzte Wort *Nefesch* durch das rabbinische Synonym *Neschama* ersetzt wird, kommt man zur *Neschima*, dem Atem. Darum verbinde ich die Seelenauschüttung mit der Atemachtsamkeit und die gesamte Chana-Geschichte mit der Beschreibung der beiden komplementären Pole jüdischer Spiritualität, die sowohl die verbalen Gebete, *Tefilla*, als auch die nonverbale Meditation, *Hitbonenut*, einschließt.

Ein Jude betet in einer Synagoge mit lauter, aufgeregter Stimme. Sein Nachbar neigt sich zu ihm und bemerkt: „Mit Gewalt wirst du hier auch nichts ausrichten." Die *Tefilla* bedeutet die Wiederholung der gleichen Worte, die oft ziemlich automatisch ausgesprochen werden. Gerade durch diese Automatisierung haben sie eine beruhigende Wirkung. Wenn ich einen großen, steilen Berg besteige, ist vieles dabei genauso automatisiert und oft gedankenlos, aber darin liegt auch die Erholung. Nicht, dass das Gebet immer automatisch abläuft. Aber auch die spontanen Bedeutungswahrnehmungen der automatischen Worte können inspirieren. Dennoch ist das Gebet oft wie eine Bergwanderung, bei der wir auch nicht unbedingt ein Ziel erwarten, sondern der Weg das Ziel ist. Die Tefilla ist die Zeitinvestition um einer Erfahrung willen. Dies kennzeichnet auch die *Hitbonenut*, mit dem Unterschied, dass es sich bei Letzteren um eine De-Automatisierung handelt, um das Aufbrechen des beschriebenen Ruhemodus-Netzwerks (DMN, *default mode network*) und damit der automatisch aufsteigenden Gedanken und Gefühle.

Die rabbinische Tradition spricht vom Gebet als einer Mizwa, zu der wir verpflichtet sind. Eine Mutter kommt verzweifelt zum Rabbiner gelaufen. Ihr Kind hat einen unstillbaren Durchfall. „Sag *Tehilim*", empfiehlt der Rabbiner. Die Mutter befolgt den Rat, sagt die Psalmen auf und das Kind wird tatsächlich gesund. Aber nach einigen Tagen ist sie wieder bei dem Rabbiner. Diesmal leidet das Kind an den genau entgegengesetzten Symptomen. Der Rabbiner meint: „Sag *Tehilim*." Und die Mutter antwortet enttäuscht: „Ich dachte, die Psalmen sind gegen Durchfall." Dieser Witz geht mit der Meinung von Saadja Gaon einher, der sich als jüdischer Philosoph schon im 10. Jahrhundert n.d.Z., also einige Jahrhunderte nach dem Abschluss des Talmuds, nicht vorstellen konnte, dass Gott als der ursächliche Beweger da ist, um unsere Gebete unmittelbar zu erhören oder gar nicht zu erhören, sondern dass das Gebet für uns selbst gut ist, für unsere mentale Gesundheit. Das ist eine gewagte postrabbinische Aussage, die die Brücke von der *Tefilla*, dem verbalen Gebet, zur *Hitbonenut*, der nonverbalen Atemachtsamkeit, schlägt und beide als zwei Elemente der mental-geistigen Hygiene ansieht.

Die Meditation ist den jüdischen Quellen nicht unbekannt. Die relevante Stelle in der rabbinischen Literatur findet sich in der Mischna: „Die ersten Chassidim warteten (*haju ssohim*) eine Stunde und beteten erst dann, um ihr Herz auf Gott (*Makom*) zu richten (*jechawenu*)." (Berachot 51,1). Das Verb *lisshot* (mit der Wurzel שהה) bedeutet „verweilen", „verbleiben", „sich aufhalten". Mit der Einführung zweier Psalmverse (84,5 – *aschrej joshwej wetecha*, dem Anfang des Mincha-Gebets, und 140,14 – *zadikim jodu lischmecha*) erweitert die Gemara die Stunde des „Verweilens" vor der regelmäßigen *Tefilla* zusätzlich auf eine ähnliche Stunde nach der *Tefilla* (Berachot 32b). Damit wird die Vor- und Nachmeditation etabliert.

Rabbi Chija der Ältere sagt im Jerusalemer Talmud: „Alle Tage meines Lebens habe ich mich niemals (ordentlich auf mein Gebet) konzentriert. Eines Tages wollte ich mich konzentrieren und ich meditierte. Und ich sagte mir: Wer kommt als Erster vor dem König? Oder vor dem hohen persischen Würdenträger? Oder vor dem Exilarch?"[29]. Dieser Text verbindet die Konzentration mit der *Kawana*[30], und die Meditation mit *Hirhurej haLew*, den „Bewegungen des Herzens". Die Fragen von Rabbi Chija erklärt Jacob Neusner in seiner in Klammern erweiterten Übersetzung: um den geeigneten geistigen Zustand herbeizurufen und damit seiner Konzentration zu helfen. In der Fortsetzung des Textes kommen noch zwei andere Personen mit ihren eigenen Konzentrationshilfen: „Samuel sagte: Ich zählte Vögel oder Wolken. Rabbi Bun bar Chija sagte: Ich zählte die Reihen der Ziegelsteine." In allen diesen Beispielen bekommen wir Ideen, wie uns die Imagination einzelner Objekte helfen kann, unsere zerstreuten und sich immer wieder zerstreuenden Gedanken zu beruhigen, um die *Kawana*, „Identifizierung" durch die geistigen Übungen herzustellen. Nelly Sachs schreibt in einem Gedicht: „das Wortlose heilt den erkrankten Stern".

Praktische Durchführung

Meiner Erfahrung nach ist die Grundposition des aufrechten Sitzens (sei es auf dem Stuhl, sei es auf dem Bodenkissen) die wichtige Voraussetzung für eine Durchführung der Atemachtsamkeit. In dieser Position wird auch bei gewisser Müdigkeit durch die Aufrechterhaltung der geraden Position (ohne den Halt einer Stuhllehne oder Wand) ein Eindösen verhindert. Die Atemachtsamkeit kombiniert mit den Körperempfindungen wird zu einer ganzheitlichen Wahrnehmung, die zeitlich mithilfe eines Weckers festgelegt werden soll. Die große Herausforderung sind unsere Gedanken und Gefühle, die ständig um die Ereignisse der Vergangenheit oder die Aufgaben der Zukunft kreisen. Dies wird als der beschriebene Default-Modus des Gehirns bezeichnet, das das ständige Herumwandern unserer Gedanken und Gefühle (*mind wandering*) bewirkt. Nelly Sachs beschreibt es wiederum in einem Gedicht: „mit endlichem Gerede/ hinter dornverschlossenem Mund". Rabbiner Cooper spricht von der „Meisterung der Affengedanken" (*monkey mind*): Unsere Gedanken sind wie Affen, die von einem Ast auf den anderen herumspringen und herumkreischen.[31] Das Ziel der Atemachtsamkeit ist, den Ruhemodus aufzuheben und damit die De-Automatisierung des Gehirns anzustreben.[32] Mit anderen Worten geht es darum, zum Beobachter seiner selbst zu werden, der einfach nur zuschaut, nicht denkt, auftauchende Gedanken nicht verfolgt und sie ohne Wertung gehen lässt. Diese Metaperspektive, d.h. sich selbst beim Denken zuzuschauen, ist eine bereichernde Lebenserfahrung und kann beim Umgang mit den Grundemotionen (Trauer, Angst, Zorn, Ekel) helfen.[33] Die Metaperspektive kann auch betrachtet werden als eine Parallele zu der von Spinoza geprägten philosophischen Sicht *sub spaecie aeternitatis*, „unter dem Blickwinkel der Ewigkeit", die in vielen Lebenssituationen, auch in der Krankheit, hilfreich sein kann.

Um den ständig kommenden Gedanken standzuhalten, hilft es, sie ein wenig mit einem Inhalt zu „füttern". Es können schon die Zahlen eins (beim Einatmen) und zwei (beim Ausatmen) sein, aber viel besser sind Worte, besonders „Schalom". Der erste Teil „Scha-" (beim Einatmen) ist gleichzeitig die Interjektion, um etwas wegzuscheuchen, in diesem Fall die sich immer wieder aufdrängenden Gedanken. Der zweite Teil „-lom" (beim Ausatmen) ähnelt dem am angenehmsten empfundenen Wort „ohm".[34] Auch andere Worte oder Doppelworte funktionieren gut, jeweils für ein Ein- und Ausatmen: *a-men, e-chad* („eins"), *lin-schom* („atmen"), *a-ni mo-de/mo-da* („ich danke") oder auch die sechs Worte des *Schma*. Genauso gut kann die konkrete Vorstellung des Luftweges durch einen Körperteil (Nase, Hals, Lunge) den Gedankenfluss stoppen und die Einstellung auf den leeren Raum zwischen den Gedanken ermöglichen.

Eine besondere Herausforderung ist der spontane Juckreiz (im Ohr oder Gesicht), weil man sich optimalerweise nicht bewegen sollte. Wenn Juckreiz gezielt ignoriert wird, kann tatsächlich bald seine spontane Verflüchtigung beobachtet werden. Dies gehört zu den überraschenden Erfahrungen der Metaperspektive. Hierin kann man die Fähigkeit sehen, sogar die Schmerzschwelle in einer Situation zu senken. Bei jeder Atemachtsamkeit gehört es zum Sieg, wenn man sich an ihrem Ende (zur Zeit des Weckersignals) in einer Pause zwischen den Gedanken befindet, d. h. im Augenblick, wenn die kognitiven und limbischen (emotional-motivationalen) Prozesse ausgeschaltet sind. Je mehr dies gelingt, desto einprägsamer wird diese Erfahrung.

Die Stille ohne jede Musik oder Lesung ziehe ich persönlich vor. Trotzdem möchte ich auf eine Möglichkeit der geleiteten Meditation mit einem Einführungstext hinweisen. Besonders die *Hineni*-Meditation finde ich ansprechend.[35] Die Worte können mit einer nonverbalen Musik kombiniert werden. Die Maly-Meditation arbeitet zusätzlich mit einem mildernden Körperkontakt des Händeauflegens.[36] Diese Art Meditation gab dem schwerkranken David Gall, dem Gründer von hagalil.com, der gegen seinen Leberkrebs kämpfte, Momente der Ruhe und sogar der Erleichterung für seine angeschwollenen Beine. Beim Auflegen der Hände konstatierte er zusätzlich weniger Schmerzen. Als er seine letzten Monate durchlitt, hat er mithilfe seiner Frau zusätzlich die Gebete gesagt, die in unserem Gebetsbuch *Siddur haTefillot* für Schwerkranke vorhanden sind. Sie sprechen von der Hoffnung und Heilung, aber auch von der Möglichkeit der Reise aus dieser Welt. Das Aussprechen dieser Texte gab ihm zusätzlich mehr Ruhe. Sein Beispiel deutet an, wie sich die *Tefilla* und die *Hitbonenut* ergänzen und bei einer terminalen Krankheit unterstützen können.

Theoretische Herausforderung

Das viel zitierte Verweilen in der Gegenwart, sich ganz im Augenblick aufgehen zu lassen, verbinden wir mehr mit den östlichen Religionen, obwohl es auch in der jüdischen Tradition verankert ist – nicht nur in den Meditationen der Kabbala, die ich in diesem Text nicht thematisiere,[37] sondern auch im Wahrnehmen der Worte unseres Siddurs, beispielsweise in der Amida, die am Anfang von der Geschichte der Urväter und Urmütter spricht, im zweiten Teil von den Zukunftshoffnungen und im dritten Teil mit dem dreimaligen Aussprechen von „*kadosch, kadosch, kadosch*" die zeitunabhängige Gegenwart betont. Dass wir uns dabei auf die Zehenspitzen erheben, wird traditionell als ein symbolisches Emporsteigen zu den höheren Sphären interpretiert. Es kann auch als ein Streben nach dem Verweilen in der Gegenwart verstanden werden, als Versuch einer nicht wertenden Atemachtsamkeit, die technisch gesehen die möglichst lange Ausdehnung der Lücken zwischen den Gedanken darstellt.

Es ist nicht einfach, nur in der Gegenwart zu verweilen und nichts zu denken. Es ist schon schwer genug, einen Gedanken zu denken. Aber ist es nicht noch schwieriger, einen Gedanken nicht zu denken? Oscar Wilde sagte: „Gar nichts zu tun, das ist die allerschwierigste Beschäftigung und zugleich diejenige, die am meisten Geist voraussetzt." (Übersetzung des Autors). Ich weiß nicht, ob es ihm persönlich gelungen ist. Ich weiß aber, dass es empirisch belegt wurde, dass wir in unserem Leben schon nach einigen Wochen deutliche Änderungen in Bezug auf unsere Konzentration, Gedächtnisleistung und innere Ausgeglichenheit erfahren, wenn wir regelmäßig eine kurze Zeit unseren Atem beobachten – nur dies und nichts mehr. Können wir wirklich etwas Ähnliches erfahren? 18 Minuten des täglichen bewussten Nichtdenkens als ein Weg zur Erhöhung unserer Lebensqualität? Der Weg zu einer tiefen Wahrheit führt oft durch eine oberflächliche Aussage. Wahrscheinlich ist die größte Herausforderung dabei die nötige Regelmäßigkeit. Ein Aphorismus von Kafka spricht vom Abbrechen des Methodischen als dem Anfang jeden Übels. Wie lange schaffen wir es, die 18 Minuten täglich zu investieren? Eine Woche, einen Monat, ein Jahr, das Leben lang?

Die *Mizwa* der *Tefilla*, die Pflicht zum Gebet, ist in der jüdischen Tradition nichts anderes als eine Übung der Regelmäßigkeit, die unser allgemeines Wohlbefinden weiterbringen kann, besonders, wenn sie mit der *Hitbonenut*, mit anderen Worten mit Meditation, Atemachtsamkeit, aber auch mit MBSR, Reiki, Yoga, Feldenkrais und anderen Methoden verbunden wird. Auf diese Weise kann die Spannung zwischen Existenz und Essenz, zwischen Sein und Sinn (Frankl), die Kluft zwischen der Realität und dem Ideal, die Trennung zwischen der Gesundheit und Krankheit gemildert werden. „Nur Existenz, die sich selbst transzendiert, kann sich selbst verwirklichen."[38]

Anmerkungen

1   Mehr als 4.200 Artikel sind auf www.ncbi.nlm.nih.gov/pubmed (US National Library of Medicine National Institutes of Health) zu finden. Eine der ersten Studien, die die Wirksamkeit der Meditation bei Bluthochdruckpatienten belegt, ist aus dem Jahr 1995.

2   Scharfetter, Christian: Der spirituelle Weg und seine Gefahren, Stuttgart. 21992, zitiert nach: Ott, Ulrich: Meditation für Skeptiker. Ein Neurowissenschaftler erklärt den Weg zum Selbst, München 2015, 142.

3   Vgl. Ott, Ulrich: Meditation für Skeptiker, München 2015, 1741.

4   Es soll betont werden, dass das Verständnis von Neschama als Seele das Ende der historisch-gedanklichen Entwicklung ist: Die Neschama in der Tora stellt nicht die vom Körper unabhängig existierende Entität dar, auch wenn dies im Talmud und Siddur selbstverständlich ist.

5   Vgl. Eagleman, David: Incognito, München 2013, 10.

6   Vgl. ebd., 88. Je besser der Schachweltmeister Garry Kasparow spielte, desto weniger musste er bewusst über die nächsten Spielzüge nachdenken. Dahinter steckt die Automatisierung des Gehirns, die schnelle und energieeffiziente Entscheidungen ermöglicht.

7   Der Begriff taucht jedoch im Buchtitel auf: Kabat-Zinn, Jon: Gesund durch Meditation. Das große Buch der Selbstheilung mit MBSR, München 2013.

8   Vgl. Ott: Meditation für Skeptiker [FN 3], 1890ff.

9   Das Wort *Nefesch* im Tanach, der Hebräischen Bibel, hat jedoch eindeutig auch eine somatische Konnotation.

10 Vgl. Ott: Meditation für Skeptiker [FN 3], 177. Ein bekanntes Beispiel sind die Taxifahrer in London, deren räumliche Gedächtnisareale deutlich größer waren als die von Kontrollpersonen.

11 Vgl. Newberg, Andrew B.; Waldman, Mark Robert: How God changes your brain, New York 2010, 149ff.

12 Vgl. Ott: Meditation für Skeptiker [FN 3], 169.

13 Vgl. *Gehirn und Geist* (2015), Nr. 15, 46. Die globale Synchronisierung der schnellen Gamma-Wellen (30–80 Hz) wird mit den mystischen Erfahrungen der allumfassenden Einheit in Verbindung gebracht, vgl. Ott: Meditation für Skeptiker [FN 3], 120.

14 Vgl. Ott: Meditation für Skeptiker [FN 3], 172.

15 orientation association area, Assoziationsareal für Orientierung im Scheitellappen.

16 Vgl. Newberg, Andrew; Waldman, Mark Robert: Der Fingerabdruck Gottes. Wie religiöse und spirituelle Erfahrungen unser Gehirn verändern, München 2010, 83ff.

17 Vgl. Beck, Henning; Anastasiadou, Sofia; Meyer zu Reckendorf, Christian: Faszinierendes Gehirn. Eine bebilderte Reise in die Welt der Nervenzellen, Berlin; Heidelberg 2016, 42. Das limbische System hat neben den emotionalen auch motivationale Funktionen, vgl. Roth, Gerhard; Strüber, Nicole: Wie das Gehirn die Seele macht, Stuttgart 2014, 917ff. und 1402.

18   Vgl. Roth: Wie das Gehirn die Seele macht [FN 17], 1265.

19   Vgl. Ott: Meditation für Skeptiker [FN 3], 178f., – vgl. Beck: Faszinierendes Gehirn [FN 17], 44.

20   Vgl. Ott: Meditation für Skeptiker [FN 3], 462.

21   Gemessen in den periphären mononuklearen Blutzellen (PMBC). Vgl.
Davidson, R. J. et al.: Rapid changes in histone deacetylases and inflam-
matory gene expression in expert meditators, in: *Psychoneuroendocri-
nology*, Vol. 40 (2014), 96ff.

22   Vgl. *Scientific American*, November 2014, 27.

23   Vgl. Saron, C. D. et al.: Intensive meditation training, immune cell telomerase activity, and psychological mediators, in: *Psychoneuroendocri-
nology*, Vol. 36 (2011) No.5, 664ff.

24   In den Büchern von Andrew Newberg werden sorgfältig die wissenschaftlichen Veröffentlichungen zu den relevanten Aussagen angegeben. So in: Newberg: Der Fingerabdruck Gottes [FN 16], 259 (erwähnt
die Auswirkung der Visualisierung auf das Immunsystem) und 426
(Quellen der Publikationen).

25   Z. B. die Heilung der Bauchspeicheldrüse, vgl. Maly, Wolfgang: Die Maly
Meditation, München 2012, 210.

26   Der Titel des tschechischen Reformsiddurs (2008).

27   Vgl. *Scientific American*, November 2014, 23–29.

28   Vgl. Roth: Wie das Gehirn die Seele macht [FN 17], 1376. DLPFC: die obe-
re und seitliche Stirnhirnrinde. Der DLPFC wird als die höchste Ebene
der Persönlichkeit mit dem kognitiv-kommunikativen Ich gleichgesetzt.
Hier spielen Emotionen keine Rolle, er ist mit zeitlich-räumlicher Struk-
turierung von Sinneswahrnehmungen und entsprechenden Gedächt-
nisleistungen befasst. Der DLPFC ist auch Sitz des Arbeitsgedächtnisses.

29   Jerusalemer Talmud Berachot 2,4, zitiert nach Neusner, Jakob (Ed.): The
Jerusalem Talmud. A translation and commentary on CD, 2010.

30   Diesen Grundbegriff der *Tefilla* behandelt Jakob Petuchowski in: Petuchowski, Jakob: Wie Juden beten, Gütersloh 1998.

31   Vgl. Cooper, David A.: A Heart of stillness, 2013, 216f.

32   Kabat-Zinn spricht davon, den Autopilot-Modus zu verlassen. Dies
geschieht auch bei der fokussierten Durchführung der Aufgaben, die
unsere ganze Aufmerksamkeit beanspruchen (flow experience). Der
Default-modus, der überraschenderweise eine erhöhte Hirnaktivität
bewirkt, ist jedoch wichtig für unsere Kreativität, Auswertung der Erfahrungen und Optimalisierung erlernter Hirnvorgänge.

33   Empfehlenswert dazu ist der Zeichentrickfilm *Alles steht Kopf/Inside out*
(2016).

34   Vgl. Ott: Meditation für Skeptiker [FN 3], 569. „Ohm" steht als Symbol für
den Urklang des Universums.

35   Vgl. Gefen, Nan Fink: Discovering Jewish Meditation. Instruction and
guidance for learning an ancient spiritual practice, Woodstock, Ver-
mont 2000, 81. Das Wort *Hineni* kommt oft in der Tora vor, z. B. in der
Geschichte von *Akedat Jizchak* (Gen. 22). *Hineni* findet sich auch im Refrain im ersten Lied auf dem Abschiedsalbum von Leonard Cohen (2016).

36 Vgl. Maly: Die Maly Meditation [FN 25].
37 Dafür empfehle ich die Bücher von Rabbiner David A. Cooper: Rene-
    wing your soul (1995), God is a verb (1997) oder The handbook of Jewish
    meditation practices (2000, 2012 elektronisch).
38 Frankl, Viktor: Der Mensch vor der Frage nach dem Sinn, München 2013,
    225.

Leben, Tod und Meditation in Judentum und Buddhismus

Michael A. Schmiedel

Judentum und Buddhismus sind in mancher Hinsicht zwei Religionen, wie sie unterschiedlicher kaum sein können. Im Judentum haben wir einen klaren Monotheismus, also einen Glauben an einen einzigen, personalen Gott, der die Welt erschaffen hat, der den Menschen den Auftrag gab, diese Welt wohl zu verwalten und sich in ihr fortzupflanzen, das Leben wertzuschätzen und auch zu genießen, sich über den Tod keine zu tiefen Gedanken zu machen, aber so zu leben, dass sie am Ende der Zeiten, am jüngsten Tag, auferstehen werden. Dieser Gott, so glauben die Juden, hat sich zudem ein menschliches Volk auserkoren, ein besonders enges Verhältnis zu ihm zu pflegen, ihm die Treue zu halten, was sich im Befolgen von 613 Ge- und Verboten äußert, worauf er mitunter eifersüchtig wacht.

Im Buddhismus dagegen haben wir einen nicht A-, aber gewissermaßen Non-Theismus, also einen Glauben, der ohne einen Gott auskommt, wenn auch die Existenz von Göttern nicht geleugnet wird, in dem diese Götter aber keine Heilsbedeutung für den Menschen haben. Die Erschaffung der Welt ist zumindest kein zentraler Lehrinhalt im Buddhismus, sondern es wird tendenziell davon abgeraten, sich solcher Spekulationen hinzugeben. Das Leben wird auch im Buddhismus als wertvoll erachtet, aber letztlich nur, um es zu überwinden, um zu verwehen, zu nirvanieren, also gewissermaßen wertvoll als Sprungbrett hinaus, aber nicht um seiner selbst willen. So ist auch Fortpflanzung kein Ideal im Buddhismus, sondern sexuelle Enthaltsamkeit der höhere Wert, und das Leben zu genießen ist buddhistisch gesehen eher eine Falle, die einen daran hindert, Nirvana zu realisieren. So sind auch die spirituellen Übungen, Gebete, Meditationen und Kontemplationen sehr unterschiedlich. Aber nun schauen wir mal etwas genauer hin:

Jüdische Spiritualität verinnerlicht in erster Linie die Heilsgeschichte des Volkes Israel mit Gott. Die meisten Feste im Jahresverlauf gedenken eines besonderen Ereignisses in der Geschichte, das durch das Fest vergegenwärtigt wird. Subjekt dieser Spiritualität ist vor allem das Kollektiv des Volkes. Die einzelnen Mitglieder des Volkes Israel repräsentieren religiös mehr dieses Kollektiv als sich selbst als Individuen. Kollektiv wird der Bund mit Gott gefeiert und zugleich das Leben, das die Menschen Gott verdanken und für das sie Dankbarkeit zeigen. Rettung aus der Not, Sieg über Feinde und die Reinhaltung des Tempels von fremden Kulten sind solche historischen Ereignisse, über die man sich freut, die Zerstörung des Tempels und der millionenfache Mord an Juden in der Nazizeit sind Ereignisse der Trauer, aber auch der trotzigen Kraft, mit der man trotz allem Gott treu bleibt und mit seiner Hilfe die schlimmen Zeiten übersteht. Zugleich werden die natürlichen Ereignisse im Jahreslauf gefeiert, wie der Jahresbeginn, die Ernte usw. Jüdische Spiritualität hat aber auch eine individuelle Seite. Der einzelne Gläubige ringt mit seinen Glaubensgeschwistern, aber auch mit Gott um den richtigen Weg, die richtigen Ansichten, die richtigen Interpretationen und Umsetzungen von dem, was Gott in der Tora mitgeteilt und was die Rabbinen im Talmud kommentiert haben. Man kann Gott loben und preisen, ihn aber auch anklagen und flehentlich um eine Änderung der Umstände bitten. Um den Tod geht es dabei weniger als um das Leben, und zwar das diesseitige Leben. Das gilt es so lange wie möglich zu bewahren. Das Leben gilt als Geschenk Gottes, und damit hat man sorgfältig umzugehen, es nicht vorzeitig zu beenden. Ist ein Mensch gestorben, wird er möglichst ruhig zu Grabe getragen, damit seine Seele nicht gestört wird. Sie soll dort auf den jüngsten Tag und die Auferstehung warten. Eine Störung könnte sie veranlassen, umherzuwandern und die Lebenden zu erschrecken und so die Auferstehung zu gefährden. Die Hinterbliebenen werden durch genau bemessene Trauerrituale durch die schwere Zeit geleitet und Schritt für Schritt wieder dem alltäglichen Leben zugeführt. Alles dient letztlich dem Leben, dem kostbaren Geschenk Gottes. Wie Juden das im Einzelnen tun, hängt auch von der Richtung ab, der sie angehören. Während die halachatreuen oder orthodoxen Juden sich weniger Interpretationsspielraum bei der Befolgung der 613 Gebote erlauben, fühlen sich Liberale oder Reformjuden geradezu dazu verpflichtet, immer neue Anpassungsleistungen an die sich ändernden Umstände zu vollbringen. So ist bei ihnen der Spielraum größer, wenn es um die Frage der passiven Sterbehilfe geht, also um das Sterbenlassen, während erstere alles tun, das Leben so lange wie irgend möglich zu erhalten. Man kann aber nicht sagen, dass die einen frömmer seien als die anderen.

Ganz anders oder vielleicht doch nicht so ganz anders ist es im Buddhismus. In der buddhistischen Spiritualität geht es letzten Endes um die Befreiung des Einzelnen aus dem als leidvoll bewerteten Kreislauf des Lebens und des Todes, also nicht nur das Leben, sondern auch den Tod zu überwinden, das Immer-wieder-geboren-Werden-und-sterben-Müssen. Anders als das Judentum mit seiner linearen Zeitvorstellung von der Schöpfung bis zum jüngsten Tag geht der Buddhismus von einem anfangs- und endlosen Daseinskreislauf aus, den sowohl einzelne Lebewesen als auch ganze Universen durchlaufen müssen. Zugleich geht er davon aus, dass der Einzelne die Welt für sich erschaffe, dass Realisierung also nicht nur Wahrnehmung, sondern Wahrmachung sei. Wie wir uns selbst, andere Menschen und Lebewesen und die Welt überhaupt unsere Lebenssituation in ihr realisierten, verdanke sich unserer jeweiligen Einstellung und den aus ihr erwachsenen Gedanken, Gefühlen, Worten und Taten. Als Taten oder Handlungen werden aber auch die Gedanken und Gefühle bewertet, also als Aktionen, nicht nur als Rezeptionen. Diese Taten in diesem weiten Sinne des Wortverständnisses werden als Karma bezeichnet, und so kann man es verstehen, wenn buddhistisch gesagt wird, unser Karma bestimme unser Leben. Jede Realisierung ist so gesehen ein Schöpfungsakt, der Folgen nach sich zieht. Buddhistische Spiritualität zielt darauf ab, diese Realisierungen bewusst und zielgerichtet zu vollbringen, und nicht, wie es für den ungeschulten Menschen üblich sei, unkontrolliert geschehen zu lassen. Für die Welt, die wir jeweils erschaffen, tragen wir Verantwortung, aber keinem Gott, sondern letztlich uns selbst oder auch der Welt, die wie erschaffen, gegenüber, wobei zumindest mahayana-buddhistisch beides, Ich und Welt, nicht zu trennen sind. So ist Sinn und Zweck aller Meditationsübungen, unkontrollierte Schöpfungen zu vermeiden, da diese letztlich Leid verursachten, angetrieben von Sein- und Habenwollen, Nichtsein- und Loswerdenwollen und der Unkenntnis der Zusammenhänge oder, wie es meistens kurz und bündig gesagt wird, von Gier, Hass und Verblendung. Auf der Basis reiner Beobachtung der Vorgänge im eigenen Geist und Körper, der Gefühle, der Gedanken, der Empfindungen, der Wahrnehmungen, bei der man sich darin übt, nicht zu bewerten, sondern alles kommen und gehen zu lassen, so wie Wolken am Himmel, übt man die eigene Unabhängigkeit von dem ein, was einen ansonsten fesselt und im Daseinskreislauf festhält. Sodann oder zugleich übt man sich darin, bewusst Weisheit und Mitgefühl zu erschaffen und zu kultivieren, Weisheit, die einen das Dasein, wie es ist, erkennen lässt und Mitgefühl mit all den Wesen, seien es Götter, Halbgötter, Menschen, Tiere, Hungergeister oder Höllenwesen, die das bisschen Weisheit, das man selber vielleicht schon erlangt hat, noch nicht erlangt haben und so von Gier, Hass und Verblendung umnebelt und gefesselt sind. Die genannten Wesen sind für Buddhisten zugleich die Wiedergeburtsebenen, wobei das Götterdasein als zu angenehm gilt, als dass man die Notwendigkeit, einen Ausweg zu suchen, einsehen könne, das Halbgötterdasein als von Eifersucht auf die Götter, das der Tiere als von Dummheit, das der Hungergeister als von unersättlicher Gier und das Höllenwesen als von zu großem Schmerz bestimmt gilt, als dass ein klarer, auf Erlösung ausgerichteter Gedanke aufkommen könne. Allein als Mensch könne man sich des Leidens an der Welt bewusstwerden und zugleich klaren Verstandes die Situation realisieren und entsprechend agieren. Deswegen wird das Dasein als Mensch als so wertvoll angesehen. Traditionelle Buddhisten nehmen diese Wiedergeburtsebenen wörtlich, moderne sehen sie oft als Metaphern für psychische Zustände, die Menschen im Leben erleben können. Buddhisten haben im Laufe ihrer Religionsgeschichte eine Vielzahl von Schulrichtungen hervorgebracht, grob unterteilt in die großen Richtungen „Schule der Ordensältesten" (Theravada), „Großes Fahrzeug" (Mahayana) und, eigentlich ein Teil des letztgenannten, aber oft extra erwähnt, das „Tantrafahrzeug" (Tantrayana; Tantras sind Texte mit Meditationsanweisungen, die traditionell nur in enger Lehrer-Schüler-Beziehung weitergegeben werden) oder „Diamantfahrzeug" (Vajrayana). Auf die Unterschiede einzugehen, würde den Rahmen dieses Essays sprengen, aber dazu gibt es genug Literatur. Gemeinsam ist allen, dass eine Kombination von Lernen der Lehren des Buddha, ethischer Lebensführung und Meditation als Königsweg gilt. Eine Meditationsübung, die in allen drei großen Richtungen, wenn auch nicht in allen Unterrichtungen, praktiziert wird, ist die Achtsamkeitsmeditation, allerdings wiederum in unterschiedlichen Ausformungen, z.B. Satipatthana und Vipassana Bhavana im Theravada, Zazen im zum Mahayana gehörenden

Zen-Buddhismus und Shine-Lhaktong im Vajrayana. Grundsätzlich geht es dabei darum, sich der Vorgänge im eigenen Körper und Geist bewusst zu werden und alles, was sich ohne eigene Absicht tut, zu akzeptieren, aber distanziert zu beobachten und loszulassen, wodurch diese Regungen an Kraft verlieren. Auf der Tagung, zu der dieser Band erscheint, biete ich einen kleinen Workshop zu dieser Meditationsart an. Man sitzt dabei ruhig und stabil, beobachtet den Atem, wie er kommt und geht, ohne ihn zu beeinflussen, und genauso beobachtet man Körperempfindungen, Gedanken und Gefühle, wie sie kommen und gehen, ohne sie wegzuschieben, anzuhalten oder ihnen nachzugehen. Man akzeptiert sie und nimmt ihre Vergänglichkeit wahr. Letztlich soll die Einsicht wachsen, dass alles zusammengesetzt und vergänglich ist, und mit dieser Einsicht soll man seinen Frieden schließen. Ist das erfolgt, kommt auch die Akzeptanz des eigenen Todes, dem man ohne Angst entgegenblickt. Dermaßen von Angst befreit kann man sich auch dem Leben wieder zuwenden, auch sogar die vergänglichen Genüsse akzeptieren, ja das Leben genießen, aber ohne jede Anhaftung daran. Im Vajrayana wurde zudem eine Sterbebegleitung entwickelt, die es dem Sterbenden ermöglichen soll, in seinen letzten Tagen und Stunden sein Bewusstsein so einzustellen, dass er idealerweise den Kreislauf von Leben und Tod verlassen und nirvanieren oder aber zumindest eine günstige Wiedergeburt realisieren kann. Es existiert dort die Vorstellung von Zwischenstadien (*Bardos*) zwischen diesem Leben und dem nächsten, in denen das Bewusstsein auch des schon verstorbenen Menschen noch ansprechbar ist. Ein spiritueller Lehrer (*Lama*) liest aus dem tibetischen Totenbuch, dem *Bardo Thödröl*, vor, das wie ein Reiseführer durch die Zwischenzustände fungiert. Dem Bewusstsein sollen dort Wesen erscheinen, die eigentlich Projektionen des eigenen Zustandes sind, und die es richtig oder falsch lenken können. Das *Bardo Thödröl* soll ihm zeigen, wie es sich jeweils zu entscheiden hat. Aber auch der noch gesunde und lebende Buddhist sollte schon dieses Buch lesen und verinnerlichen, damit er im Falle eines plötzlichen Todes vorbereitet ist. Als ungünstig zählen ein nicht bewusst wahrgenommenes Sterben und ein selbst herbeigeführter Tod. Deswegen werden bewusstseinstrübende Medikamente abgelehnt. Passive Sterbehilfe wird unterschiedlich bewertet, aktive eindeutig abgelehnt. Der Mensch soll reif für den Tod sein. Stirbt er unvorbereitet, droht eine ungünstige Wiedergeburt. Dem Körper des Toten wird im Buddhismus wenig Aufmerksamkeit geschenkt. Man kann ihn als Objekt einer Vergänglichkeitsmeditation verwenden. Beisetzungen erfolgen je nach Landessitte als Erd-, Feuer- oder Luftbestattung (letzteres heißt, ihn den aasfressenden Vögeln zur Nahrung zu geben, die ihn mit in die Lüfte hinauf nehmen) – es spielt keine Rolle. Es gibt keine Vorstellung eines jüngsten Tages und einer Auferstehung, sondern entweder die des endlosen Kreislaufes von Leben und Tod oder die des Nirvanas, des Verwehens, eines Zustandes jenseits der Beschreibbarkeit, der aber wunderschön sein soll.

Am Schluss dieser kurzen Betrachtung vom Umgang mit Leben und Tod und entsprechenden spirituellen Übungen in Judentum und Buddhismus bleibt die Frage, ob diese augenscheinlichen Unterschiede das letzte Wort haben. Das hängt von der Fokussierung der Betrachtung ab. Die Unterschiede sind eklatant, aber es gibt auch Gemeinsamkeiten. So soll in beiden Religionen der Einzelne in große Zusammenhänge eingefügt werden und sein Ego zurücknehmen, friedlich leben, das Leben achten. Die letzte Wirklichkeit bleibt bei beiden Religionen eine Transzendenz, Gott oder Nirvana. Beide kann man letztlich nicht beschreiben oder abbilden. Beide bleiben dem diesseitigen Verstand letztlich geheimnisvoll. Diesem Geheimnis offen und bewusst zu begegnen, wird in beiden Religionen gelehrt, wenn auch die Methoden der Begegnung unterschiedlich sind. Vielleicht bilden sie aber auch zwei Seiten einer Medaille ab, deren keine falsch ist. Es wäre interessant, geborene Juden, die Buddhisten wurden, wie Nyanaponika und Ayya Khema, zwei der berühmtesten deutschen Buddhisten, beide jüdischer Herkunft, zu befragen. Auch wenn diese beiden schon verstorben sind, gibt es noch andere. Ein spannendes Forschungsdesiderat!

Weiterführende Literatur

Brück, Michael von: Einführung in den Buddhismus, Frankfurt am Main 2007.

Dalai Lama: Tod und Sterben im Buddhismus. Über die Buddha-Natur, Freiburg i. Br.; Basel; Wien 1997.

Fast, Howard: Die Kunst der Zen Meditation, Basel ³1985.

Freemantle, Francesca; Trungpa, Chögyam (Hg.): Das Totenbuch der Tibeter, Köln ⁶1982 (Diederichs Gelbe Reihe 6).

Freiberger, Oliver; Kleine, Christoph: Buddhismus. Handbuch und kritische Einführung, Göttingen 2011.

Gradwohl, Roland: Was ist der Talmud? Einführung in die „Mündliche Tradition" Israels, Stuttgart ²1989.

Gruber, Hans: Kursbuch Vipassanâ. Wege und Lehrer der Einsichtsmeditation. Frankfurt a. M. 1999.

Hart, William: Die Kunst des Lebens. Vipassana-Meditation nach S. N. Goenka, Frankfurt a. M. 1996.

Heller, Birgit: Wie die Religionen mit dem Tod umgehen. Grundlagen für die interreligiöse Sterbebegleitung, Freiburg i. Br. 2012.

Klimkeit, Hans-Joachim (Hg.): Tod und Jenseits im Glauben der Völker, Wiesbaden ³1994.

Küng, Hans: Das Judentum. Die religiöse Situation der Zeit, München 1991.

Maier, Johann: Geschichte der jüdischen Religion. Von der Zeit Alexanders des Großen bis zur Aufklärung mit einem Ausblick auf das 19./20. Jahrhundert, Freiburg i. Br. ²1992.

Maier, Johann: Judentum, Göttingen ²2013 (Studium Religionen).

Meutes-Wilsing, Adelheid; Bossert, Judith: Zen für jeden Tag. Zu mehr Klarheit, innerer Ruhe und Lebensfreude, Einführung und Anleitung, München 1994.

Probst, Stephan; Kučera, Tom (Hg.): End-of-Life: Jewish Perspectives. Texte zum Seminar, Bielefeld 2015.

Rothschild, Walter: Der Honig und der Stachel. Das Judentum – erklärt für alle, die mehr wissen wollen, München 2009.

Rothschild, Walter: 99 Fragen zum Judentum, Gütersloh ⁴2005.

Schumann, Hans Wolfgang: Buddhismus. Stifter, Schulen und Systeme, München 1993 (Diederichs Gelbe Reihe 99).

Schwikart, Georg: Tod und Trauer in den Weltreligionen. Kevelaer ²2010.

Simon, Heinrich: Leben im Judentum. Persönliche Feste und denkwürdige Tage, Teetz 2004 (Jüdische Miniaturen 8).

Student, Johann-Christoph (Hg.): Sterben, Tod und Trauer. Handbuch für Begleitende, Freiburg i. Br. 2004.

Sujata, Anagarika: Beginning to see. Anleitung zur Meditation, Klingelbach ³1986 (Mandala).

Suzuki, Shunryu: Zen-Geist, Anfänger-Geist. Unterweisung in Zen-Meditation, Zürich ⁵1990.

Trungpa, Chögyam: Das Buch vom meditativen Leben, Reinbek bei Hamburg 1996.

Tworuschka, Monika; Tworuschka; Udo: Der Buddhismus, Gütersloh; München 2007 (Die Welt der Religionen).

Tworuschka, Monika; Tworuschka; Udo: Das Judentum, Gütersloh; München 2007 (Die Welt der Religionen).

Vereinigung für Schriften über jüdische Religion (Hg.): Die Lehren des Judentums, Leipzig o. J.

Weil, Alfred: Wege zur Todlosigkeit. Tod und Transzendenz in der Lehre des Buddha, Konstanz [2]1998.

Spiritual Care – wie könnte eine jüdische Perspektive aussehen?

Eckhard Frick SJ

Ich betrachte es als große Ehre, dass ich als *Goj* mit Ihnen über *Spiritual Care* aus jüdischer Perspektive diskutieren kann. Ich versuche das als christlicher Theologe, Arzt und Psychoanalytiker, immer in dem Bewusstsein, wie anspruchsvoll und herausfordernd der interreligiöse Dialog und gerade der jüdisch-christliche Dialog ist. Ich bin aufgewachsen als „Benjamin" mit zwei älteren Schwestern. Hier handelt es sich in gewisser Weise um den Dialog mit älteren Brüdern und Schwestern. Dass dieser Dialog inzwischen zur Normalität gehört und dass ich an diesem Dialog in diesem Land und in dieser Stadt mitwirken darf, ist für mich ein hoffnungsvolles Zeichen.

Wenn ich die jüdische Spiritualität richtig verstehe, ist sie eine Spiritualität des Lebens, des Diesseits im guten Sinne des Wortes, eine Spiritualität also, die nicht erst am Ende des Lebens beginnt. Der Begriff „Spiritual Care" ist älter als „Palliative Care".[1] Aber *Spiritual Care* lebt auch von den Anklängen an die Revolution, die Menschen wie Cicely Saunders und Balfour Mount in die Medizin hineingetragen haben: *Palliative Care* als ein interdisziplinäres und interprofessionelles, an der Lebensqualität und an der Spiritualität kranker Menschen und ihrer Angehörigen orientiertes Fachgebiet.

Spiritualität umfasst den gesamten Lebenszyklus.[2] Die Spiritualität des Lebensendes und *Spiritual Care* innerhalb von *End of Life Care* hat sehr viel damit zu tun, wie wir das bisherige Leben gelebt haben. „Wir" – damit meine ich die Sterbenden und uns, die wir noch nicht in der Sterbephase leben, obwohl wir in einem weiteren Sinn auch Sterbende sind. Aber wir haben noch ein wenig Zeit, um Sterbenden im engeren Sinne beizustehen. Unsere eigene jetzige Spiritualität hilft uns dabei oder sie stellt ein Hindernis in der Aufgabe der Begleitung Sterbender dar, je nachdem.

„Die Seele mir bringt er zurück." (Ps. 23,3)

נפשי ישובב (*Nafschi jeschowew*): „Die Seele mir bringt er zurück",
übersetzen Buber und Rosenzweig Ps. 23,3. נפש (*Nefesch*) ist ein
Grundwort biblischer Anthropologie und eine große Hilfe für
das Verständnis von *Spiritual Care*. Schon zu Anfang ist klar: Irgendwie geht es um die Seele. Die griechische Übersetzung der
Hebräischen Bibel gibt *Nefesch* in den meisten Fällen mit ψυχή
(psychē) wieder, und auch Buber und Rosenzweig übersetzen „Seele". In der Grundbedeutung heißt Nefesch „Kehlkopf",
„Kehle" oder „Hals". Janowski plädiert dafür, auf die deutsche
Übersetzung „Seele" zu verzichten, sodass „der Begriff Nefesch
von seiner Grundbedeutung ‚Kehle, Schlund' bis zu seinen Bedeutungen ‚vitales Selbst', ‚Leben(skraft)', ‚individuelles Leben,
Person' ein ganzes Spektrum von Aspekten umfasst, die den
Menschen des alten Israel in seiner psychosomatischen Ganz-
heit in den Blick zu nehmen erlauben"[3].

Die klassische Stelle steht im zweiten Schöpfungsbericht (Gen.
2,7). Ich zitiere wiederum nach Buber und Rosenzweig: „Und
ER, Gott, bildete den Menschen אדם (*Adam*), Staub vom Acker
אדמה (*Adama*), er blies in seine Nasenlöcher Hauch des Lebens
נשמת חיים (*Nischmat Chajim*), und der Mensch wurde zum lebenden Wesen נפש חיה (*Nefesch chaja*)".

Der Schöpfer wird hier mit einem Töpfer verglichen. Der
Mensch erscheint als der Lehmige, der handwerklich geformt
wird. Der Schöpfungsakt gleicht einer notfallmäßigen Reanima-
tion, einer Mund-zu-Nase-Beatmung. Erst durch das Einblasen
des Lebenshauchs wird seine *Nefesch* lebendig. Ja, der ganze
Mensch kann nun „lebendige Seele" genannt werden oder auch
lebendes „Wesen". Die Begriffe „Seele", „Wesen" und „Geist"
kennen wir auch aus der griechischen Philosophie. Hier, in der
Bibel Israels, bleibt ihre Bedeutung aber sehr nah am Leib des
Menschen. Es gibt keinerlei Dualismus zwischen Leib und Seele.
Seele wird zum Synonym für den ganzen Menschen, für den le-
bendigen Menschen. Durch das schöpferische Wort Gottes wird
der Mensch zur Seele der Welt. Sein Beten ist kein Bitten für sich,
für die eigenen Bedürfnisse, sondern „Erhebung der Seele", „um
die Welt existieren zu lassen, zu heiligen und zu erheben"[4]. Mit
den Worten Marias von Nazareth: „Groß macht meine *Nefesch*
(psychē) den Herrn, und es jubelte meine רוח (*Ruach*) (pneûma)
über Gott, meinen Retter" (Lk. 1,46–47).

Seelenlose Medizin?

Wir haben Studierende verschiedener Fakultäten gefragt: Was ist deiner/Ihrer persönlichen Vorstellung nach die „Seele"? Es handelte sich um Studierende der Medizin, Philosophie, Psychologie und Theologie, in der Mehrzahl mit christlichem Hintergrund (n=168).

Die Antworten auf die offene Frage nach der Seelenvorstellung konnten den folgenden Kategorien zugeordnet werden: an erster Stelle die Transzendenz, dann Aspekte des Geistigen und Wesensaspekte.[5]

Mit der Methode der semantischen Differenziale haben wir Unterschiede zwischen den verschiedenen Studienfächern ermittelt. Wir haben also den Studierenden jeweils Gegensatzpaare vorgelegt, die sie auf den Begriff der „Seele" beziehen sollten. Vergleicht man zum Beispiel Studierende der Theologie und der Psychologie, so findet man die folgenden signifikanten Unterschiede: Theologiestudierende ordnen der Seele eher die Begriffe „aktiv", „unsterblich", „zeitgemäß", „göttlich" zu. Psychologiestudierende hingegen wählen die Adjektive „passiv", „sterblich", „veraltet", „irdisch". Von besonderer Bedeutung ist in diesem Zusammenhang der Begriff „unsterblich", der im Kontext der griechischen Metaphysik seit Platon mit der Seele verknüpft ist. Im aktuellen Anti-Platonismus, d.h. in der Weigerung, eine unsterbliche Seele anzunehmen, liegt ein wesentlicher Grund dafür, dass die Seele als Relikt eines religiösen Zeitalters und damit als veraltet gilt.

Auch in der Gegenüberstellung von Theologie und Medizin finden wir neben anderen signifikanten Unterschieden die ausgeprägtem Gegensatzpaare „sterblich" versus „unsterblich", „veraltet" versus „zeitgemäß", „göttlich" versus „irdisch". Interessanterweise gibt es im Test keine bedeutsamen Unterschiede zwischen Psychologie- und Medizinstudierenden.

Gibt es einen Unterschied in der Bedeutung der Begriffe „Seele" und „Psyche"? Wieder finden wir die uns schon bekannten Wortpaare: die Seele gilt eher als „göttlich", „unsterblich", die Psyche als „irdisch", „sterblich". Im Gegensatz zur Seele gilt die Psyche als messbar, empirisch, bewusst, materiell.

Gibt es über die vier Studienfächer hinweg Ähnlichkeiten zu bestimmten Bedeutungsaspekten des Wortes „Seele"?

Die Psychologie der persönlichen Konstrukte[6] kann uns beim Verständnis darüber helfen, wie Menschen den Seelenbegriff aufbauen. Die Methodik des *Repertory Grid* erlaubt es, diesen Konstrukt-Aufbau nachzuvollziehen. Die Studierenden wurden mit einer Liste von Wörtern zum Seelenbegriff konfrontiert, zu der sie Gemeinsamkeiten, Gegensätze und Oberbegriffe nennen sollten. Mit statistischen Methoden können für jedes Fach gemeinsame Faktoren extrahiert werden. Wir fanden einen allen Fächern gemeinsamen Faktor „Seele", der bei allen Studienrichtungen mit den Begriffen „Glauben" und „lieben" positiv korreliert und zugleich bemerkenswerterweise ebenfalls bei allen Studienrichtungen negativ korreliert ist mit „messen".

Was für die Studierenden, also die Akademiker von morgen, zutrifft, gilt wohl auch für die Ärzte, Psychotherapeuten, Seelsorger usw. von heute: Es existiert eine gewisse Zurückhaltung gegenüber dem Seelenbegriff, der teilweise durch das griechische Synonym „Psyche" ersetzt wird, aber eben nur zum Teil. Dass zur Vorgeschichte dieses Fremdwortes die griechische Übersetzung von Nefesch ebenso gehört wie eine jahrhundertelange philosophische und theologische Begriffsentwicklung, bleibt unbewusst.

Mit der Vermeidung des Seelenbegriffs in der Medizin und den anderen wissenschaftlichen, helfenden und technischen Bereichen geht eine gewisse Nostalgie einher, das mehr oder minder klare Bewusstsein, etwas verloren zu haben. Dieser moderne „Seelenverlust" hat nicht nur eine geistesgeschichtliche Dimension, sondern auch eine persönliche, die alle interessieren muss, die kranke Menschen begleiten.

Spiritualität: „Seele" und „Geist" korrespondieren

רוח (*Ruach*, dt. „Geist") kann „die sich im Atemstoß äußernde Kraft" heißen, im Unterschied zur Neschama in Gen. 2,7 („kreatürliche Grundgegebenheit mit mehr stetigem Charakter"[7]). Später können *Ruach* und (!) *Neschama* gleichbedeutend den göttlichen Lebenshauch meinen, der dem Menschen mitgeteilt wird. So sagt Ps. 164,4, gewissermaßen in Umkehrung von Gen. 2,7, über den sterbenden Menschen: „Geht seine *Ruach* heraus, so kehrt er zur *Adama* zurück". Manche Autoren heben bei *Ruach* den „übernatürlichen", transzendenten Aspekt im Unterschied zur *Nefesch* als einer „natürlichen" Eigenschaft des Menschen hervor.[8] Allerdings sind derartige dualistische Unterscheidungen dem biblischen Denken fremd; der Schöpfer kann sich in seinem Handeln auch der Naturgewalten bedienen.[9]

In der Hebräischen Bibel, etwa im Buch Hijob, kann *Ruach* sowohl auf Gott bezogen werden als auch – allerdings viel seltener – auf den Menschen. *Ruach* ist ein theo-anthropologischer Begriff[10]: „Jedoch, es ist der Geist (*Ruach*) im Menschen, des Allmächtigen Hauch (*Neschama*), der ihn verständig macht" (Hi. 32,8), und: „Gottes Geist (*Ruach*) hat mich erschaffen, der Hauch (*Neschama*), des Allmächtigen mir das Leben gegeben" (Hi. 33,4).

Auf Seiten des Menschen steht *Nefesch* für Streben und Bedürfnis, am deutlichsten vielleicht in Ps. 42,2: „Wie die Hirschkuh lechzt nach frischem Wasser, so lechzt meine *Nefesch* Gott, nach dir".

Emmanuel Lévinas zufolge sollten wir zwischen dem Bedürfnis unterscheiden, das letztlich Ich-bezogen bleibt und dem Begehren (Verlangen), das auf den Anderen bezogen ist.[11] Insofern ist der Ausdruck „spirituelles Bedürfnis" zwar wichtig in der Wahrnehmung dessen, was ich, der Andere und insbesondere der kranke Mitmensch brauchen. Für den Kern der Spiritualität jedoch ist der Begriff „Bedürfnis" problematisch. Lévinas markiert den Unterschied zwischen Bedürfnis und Begehren, zwischen *besoin* und *désir* folgendermaßen: Ein Bedürfnis wird gestillt oder frustriert, ein Begehren bleibt immer offen für mehr und ist unstillbar. Mit anderen Worten: In einer Beziehung hört das Begehren nicht dadurch auf, dass ich mit dem Anderen zusammen bin, sondern es wird intensiviert. So ist es auch mit der Gottsuche. Sie „sättigt mit neuem Hunger".[12] Eine erstaunliche Paradoxie drückt Lévinas mit dem Satz des litauischen Rabbiners Israel Salanter aus: „Die materiellen Bedürfnisse meines Nächsten sind spirituelle Bedürfnisse für mich"[13]. „Spirituelles Bedürfnis" ist im Munde Lévinas' paradox, weil er den Begriff „Bedürfnis" für gewöhnlich als Ich-Bekräftigung versteht, die sich gerade nicht gegenüber dem Anderen öffnet. Inhaltlich ist mit „besoin spirituel" eine unbedingte Verpflichtung gemeint, z.B. in einem heilenden Beruf, ein „Ruf", der nicht von der materiellen, medizinischen, körperlichen Realität abgespalten werden darf. Die Not des anderen ist insofern ein „spirituelles" Bedürfnis, als sie (die Möglichkeit für) eine Beziehung eröffnet, die für den Anderen als Anderen, für das Unendliche offen ist.

Spiritual Care: Zurückbringen lassen

Ruchanijut als hebräischer Begriff für „Spiritualität" ist eine späte, mittelalterliche Wortbildung, die unter Verwendung des althebräischen Wortes *Ruach* in der interkulturellen Begegnung entstand. Nach Rabbi Israel ben Eliezer (1700–1760), dem Gründer des Chassidismus, kann Gott auch und besonders im Gewöhnlichen und Physischen gefunden werden.[14] Mich erinnert dies an das auf Ignatius von Loyola zurückgehende Lebensprogramm: „Gott in allen Dingen finden".

Spiritualität hat mit der Suche nach dem Heiligen, mit Transzendenz, mit Verbundenheit zu tun, aber ohne abstrakte Abspaltung von der Lebensrealität, in einer weltlichen, ja: nicht-religiösen Weise:

„Das ‚Jenseits' Gottes ist nicht das Jenseits unseres Erkenntnisvermögens! Die erkenntnistheoretische Transzendenz hat mit der Transzendenz Gottes nichts zu tun. Gott ist mitten in unserm Leben jenseitig"[15].

Die Begriffe „Spiritual Care" und „Seelsorge" sind nicht geschützt. Sie können jeweils in einem weiteren oder in einem engeren Sinn gebraucht werden oder auch als Synonyma. In den Gesundheitswissenschaften hat sich „Spiritual Care" als Oberbegriff eingebürgert. „Seelsorge" ist eine Form von „Spiritual Care" innerhalb von Medizin und Pflege. Darunter wird hierzulande meist die christliche Seelsorge verstanden, in analoger Weise auch die jüdische oder muslimische Seelsorge. Aber auch Seelsorge kann in einem weiten Sinne verstanden werden, eben als „Sorge für die Seele" in einem nicht konfessionellen, „weltlichen" Sinne. Dieser weite Seelsorgebegriff spielt schon in der Diskussion zwischen Sigmund Freud und dem reformierten Pfarrer Oskar Pfister eine Rolle:

> „Ohne Zweifel wird es ein ausserkirchliches Seelsorgeamt geben, sogar ein nichtreligiöses. Wenn nur Menschen gut und glücklich gemacht werden, mit oder ohne Religion, wird der liebe Gott freundlich lächelnd dieser Arbeit zunicken"[16].

Freud schreibt zwei Jahre später an Pfister in Bezugnahme auf die Frage der Laienanalyse und seine religionskritische Schrift *Zukunft eine Illusion*. „Laienanalyse" ist Freuds Ausdruck für nichtärztliche Psychoanalytiker. Der Begriff „Laie" stammt aus dem religiösen Sprachspiel. Dort werden ordinierte „Geistliche" von nicht ordinierten Personen unterschieden. Die „Priester" unter den Analytikern sind also in Freuds Sicht die Ärzte mit ihrer traditionellen Position innerhalb der psychoanalytischen „Religion". Freud dachte nun über die traditionellen Berufsbilder hinaus und verwendete auch traditionelle Begriffe in neuer Weise:

> „Ich weiß nicht, ob Sie das geheime Band zwischen der ‚Laienanalyse' und der ‚Illusion' erraten haben. In der ersten will ich die Analyse vor den Ärzten, in der anderen vor den Priestern schützen. Ich möchte sie einem Stand übergeben, der noch nicht existiert, einem Stand von *welt*lichen Seelsorgern, die Ärzte nicht zu sein brauchen und Priester nicht sein dürfen. Herzlich Ihr alter Freud"[17].

An diesem Zitat sind mehrere Dinge bemerkenswert: Freud nennt die Analyse „weltliche Seelsorge". Er sieht Gefahren in der Medikalisierung, aber auch Gefahren durch die Priester, obwohl er doch mit Pfister freundschaftlich verbunden war und blieb. Den Begriff „Spiritualität" konnte Freud noch nicht in unserem heutigen, weit gefassten Sinne verwenden. Man darf annehmen, dass er gegenüber der heutigen psychoanalytischen Diskussion über Spiritualität eine eher skeptische Einstellung hätte. Aber er verwendet in seinem Moses-Buch mehrfach die Formulierung „Fortschritt in der Geistigkeit" in Bezug auf das Judentum. Wenn wir die Bedeutung von „spirituell" in anderen Sprachen betrachten, zum Beispiel im Französischen, dann stoßen wir auf eine semantische Bandbreite zwischen „geistlich", „geistig", „geistreich" und „witzig". Freud hätte vermutlich nur die letzten drei Bedeutungen akzeptiert und sich für das Geistliche unzuständig erklärt.

Wenn es zutrifft, dass die aktuelle Medizin durch die Betonung technischer Geistigkeit (Rationalität) und Ökonomie die Seele des Menschen aus dem Auge verloren hat, dann geht es um das „Zurückbringen" der Seele. Einem Teil der Patienten wird dabei die Rückbindung an die eigene Religionsgemeinschaft helfen. Wenn sich diese religiösen Ressourcen im Gespräch mit dem Patienten herausstellen, können Pflege und Medizin respektvoll auf die Unterstützung der jeweiligen Religionsgemeinschaft verweisen. In vielen Fällen besteht jedoch keine religiöse Bindung. Ein entsprechender Kontakt muss dann erst wieder hergestellt werden, vorausgesetzt, dies wird vom Patienten gewünscht. Häufig wünschen sich die Patienten eine spirituelle Kommunikation mit dem Arzt.[18] In der Regel wird dies keine religiöse Kommunikation unter Glaubensgeschwistern sein, sondern ein respektvoller authentischer Dialog, der unabhängig ist von bestimmten religiösen Inhalten und Formen:

„Vielleicht ist es das, was man aus soziologischer Perspektive die differentia specifica des Spirituellen nennen könnte: die kommunikative Bestimmung von Unbestimmtem/Unbestimmbarem als eine Form, hinter der der Gehalt selbst zurücktritt. Wenn es stimmt, dass das Besondere der religiösen Kommunikation ihr Potential ist, sich indirekt zu äußern, das Unsichtbare gerade in seiner Unsichtbarkeit sichtbar zu machen, Unbestimmtheit mit Bestimmtheit vertreten zu können und immanent einen transzendenten Standpunkt einnehmen zu können, ohne die Differenz selbst einzubeziehen, dann ist Spiritualität jene Form, die auf noch weniger Bestimmtheit setzt und sich ganz auf die Authentizität des Sprechers verlässt. Authentizität wäre dann als eine kommunikative Form zu verstehen, die nicht in erster Linie auf gute Gründe setzt, sondern auf den Sprecher selbst."[19]

Authentische Kommunikation bedeutet, dass der Sprecher nicht aus seiner beruflichen, kulturellen oder religiösen Persona heraus spricht, sondern zu einer zwischenmenschlichen Kommunikation, zu einem Dialog bereit und in der Lage ist. Spirituelle Kompetenz in der Medizin und den anderen Gesundheitsberufen beinhaltet demnach nicht nur eine professionelle Haltung (wohlwollende weltanschauliche Neutralität, Offenheit für die vom Patienten gewünschte bzw. sozial normierte Rolle), sondern auch die Fähigkeit, mit einer mehr oder minder unbestimmten Situation umzugehen. Die spirituelle Anamnese ist dementsprechend viel weniger ein strukturiertes Abfragen von Fakten als ein proaktives Angebot des Arztes, dass der Patient seine spirituelle Orientierung thematisieren darf (Interventionseffekt der spirituellen Anamnese[20]).

Wessen Aufgabe ist das?
Wenn wir von den Bedürfnissen des Patienten ausgehen, dann können wir das Spirituelle leicht in einem Modell der Krankenbehandlung unterbringen. Behandlung, *Caring* lässt sich in der folgenden einfachen Formel ausdrücken:

T k P (*T*: Therapeut, Pflegende usw.; *k*: kümmert sich um; *P*: Patient).[21]

Wenn wir auf die Bedürfnisse der Patienten schauen, dann können wir sagen, dass *P* spirituell ist; wir gehen davon aus, dass für *P* der Bereich des Spirituellen mehr oder weniger bedeutsam ist, abgeschnitten von Religion, Weltanschauung, Persönlichkeit und persönlichem Sinnentwurf. Aber auch *k* ist spirituell, auch wenn davon nicht explizit gesprochen wird. Diese spirituelle Dimension besteht in der Qualität der Präsenz, des Zuhörens, der Achtsamkeit. Dies kann gewissermaßen beiläufig geschehen, zum Beispiel bei der Grundpflege oder beim Essenausteilen oder auch beim sogenannten Small Talk, der plötzlich existenzielle Fragen berührt.

Und last not least: Auch *T* hat eine spirituelle Qualität. Die Spiritualität der helfenden Berufe wird allmählich als eine Ressource oder Kraftquelle entdeckt, nicht nur, um Patienten besser zu helfen, sondern auch wegen der eigenen spirituellen Basis, der Verbindung der persönlichen Biografie mit der Motivation für einen heilenden Beruf.

Am Lebensende heißt *End of Life Care* auch „Sorge für die Seele". Dies heißt aber nicht, dass die Sorge der Gesundheitsberufe um die Seele erst am Lebensende beginnen darf, dass *Spiritual Care* auf *Palliative Care* beschränkt werden darf. Aus diesem Grund hat *Palliative Care* für *Spiritual Care* eine *exemplarische* Bedeutung, nicht jedoch eine *exklusive*. Mit anderen Worten: Die Seele spielt für Krankheit und Gesundheit eine Rolle, weil wir „lebendige Seele", *Nefesch chaja* (Gen. 2,7) sind, solange wir leben, nicht erst beim Sterben. Deshalb sind in Medizin und Pflege alle für *Spiritual Care* zuständig, die für lebendige Menschen da sind, von der Wiege bis zur Bahre.

Die Seelsorgenden im spezifischen Sinn haben durch professionelle Aus- und Fortbildung und Auftrag ihrer Religionsgemeinschaft eine besondere Kompetenz im Feld *Spiritual Care*. Eine spirituelle Basiskompetenz brauchen alle, die mit kranken Menschen arbeiten.

Zusammenfassung

נפשי ישובב: (*Nafschi jeschowew*): „Die Seele mir bringt er zurück." So haben wir unsere Überlegungen begonnen. Was „zurückgebracht" wird, werden muss, ist zuvor gefährdet oder verloren. Der „Seelenverlust" kann individuell sein, z.B. in einer Sinnkrise eines kranken Menschen, durch Verlust des kindlichen Glaubens, der bisher als sicher geglaubten spirituellen

Orientierung. Er kann auch kollektiv sein, sogar epochal: Unsicherwerden einer Kultur und Gesellschaft, der aus ihnen hervorgehenden Medizin, Unsicherwerden bezüglich des Wertvollen im Menschen, bezüglich seines Wesens, dessen, was man traditionell die „Seele" nennt. *Spiritual Care* als „Zurückbringen" nimmt die spirituelle Suche kranker Menschen wahr, greift sie auf, ohne sie in eine bestimmte Richtung zu lenken. Viele Menschen sind spirituell heimatlos; in authentischer Kommunikation entstehen Inseln des unterstützenden Dialogs. Wer religiös beheimatet ist, dem *kann* dies trotz aller Probleme, die Religiosität erzeugen kann, eine Hilfe sein. Er empfängt dann als kranker Mensch Besuch von seiner Gemeinschaft. Hoffentlich kommt er nicht in Hijobs Situation, in der seine „Freunde" ihn belehren wollen. Erschöpft von so vielen Rat-Schlägen, die ihn schlagen, ruft Hijob (Hi. 16,2): „Ähnliches habe ich schon viel gehört; leidige Tröster seid ihr alle".

Herbert Sonnenfeld, Die Synagoge des Jüdischen Krankenhauses in Berlin, Iranische Straße 2, Berlin ca. 1935; Jüdisches Museum Berlin, Ankauf aus Mitteln der Stiftung Deutsche Klassenlotterie Berlin

Literaturverzeichnis

Albertz, R.; Westermann, C.: Ruah (Geist), in: Jenni, Ernst; Westermann, Claus (Hg.): Theologisches Handwörterbuch zum Alten Testament II (Bd. II), München; Zürich 1976, 726–752.

Best, Megan; Butow, Phyllis; Olver, Ian: Do patients want doctors to talk about spirituality? A systematic literature review, in: *Patient Education and Counseling*, Vol. 98 (2015), No.11, 1320–1328.

Boothe, Brigitte; Frick, Eckhard: Spiritual Care. Über das Leben und Sterben, Zürich 2017.

Frick, Eckhard; Baumann, Klaus: Spiritualität – Bedürfnis und Begehren. Empirische Forschung und theologisch-philosophische Reflexion können voneinander lernen, in: Hahn, Kathrin; Nauerth, Matthias; Tüllmann, Michael; Kösterke, Sylke (Hg.): Religionssensibilität in der Sozialen Arbeit. Positionen, Theorien, Praxisfelder, Stuttgart 2017 (in Vorbereitung).

Frick, E.; Riedner, C.; Fegg, M. J.; Hauf, S.; Borasio, G. D.: A clinical interview assessing cancer patients' spiritual needs and preferences, in: *European Journal of Cancer Care*, Vol. 15 (2006), 238–243.

Janowski, Bernd: Die lebendige næpæš. Das Alte Testament und die Frage nach der „Seele", in: Etzelmüller, Gregor; Weissenrieder, Annette (Hg.): Verkörperung als Paradigma theologischer Anthropologie, Berlin 2016, 51–94.

Kelly, George Alexander: Die Psychologie der persönlichen Konstrukte, Paderborn 1955; 1986.

Kielkiewicz, Krzysztof; Dalzell, Thomas: Towards comprehension of spirituality through its semantics, in: *REA: A Journal of Religion, Education and the Arts*, Vol. 9 (2014), 1–19.

Kučera, Tom: Jüdische Spiritualität an den Grenzen des Lebensintervalls, in: Frick, Eckhard; Roser, Traugott (Hg.): Spiritualität und Medizin. Gemeinsame Sorge für den kranken Menschen, Stuttgart ²2011, 164–170.

Lévinas, Emmanuel: Die Spur des Anderen, in: Krewani, Wolfgang Nikolaus (Hg.): Die Spur des Anderen. Untersuchungen zur Phänomenologie und Sozialphilosophie, Freiburg i. Br.; München 1963; 1983, 209–235.

Lévinas, Emmanuel: Du sacré au saint. Cinq nouvelles lectures talmudiques, Paris 2007.

Lévinas, Emmanuel: Vom Beten ohne zu bitten. Anmerkung zu einer Modalität des Jüdischen, in: Breuning, Wilhelm; Heinz, Hanspeter (Hg.): Damit die Erde menschlich bleibt. Gemeinsame Verantwortung von Juden und Christen für die Zukunft, Freiburg i. Br.; Basel; Wien 1985, 62–70.

Nassehi, Armin: Spiritualität. Ein soziologischer Versuch, in: Frick, Eckhard; Roser, Traugott (Hg.): Spiritualität und Medizin. Gemeinsame Sorge für den kranken Menschen, Stuttgart ²2011, 35–44.

Peng-Keller, Simon: „Spiritual Care" im Werden. Zur Konzeption eines neuen interdisziplinären Forschungs- und Praxisgebiets, in: *Spiritual Care*, Band 6 (2017), 187–193.

Schwarz, Hans: The human being. A theological anthropology, Grand Rapids, Mich.; Cambridge UK 2013.

Voll, Katrin; Müller, Jakob Johann; Loetz, Cécile; Frick, Eckhard: Was verstehen Studierende unter dem Begriff der Seele? Ein Vergleich der Fachrichtungen Medizin, Philosophie, Theologie und Psychologie, in: *Spiritual Care*, Band 6 (2017), 7–20.

Wolff, Hans Walter: Anthropologie des Alten Testaments, München 1973.

Anmerkungen

1 Vgl. Peng-Keller, Simon: „Spiritual Care" im Werden. Zur Konzeption eines neuen interdisziplinären Forschungs- und Praxisgebiets, in: *Spiritual Care*, Band 6 (2017), Nr. 2, 187–193.

2 Vgl. Boothe, Brigitte; Frick, Eckhard: Spiritual Care. Über das Leben und Sterben, Zürich 2017.

3 Janowski, Bernd: Die lebendige næpæš. Das Alte Testament und die Frage nach der „Seele", in: Etzelmüller, Gregor; Weissenrieder, Annette (Hg.): Verkörperung als Paradigma theologischer Anthropologie, Berlin 2016, 51–94, hier 89.

4 Lévinas, Emmanuel: „Vom Beten ohne zu bitten. Anmerkung zu einer Modalität des Jüdischen", in: Breuning, Wilhelm; Heinz, Hanspeter (Hg.): Damit die Erde menschlich bleibt. Gemeinsame Verantwortung von Juden und Christen für die Zukunft, Freiburg i. Br.; Basel; Wien 1985, 62–70, hier 70.

5 Vgl. Voll, Katrin; Müller, Jakob Johann; Loetz, Cécile; Frick, Eckhard: Was verstehen Studierende unter dem Begriff der Seele? Ein Vergleich der Fachrichtungen Medizin, Philosophie, Theologie und Psychologie, in: *Spiritual Care*, Band 6 (2017), Nr. 1, 7–20.

6 Vgl. Kelly, George Alexander: Die Psychologie der persönlichen Konstrukte, Paderborn 1955; 1986.

7 Albertz, R.; Westermann, C.: Ruah (Geist), in: Jenni, Ernst; Westermann, Claus (Hg.): Theologisches Handwörterbuch zum Alten Testament II (Bd. II), München; Zürich 1976, 726–752.

8 Vgl. Kielkiewicz, Krzysztof; Dalzell, Thomas: Towards comprehension of spirituality through its semantics, in: *REA: A Journal of Religion, Education and the Arts*, Vol. 9 (2014), 1–19.

9 Vgl. Schwarz, Hans: The human being. A theological anthropology, Grand Rapids, Mich.; Cambridge UK 2013, 9.

10 Vgl. Wolff, Hans Walter: Anthropologie des Alten Testaments. München 1973, 57.

11 Vgl. Lévinas, Emmanuel: Die Spur des Anderen, in: Krewani, Wolfgang Nikolaus (Hg.): Die Spur des Anderen. Untersuchungen zur Phänomenologie und Sozialphilosophie, Freiburg i.Br.; München 1963; 1983, 209–235.

12 Vgl. ebd. – Vgl. Frick, Eckhard; Baumann, Klaus: Spiritualität – Bedürfnis und Begehren. Empirische Forschung und theologisch-philosophische Reflexion können voneinander lernen, in: Hahn, Kathrin; Nauerth,

Matthias; Tüllmann, Michael; Kösterke, Sylke (Hg.): Religionssensibilität in der Sozialen Arbeit. Positionen, Theorien, Praxisfelder, Stuttgart 2017 (im Druck).

13   Im frz. Original: „Les besoins matériels de mon prochain sont des besoins spirituels pour moi" (Levinas 2007: 20).

14   Vgl. Kučera, Tom: Jüdische Spiritualität an den Grenzen des Lebensintervalls, in: Frick, Eckhard; Roser, Traugott (Hg.): Spiritualität und Medizin. Gemeinsame Sorge für den kranken Menschen, Stuttgart ²2011, 164–170.

15   Bonhoeffer an Bethge, 30.4.1944.

16   Oskar Pfister an Sigmund Freud, 10.09.1926.

17   Freud an Pfister 25.11.1928.

18   Vgl. Best, Megan; Butow, Phyllis; Olver, Ian: Do patients want doctors to talk about spirituality? A systematic literature review, in: *Patient Education and Counseling*, Vol. 98 (2015), No.11, 1320–1328.

19   Nassehi, Armin: Spiritualität. Ein soziologischer Versuch, in: Frick, Eckhard; Roser, Traugott (Hg.): Spiritualität und Medizin. Gemeinsame Sorge für den kranken Menschen, Stuttgart ²2011, 35–44, hier 40.

20   Vgl. Frick, E.; Riedner, C.; Fegg, M. J.; Hauf, S.; Borasio, G. D.: A clinical interview assessing cancer patients' spiritual needs and preferences, in: *European Journal of Cancer Care*, Vol. 15 (2006), 238–243.

21   Boothe; Frick: Spiritual Care [FN 2], 140f.

Die Rolle des Arztes im Judentum

Schimon Staszewski

Das Gebet des Rabbi Mosche ben Maimon (Rambam)

„G'tt, erfülle meine Seele mit der Liebe zur Heilkunst und zu allen Kreaturen. Nimm von mir die Versuchung, die das Dürsten nach Gewinn und die Ruhmsucht mir einflößen bei der Ausübung meines Berufes. Erhalte meinem Herzen die Kraft, damit es immer bereit sei, dem Armen wie dem Reichen zu dienen, dem Freund wie dem Feind, dem Gerechten wie dem Ungerechten.

Gib, dass ich in dem, der leidet, nur den Menschen sehe.

Gib, dass mein Geist unter allen Umständen klar bleibt: Denn groß und erhaben ist die Wissenschaft, deren Ziel es ist, die Gesundheit und das Leben aller Kreaturen zu erhalten.

Gib, dass meine Kranken Vertrauen haben zu mir und zu meiner Kunst und dass sie meine Ratschläge und meine Vorschriften befolgen. Halte von ihrem Lager die Scharlatane fern, das Heer der Verwandten, die tausend Ratschläge geben, und die Krankenpfleger, die immer alles wissen; das ist eine gefährliche Sippschaft, die aus Selbstgefälligkeit die besten Absichten zunichtemacht.

Verleih mir, mein G'tt, Nachsicht und Geduld gegenüber den eigensinnigen und flegelhaften Kranken. Gib, dass ich in allem maßhalte, aber unersättlich bin in meiner Liebe zur Wissenschaft.

Nimm mir die Vorstellung, dass ich alles vermag. Gib mir die Kraft, den Willen und die Gelegenheit, meine Kenntnisse mehr und mehr zu erweitern, damit ich sie zum Vorteil jener, die leiden, anwenden kann.

Amen!"[1]

Ob Moses Maimonides das Gebet tatsächlich selbst verfasst hat, ist nicht eindeutig geklärt. Der wissenschaftliche Anspruch jedoch und die Einstellung gegenüber seinen Patienten entsprechen aber auf jeden Fall seinen in anderen Schriften dokumentierten Überzeugungen.

Die Heilkunde hat im Judentum eine weit zurückreichende

Tradition. Ärzte und Personen, die Heilberufe ausübten, genossen schon in der Antike hohes Ansehen. So schrieb zum Beispiel der jüdische Lehrer Jeschua ben Eleazar ben Sira im frühen zweiten vorchristlichen Jahrhundert in seinem Buch (*Sefer Ben Sira*):

> „Schätze den Arzt, weil man ihn braucht; denn auch ihn hat G'tt erschaffen.
> Von G'tt hat der Arzt die Weisheit; vom König empfängt er Geschenke.
> Das Wissen des Arztes erhöht sein Haupt, bei Fürsten hat er Zutritt."[2]

Aus der Antike sind aus jüdischen Quellen keine medizinischen Bücher erhalten. Es gibt jedoch schon in der Tora Hinweise auf eine qualifizierte medizinische Versorgung. So wird derjenige, der eine Verletzung bei einem anderen Menschen verursacht, verpflichtet, nicht nur Schadenersatz zu leisten, sondern auch für seine Heilung zu sorgen.

> „Und so Männer Streit haben und Einer schlägt den Anderen mit einem Stein oder mit der Faust, und er stirbt nicht, sondern fällt auf das Lager;
> Wenn er aufsteht und wandelt auf der Straße an seiner Krücke, so ist der Schläger frei; nur soll er erlegen Versäumnis und lasse ihn heilen." (Ex. 21,18–19)

In dieser Epoche waren Ärzte vorwiegend Wundärzte, die vor allem äußere Verletzungen behandelten. Sie verstanden sich als G'ttes Helfer, der allein jedoch über eine mögliche Heilung entscheidet.

> „Wenn du hörst auf die Stimme des Ewigen, deines G'ttes, und was Recht ist in seinen Augen, tust, und folgst seinen Geboten und beobachtest alle seine Satzungen: keine der Krankheiten, die ich auf Mizrajim gelegt, werde ich auf dich legen, denn ich, der Ewige, bin dein Arzt." (Ex. 15,26)[3]

In der Tora werden noch eine Vielzahl anderer Erkrankungen erwähnt, in der Mehrzahl Augen- und Hauterkrankungen und eine ganze Reihe von Infektionskrankheiten. Nicht nur in der Tora, sondern im gesamten Tanach (Hebräische Bibel) werden medizinische Themen angesprochen. Ärzten wird dort nicht nur die Erlaubnis des Heilens gegeben, sondern mehr als das: Es ist vielmehr obligatorisch, also eine religiöse Verpflichtung (*Mizwa*), im Rahmen des Möglichen Leben zu retten und Krankheiten und Schmerzen zu bekämpfen.

Im Laufe der Jahrhunderte wuchs das Wissen um Heilpflanzen und Therapiemethoden und damit auch die Aufgaben und das Ansehen der Ärzte. Einen Hinweis gibt der „Eid des Assaf", ein antiker medizinethischer Verhaltenskodex für jüdische Ärzte.

Der Text des Eids findet sich im „Buch der Heilmittel" (hebr. *Sefer Refu'ot*) oder „Buch Assaf" (hebr. *Sefer Assaf*), dem ältesten bekannten medizinischen Werk in hebräischer Sprache. Es wurde im 5. Jahrhundert n.d.Z. von Assaf ben Berachiahu und Jochanan ben Zabda, die im heutigen israelischen Staatsgebiet lebten, verfasst und enthält Auszüge aus klassischen hebräischen Texten, versehen mit Kommentaren sowie Texten nichtjüdischer Autoren. Assaf ben Berachiahu (Assaf HaRofeh oder Assaf der Arzt) ist nach Maimonides (Rambam) der bekannteste jüdische Arzt der Geschichte. Nach beiden sind große Krankenhäuser in Israel benannt.

Eid des Assaf

1. Dies ist der Bund, den Assaf ben Berachiahu und Jochanan ben Zabda mit ihren Schülern geschlossen haben, und sie schworen sie mit den folgenden Worten ein:
2. Versuche nicht, eine Seele [Nefesch] mittels eines Kräutertranks zu töten.
3. Gib keiner durch Hurerei schwangeren Frau einen Trank in der Absicht, eine Abtreibung durchzuführen.
4. Begehre nicht die Schönheit der Frauen, um mit ihnen Unzucht zu treiben.
5. Verrate nicht das Geheimnis eines Mannes, der dir Vertrauen schenkte.
6. Nimm keine Belohnung an, [die dir angeboten wird in der Absicht] zu zerstören und zu verwüsten.
7. Verhärte nicht dein Herz gegen das Mitleid mit den Armen und dagegen, die Bedürftigen zu heilen.
8. Sage nicht vom Guten: „Es ist schlecht", oder vom Schlechten: „Es ist gut".
9. Folge nicht den Wegen der Zauberer, indem du Beschwörungsformeln, Wahrsagerei und Magie benutzt, um einen Mann von der Frau seines Herzens oder eine Frau vom Gefährten ihrer Jugend zu trennen.
10. Du sollst weder Reichtum noch Belohnung begehren, [die dir angeboten werden] um deine Hilfe in lüsternem Verlangen zu erhalten.

11. Du sollst keine Hilfe in Götzendienst suchen, um hiermit zu heilen, und kein Heilmittel verwenden, das falsche Götter anruft.

12. Im Gegenteil, verachte, meide und hasse all jene, die diese [falschen Götter] verehren, ihr Vertrauen in sie setzen und Zuversicht im Hinblick auf sie wecken.

13. Denn sie sind alle nichts, nutzlos, denn sie sind nichts, Dämonen, Geister der Toten; sie können ihrem eigenen toten Körper nicht helfen, wie könnten sie also jenen helfen, die noch leben?

14. Doch lege deine Zuversicht in den Herrn, deinen Gott, den wahren Gott, den lebenden Gott.

15. Denn Er tötet und ruft ins Leben, verwundet und heilt,

16. Der den Menschen Wissen lehrt, und auch den Nutzen,

17. Der mit Recht und Gerechtigkeit Wunden zufügt und mit Mitleid und Erbarmen heilt.

18. Keiner der Ratschlüsse seiner Weisheit liegt nicht in seiner Macht

19. Und nichts bleibt vor seinen Augen verborgen.

20. Er lässt Heilpflanzen wachsen.

21. Er legt Klugheit in die Herzen der Weisen, so dass sie heilen können im Überfluss seiner liebenden Freundlichkeit und dass sie von Wundern berichten können in der Versammlung der Vielen; damit alles Lebende wisse, dass Er es schuf und dass außer ihm kein Erlöser ist.

22. Denn die Heiden vertrauen ihren Götzenbildern, die sie vor Bedrängnis bewahren sollen und doch nicht aus ihrem Unglück erlösen können,

23. Denn sie legen ihr Vertrauen und Hoffnung in das Tote.

24. Daher ist es angemessen, sich von ihnen fernzuhalten; entferne dich und halte dich fort von allen Gräueln ihrer Götzen,

25. Und halte dich an den Namen des Herrn, des Gottes der Seelen allen Fleisches,

26. Und die Seele jedes lebenden Wesens ist in Seiner Hand, zu töten und ins Leben zu rufen,

27. Und da ist keiner, der aus seiner Hand befreit.

28. Gedenke Seiner jederzeit und suche Ihn in Wahrheit, Rechtschaffenheit und aufrichtigen Herzens, auf dass du gedeihen mögest in allen deinen Werken,

29. Und Er wird dir Hilfe gewähren, damit du Erfolg habest

[in allem, was du tust] und der Mund allen Fleisches
dich glücklich nennen möge.

30. Und die Heiden werden ihre falschen Götter und Bilder
    verlassen und danach streben, Gott zu verehren so wie
    du,

31. Denn sie werden erkennen, dass ihr Vertrauen vergeblich ist und ihre Vorhaben keine Frucht bringen,

32. Denn sie flehen zu einem Gott, der [ihnen] nichts Gutes
    tun kann, der sie nicht retten wird.

33. Was dich betrifft, sei stark, lass deine Hände nicht
    schwach werden, denn dein Werk wird belohnt werden.

34. Der Herr ist mit dir, solange du mit ihm bist,

35. Wenn du Seinen Bund einhältst, Seine Gebote befolgst,
    ihnen fest anhängst,

36. Wirst du als Sein Heiliger angesehen werden in den Augen allen Fleisches, und sie werden sagen:

37. Glücklich die Menschen, die solches Los haben, glücklich die Menschen, deren Gott der Herr ist.

38. Ihre Schüler antworteten und sprachen:

39. Wir werden alles tun, wozu ihr uns ermahntet und uns
    [zu tun] geboten habt,

40. Denn es ist ein Gebot der Tora,

41. Und wir müssen es befolgen mit ganzem Herzen, mit
    ganzer Seele und mit ganzer Kraft, befolgen und gehorchen,

42. Nicht wanken oder nach rechts oder links ausweichen.

43. Und sie [Assaf und Jochanan] segneten sie im Namen
    des höchsten Gottes, Erschaffer des Himmels und der
    Erde.

44. Und sie fuhren fort, sie zu beauftragen, und sprachen:

45. Gott der Herr, Seine Heiligen und Seine Tora bezeugen,
    dass ihr Ihn fürchten sollt, nicht von seinen Geboten
    abweichen sollt, und Seine Gebote aufrechten Herzens
    befolgen sollt.

46. Du sollst nicht der Geldgier anhängen, um einem Gottlosen zu helfen, unschuldiges Blut [zu vergießen].

47. Du sollst keinen tödlichen Trank mischen, weder für
    Mann noch Frau, dass sie ihre Mitmenschen töteten.

48. Du sollst von jenen Kräutern nicht sprechen [aus denen
    solche Tränke gemacht werden]. Du sollst sie keinem
    Menschen aushändigen,

49. Und du sollst nicht von diesem sprechen,
50. Du sollst bei keiner medizinischen Tätigkeit Blut verwenden,
51. Du sollst keines Menschen Seele leiden lassen, indem du eiserne Instrumente oder Brenneisen verwendest, bevor du ihn nicht zwei oder drei Mal untersucht hast; [nur] dann sollst du deinen Rat geben.
52. Du sollst dich nicht vom Hochmut beherrschen lassen und deine Augen und dein Herz erheben.
53. Hege nicht Rachsucht und Hass gegen einen kranken Menschen.
54. Du sollst dein Wort niemals brechen.
55. Der Herr unser Gott hasst [?] solche Taten.
56. Doch halte Seine Gebote und Vorschriften ein, und folge allen Seinen Wegen, um Ihm wohlzugefallen, und rein, wahrhaftig und aufrecht zu sein.
57. So ermahnten Assaf und Jochanan ihre Schüler und schworen sie ein.[4]

Jüdische Ärzte hatten schon in den ersten Jahrhunderten n.d.Z. in der jüdischen Welt und weit darüber hinaus einen sehr guten Ruf und gehörten bald neben den Rabbinern zur Elite der jüdischen Gemeinden. Viele bedeutende Rabbiner waren in dieser Epoche auch bedeutende Ärzte. In vielen der sich vorwiegend im babylonischen Reich langsam etablierenden Religionsschulen war das Studium der Medizin sogar Bestandteil des Curriculums. Jüdische Ärzte wurden häufig als Leibärzte lokaler Herrscher oder sogar im persischen Königshof eingestellt. So war zum Beispiel der bedeutende Amora des babylonischen Talmuds Shmuel ben Abba Hacohen (165–257 n.d.Z.) der Leibarzt des persischen Königs Schapur I., der von 240 bis 272 n.d.Z. regierte.

Es war kein Zufall, dass das Zentrum jüdischer Gelehrsamkeit nach der Zerstörung des Zweiten Jüdischen Tempels in Jerusalem und der Vertreibung der Juden sich dorthin verlagerte.

Im Römischen Reich hatten Juden vor allem nach der Etablierung des Christentums zur Staatsreligion mit sehr viel mehr Restriktionen zu kämpfen, während das nichtchristliche Babylon und das Persische Reich, die mit Rom im Dauerkonflikt lagen, den Juden viel mehr Entfaltungsmöglichkeiten boten.

Im frühen Mittelalter setzte sich dieser Trend ausgehend von der sich neu herausbildenden islamischen Gesellschaft auch von Spanien aus in Europa fort. Jüdische Ärzte wurden nicht nur in den jüdischen Gemeinden auf hohe Positionen berufen. Sie spielten auch eine wesentliche Rolle als Vermittler medizinischen Wissens zwischen dem christlichen Abendland und den islamisch geprägten Ländern und waren oft als Einzige in der Lage, zwischen beiden verfeindeten Lagern zu reisen, Handel zu treiben und eben auch arabische und europäische medizinische Literatur in die jeweiligen Sprachen zu übersetzen, sogar in Zeiten islamischer Expansion und der Kreuzzüge.

Wegen ihrer wichtigen Rolle in den mittelalterlichen Gesellschaften wurden jüdische Ärzte häufig von der sogenannten Judensteuer befreit und hatten eine ganze Reihe anderer Privilegien. In ihrer Ausbildung unterschieden sie sich dabei deutlich von den anderen europäischen Ärzten. Sie legten großen Wert auf die praktischen Erfordernisse, untermauerten diese aber mit dem theoretischen Wissen, das auch alte hebräische Texte, arabische medizinische Kenntnisse und Fachliteratur miteinbezog. Anschaulich beschrieben wurde dies u.a. im Roman *Der Medicus* von Noah Gordon.[5]

Einen Eindruck über einen mittelalterlichen Tagesablauf eines Arztes gibt uns ein Brief von Moses Maimonides, an seinen provenzalischen Übersetzer Shmuel ibn Tibbon aus dem Jahre 1177 n.d.Z. Maimonides lebte damals in Fustat, der Sultan, dessen Leibarzt er war, in Kairo.

> „Meine Pflichten beim Sultan sind wirklich ermüdend. Ich muss ihn jeden Tag besuchen, angefangen am frühen Morgen, und wenn er sich unwohl fühlt oder eines seiner Kinder oder ein Mitglied seines Harems krank ist, muss ich für die meiste Zeit des Tages im Palast bleiben. Deshalb gehe ich sehr früh aus und kehre nicht vor dem Nachmittag nach Hause zurück. Dann sterbe ich fast vor Hunger, finde aber ein volles Vorzimmer vor, gefüllt mit Juden wie Nichtjuden, Edelmännern und Bürgerlichen, Freunde und Feinde, eine bunt gemischte Menschheit, die auf meine Rückkehr wartet. Ich steige ab von meinem Reittier, wasche mir die Hände und widme mich meinen Patienten und bitte sie, ein leichtes Mahl mit mir zu teilen, das einzige, das ich innerhalb von 24 Stunden verzehre. Dann untersuche ich sie, schreibe Rezepte und gebe ihnen Anweisungen für die verschiedenen Krankheiten. Die Patienten kommen und

gehen bis zum Sonnenuntergang, manchmal gar bis zur späten Nacht. Wenn es Abend wird, bin ich so müde, dass es mir kaum noch gelingt, zu sprechen."[6]

Erst im letzten Drittel des 17. Jahrhunderts durften sich die ersten Juden in deutschsprachige Universitäten immatrikulieren, allerdings zunächst nur für Philosophie und Medizin. In den darauffolgenden Jahren nahm die Anzahl der praktizierenden Ärzte in den deutschen Städten erheblich zu.

Im Zuge der Aufklärung wurde ein Prozess in Gang gebracht, der zur rechtlichen Besserstellung und zum Eintritt der Juden in die bürgerliche Gesellschaft mit ihrer christlichen Mehrheit führte. In diesem Prozess zwischen jüdischer Kultur und der Modernisierung der Gesellschaft hatte der wissenschaftliche Anspruch der jüdischen Ärzteschaft große Bedeutung. Ärzte stellten neben den Rabbinern den Hauptanteil an der jüdischen Bildungselite und standen an vorderster Front im innerjüdischen Diskurs.

In der Medizin leisten jüdische Ärzte auch heute einen wesentlichen Beitrag zur Entwicklung der modernen Medizin. Ein Maßstab dafür ist der große Anteil jüdischer Nobelpreisträger in diesem Fachgebiet. Etwa 25% aller Preisträger sind Juden oder jüdischer Abstammung.

Wissenschaft ist jedoch nur eine Seite der Medaille. In der jüdischen Kultur und Tradition spielt die Sozialethik eine immense Rolle. Sie hat einen wesentlichen Einfluss auf klinische Entscheidungen und die Interpretation von Forschungsergebnissen. Ebenso stark wirkt sie sich auf kontrovers diskutierte Themen wie Sterbehilfe, Schwangerschaftsabbruch, embryonale Stammzellenforschung, Tierversuche und andere Themen aus.

Doch wie kommt man im jüdischen Diskurs zu halachischen, den jüdischen Religionsgesetzen entsprechenden Entscheidungen? Die Debatten über ethische Fragestellungen werden mithilfe einer induktiven Methode geführt, bei der jeder Einzelfall vollständig wissenschaftlich analysiert wird und zu den jeweiligen möglichen Konfliktpunkten in älteren jüdischen Schriften, in rabbinischen Gutachten oder sogar in der Tora selber Präzedenzfälle, die auf den Einzelfall anwendbar sind, gesucht werden. Diese Debatten können langwierig und kontrovers verlaufen, bis eine allgemeingültige Aussage getroffen werden kann.

Ein Beispiel ist die Erforschung und Gewinnung embryonaler Stammzellen. Die dafür erforderlichen Präembryonen stehen auch aus jüdischer Sicht unter einem besonderen Schutz. So dürfen „Präembryonen" auf keinen Fall nur für reine Forschungszwecke geschaffen werden. Die Forschung und Gewinnung von embryonalen Stammzellen aus bei der In-Vitro-Fertilisation (künstliche Befruchtung außerhalb des Mutterleibes) übriggebliebenen, kryokonservierten Präembryonen, die z.B. nach erfolgreicher Schwangerschaft nicht mehr verwendet werden, ist aus jüdischer Sicht dagegen statthaft, da die Alternative die Zerstörung oder das Absterbenlassen der Präembryonen wäre. Eine weitere Begründung ist die, dass die Präembryonen so klein sind, dass sie mit bloßem Auge nicht gesehen werden können. Es gibt Präzedenzfälle in rabbinischen Schriften, die besagen, dass alles, was nicht mit bloßem Auge gesehen werden kann, halachisch nicht verboten ist. Diese Präzedenzfälle waren zwar zunächst auf Fragen der Kaschrut (jüdische Speisegesetze, die festlegen, welche Lebensmittel koscher sind) bezogen, aber später zum Beispiel auch auf Fragen, die sich aus mikroskopisch kleinen Fehlern beim Schreiben von Torarollen ergaben. Diese Präzedenzfälle wurden nun zur Klärung dieser medizinethischen Fragen hinzugezogen. Die Forschung an Präembryonen darf jedoch nur zum Zwecke der Erprobung oder Erzeugung neuer medizinischer Therapien durchgeführt werden.

Auch Tierversuche sind nur dann statthaft, wenn sie alternativlos sind und mit hoher Wahrscheinlichkeit dem medizinischen Fortschritt für Menschen dienen. Eine andere Vorbedingung ist, dass den dabei verwendeten Tieren ein Minimum an Leiden zugefügt wird, da die Tiere als Lebewesen Teil der Schöpfung sind und Tierquälerei grundsätzlich verboten ist (vgl. die Noachidischen Gebote). Der Tierschutz, wie überhaupt der verantwortungsbewusste Umgang mit der Natur, hat im Judentum einen außerordentlich hohen Stellenwert.

Menschliches Leben besitzt im Judentum einen unendlichen Wert. Zur Rettung jedes einzelnen Menschenlebens können fast alle anderen religiösen Vorschriften übergangen werden (Prinzip des *Pikuach Nefesch*). Dies setzt aber jeweils situationsbezogene Entscheidungen voraus. Allein daraus folgt, dass jeder Patient als Individuum zu sehen ist und für jeden Einzelnen alle notwendigen Maßnahmen zur Heilung oder zur Linderung auch unheilbarer Krankheiten zu treffen sind. Sterbehilfe, ob aktiv oder passiv, wird deshalb absolut abgelehnt. In speziellen Fällen, zum Beispiel bei unerträglichen und nicht effektiv behandelbaren Schmerzzuständen bei unheilbaren Erkrankungen muss man den Tod jedoch nicht hinauszögern. Diese Fälle können immer nur fallbezogen beurteilt werden, da hier zwei Grundsätze jüdischer Medizinethik aufeinanderstoßen: das Prinzip der Lebenserhaltung und die Pflicht des Arztes, Leiden zu lindern. Diese Herangehensweise sorgt auch im klinischen Alltag für Konflikte, weist aber sehr deutlich auf die große Bedeutung der Palliativmedizin im Rahmen jüdischer Medizinethik hin.

Im jüdischen Verständnis ist ein Arzt immer verpflichtet, alles Menschenmögliche zu tun, um seinen Patienten zu helfen. Wenn er keine effektive Therapie oder Schmerztherapie durchführen oder den Patienten nicht heilen kann, verliert er für diesen Patienten quasi seine „Lizenz" als Arzt.

Auch in den Fragen einer komplizierten Geburt oder eines Schwangerschaftsabbruchs stehen sich zwei Prinzipien gegenüber der Anspruch des Embryos auf Schutz im Mutterleib und das Recht der Mutter auf Leben und Gesundheit. Halachisch wird bis zur Geburt (genauer: bis zur Geburt des Kopfes des Babys) bei Gefahr für Leben und Gesundheit der Mutter ihrem Wohl Vorrang gegeben. Bis zur Geburt wird der Fötus als Teil des mütterlichen Organismus angesehen (talmudisch als Teil des Oberschenkels), also als werdender, aber eben nicht als „vollwertiger Mensch" mit allen Rechten. Nach jüdischem Verständnis ist man erst mit dem ersten selbstständigen Atemzug „Mensch" und der Mutter damit gleichgestellt. Bis dahin jedoch ist es die vorrangige Pflicht des Arztes, Leben und Gesundheit der Mutter zu schützen.

Das jüdische Verständnis der Rolle des Arztes hat sich natürlich im Laufe der Geschichte geändert. Die Grundprinzipien sind jedoch gleich geblieben. Nur gut ausgebildete Personen dürfen ärztlich tätig sein. Wer diese Bedingung erfüllt, hat dann auch die Verpflichtung, mit aller Konsequenz die Krankheit und das Leiden der Patienten zu therapieren. Er ist auch verpflichtet, seine Kenntnisse immer weiter zu vergrößern und auf den neuesten Stand zu bringen sowie bei Zweifel Spezialisten zu konsultieren. Überdies sollen jüdische Ärzte auch den Werten der jüdischen Medizin- und Sozialethik folgen. Im Schulchan Aruch, dem großen mittelalterlichen jüdischen Gesetzescodex, wird bemerkt, dass ein Arzt, der aus Eitelkeit oder Arroganz diesen Prinzipien untreu wird, angesehen werde, als hätte er Blut vergossen, also eine Straftat begangen.

Aus jüdischer Sicht wird der Mensch sowohl aus mütterlichen, väterlichen als auch aus göttlichen Anteilen geschaffen. In der Konsequenz heißt das, dass der eigene Körper nicht einem selbst, sondern auch G'tt gehört und jeder verpflichtet ist, mit dieser Gabe sorgsam umzugehen. Der Mensch ist daher verpflichtet, nicht nur Schaden am Körper zu vermeiden, sondern auch, sich bei Krankheit in ärztliche Behandlung zu begeben. Deshalb musste zum Beispiel im Ghetto jede jüdische Gemeinde dafür sorgen, dass eine ärztliche Versorgung gesichert ist, und wenn nötig auch Ärzte einstellen.

Ärzte haben im Judentum traditionell ein großes Ansehen und gehören in jüdischen Gemeinden zu ihrer Elite. Sie sind, wie weiter oben dargestellt, in Hinsicht auf die Behandlung Kranker oder Verletzter dazu quasi von G'tt beauftragt. Dies ist einerseits ein großes Privileg, beinhaltet aber auch große Verantwortung.

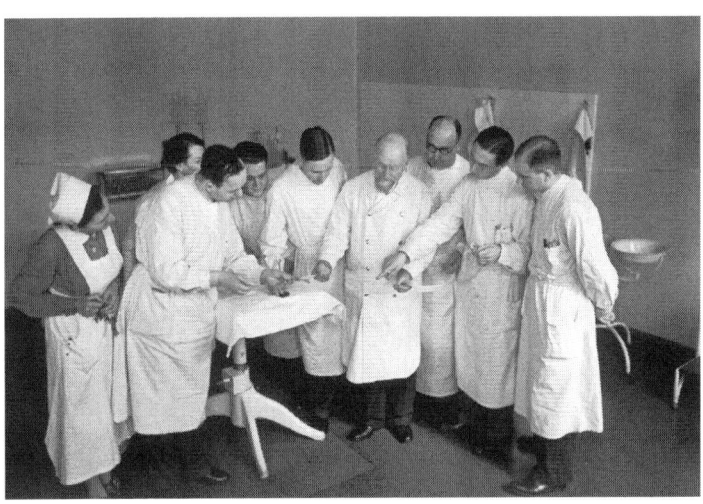

Herbert Sonnenfeld, Hermann Strauß (1868–1944) mit seinen Kollegen im Jüdischen Krankenhaus in Berlin, Berlin ca. 1935; Jüdisches Museum Berlin, Ankauf aus Mitteln der Stiftung Deutsche Klassenlotterie Berlin

Anmerkungen

1   Moses Maimonides (eigentlich Rabbi Moshe ben Maimon, (Rambam), geb. um 1135 in Córdoba; gest. 13. Dezember 1204 in Kairo) war ein jüdischer Philosoph, Rechtsgelehrter und Arzt. Er war ein bedeutender und einflussreicher Gelehrter des Mittelalters und einer der bedeutendsten jüdischen Gelehrten seiner Zeit.
Der Text wurde erstmals 1783 als „Tägliches Gebet eines Arztes bevor er seine Kranken besucht. Aus der Hebräischen Handschrift eines berühmten jüdischen Arztes in Egypten aus dem zwölften Jahrhundert" in: *Deutsches Museum* (1783) 1. Band, 43–45 veröffentlicht, einzusehen unter: www.ub.unibielefeld.de/diglib/aufkl/deutschesmuseum/deutschesmuseum.htm (23.01.2017).

2   Sefer Ben Sira 38,1–3, deutsche Übersetzung auf der Website der Universität Innsbruck zitiert nach: www.uibk.ac.at/theol/leseraum/bibel/sir38.html (23.01.2017).

3   Zitiert nach: Zunz.
Hier wird auf die Krankheiten in Ägypten bzw. Mizrajim Bezug genommen.

4   Vgl. das Manuskript aus dem 6. Jh. in: Bodleian Library, Oxford. Übersetzt von Dr. Samuel J. Aptekar aus einer Kopie veröffentlicht in: The Jewish Encyclopedia 3, 675f. 1972. Muntner, Sussman: Hebrew medical ethics and the Oath of Asaph. JAMA 20596–20597, 1968. Friedenwald, Harry: The ethics of the practice of medicine from the Jewish point of view. Johns Hopkins Hospital Bulletin No. 3 18,256–266, 19 17. Vgl. auch: Rosner, Fred: Medicine in the Bible and the Talmud: Selections from Classical Jewish Sources. KTAV Publishing House, Inc. 1977, 119–124. Nummerierung und deutsche Übersetzung unbekannt.

5   Gordon, Noah: Der Medicus, München 1987.

6   Übersetzt von Ismar Elbogen in: Das Leben des Rabbi Mosche Ben Maimon aus seinen Briefen und anderen Quellen, 13f.

„Die Zeiten ändern sich …" – Die Arbeit der Chewra Kadischa im Deutschen Kaiserreich zwischen Mildtätigkeit und Verbürgerlichung

Katja Wolgast

> „Die Zeiten ändern sich; seit weit über hundert Jahren sind fast alle Großgemeinden zur Errichtung eigener Krankenhäuser übergegangen. Wie wollen wir sagen, ob die Chewra nicht in absehbarer Zeit geprüfte Pfleger gleich den Diakonen anstellt […]"[1]

Mit diesen Worten resümierte der Rabbiner Salomon Samuel 1906 die veränderte Pflegesituation Todkranker in der jüdischen Gemeinde in Essen-Ruhr. Wenn man die aktuelle Debatte um Sterbehilfe, -begleitung sowie würdige Begräbnisformen für unsere Angehörigen verfolgt, so drängt sich der Gedanke auf, dass es sich hierbei um ein höchst neues Phänomen des 21. Jahrhunderts handelt. Ein häufiger Vorwurf in dieser Debatte lautet, dass Rituale, die sich über Jahrhunderte zu einer sozialen Praxis entwickelt haben, in der heutigen säkularisierten Gesellschaft an Relevanz eingebüßt hätten. Dazu zählen zum Beispiel der Besuch und die Versorgung Kranker, die Begleitung Sterbender, würdige Begräbnisse für jeden Verstorbenen und das Trostspenden gegenüber den Trauernden. Diese Werke der Mildtätigkeit, die den Sterbenden Erleichterung verschaffen und den Angehörigen Halt geben sollen, verlören aus verschiedenen Gründen für einen großen Teil der Gesellschaft an Bedeutung. Ein Umstand, der sowohl für die christliche Mehrheit als auch für die jüdischen Gemeinden eine Belastung darstellt.

Derartige Debatten wurden allerdings in jüdischen Gemeinden schon im ausgehenden 19. Jahrhundert intensiv geführt. Neuere Untersuchungen, die das Thema streifen, nähern sich vorrangig über einen kunsthistorischen Zugang und haben ausschließlich oder vorrangig die jüdischen Friedhöfe und deren Grabinschriften zum Gegenstand. Darüber hinaus existieren einige regionalgeschichtliche Fallstudien.[2] Eine umfassende Arbeit zum Umgang mit Sterbenden im deutschsprachigen Judentum seit der Haskala steht jedoch noch immer aus. Ziel dieses kurzen Beitrags ist es daher u.a. auch, mögliche Forschungsperspektiven aufzuzeigen.

Anhand von Festschriften und Statuten jüdischer Begräbnisvereine soll exemplarisch der seit der jüdischen Aufklärung fortschreitende Akkulturationsprozess in jüdischen Gemeinden nachvollzogen werden. Darüber hinaus wird aufgezeigt, was wir an Statuten von Vereinen für *Bikkur Cholim* und *Chewra Kadischa* über jüdische Tradition ablesen können. In diesem Zusammenhang wird in aller Kürze der Frage nachgegangen, wie der Krankenbesuch umgesetzt wurde, welchen Veränderungen er unterworfen war und welche Gründe dafür vorliegen.

Die Chewra Kadischa im Wandel

Innerhalb der jüdischen Gemeinden kam und kommt der Chewra Kadischa[3] (hebräisch חברה קדישא, dt. „heilige Bruderschaft") eine besondere Stellung zu. Zu ihren Aufgaben zählen klassisch sowohl die Pflege von Kranken, die Begleitung der Sterbenden, die Unterstützung der Angehörigen als auch die Beerdigung der Toten. Die erste Chewra Kadischa im europäischen Raum ist 1564 in Prag nachgewiesen. Mitglied dieser Bruderschaft zu sein galt als hohe Auszeichnung, was dieser Bruderschaft ein besonders elitäres Selbstverständnis verlieh.[4] Jedoch wurde die Chewra Kadischa schon um 1800 vielfach aus ihren traditionellen Pflichten verdrängt.[5] Staats- und Verwaltungsreformen machten es notwendig, dass die jüdischen Gemeinden strukturiertere, an den Staatsapparat angelehnte Formen annahmen. Es gründeten sich offiziell anerkannte Kultusgemeinden, die den Chewrot schrittweise ihren großen Geltungsbereich entzogen.[6] Gleichzeitig kam es zu einem starken Verbürgerlichungsprozess, der auch inhaltliche Änderungen und Reformen nach sich zog. Sowohl der Krankenbesuch als auch die Bestattung der Toten wurde in einem zunehmenden Assimilationsprozess unter hygienischen Gesichtspunkten betrachtet und durchgeführt. Hierzu gehörten zum Beispiel Schutzmaßnahmen im Falle infektiöser Krankheiten und die Einführung von Leichenhallen. In der Folge lässt sich eine zunehmende Verdrängung von Krankheit und Tod aus dem gesellschaftlichen Leben feststellen. Während der Phase der Hochindustrialisierung wurde Hygiene schließlich zur Zivilisationskategorie und gleichzeitig Ausdruck eines Säkularisierungsprozesses.[7] Man darf nicht vergessen, dass die deutsche Bevölkerung zu jener Zeit von dramatischen Typhus- und Choleraepidemien traumatisiert worden war und zugleich die bakteriologische Ära Einzug hielt. Die Erkenntnis über das Vorhandensein nicht sichtbarer Keime als Krankheitserreger brachte neue Ängste mit sich. Es kam zu einer regelrechten Entwicklung einer „Kultur der Hygiene", der Entstehung eines neuen Körper- und Schamgefühls sowie der zunehmenden Aversion gegen – möglicherweise ansteckende – Krankheiten.

Es bildeten sich neue jüdische Beerdigungsgesellschaften in Form von Vereinen, die einerseits den rituellen Vorschriften, andererseits den modernen Vorstellungen von Hygiene, Organisation usw. Genüge taten.[8] Ausgangspunkt für derartige Neuerungen war eine der zentralen Forderungen der Haskala, die Reformierung des jüdischen Beerdigungswesens, ausgehend von der Schrift *Über die frühe Bestattung bei den Juden* von Marcus Herz.[9]

Im Zuge eines enormen Verbürgerlichungsprozesses, wie ihn auf deutschsprachigem Gebiet in dieser Zeit keine andere Bevölkerungsgruppe erlebte, änderte sich auch auf jüdischen Friedhöfen die Situation schlagartig.[10] Waren zuvor Feuerbestattung und Grabsteine ohne jegliche hebräische Inschrift vollkommen indiskutabel, wurden seit dem Ende des 19. Jahrhunderts die Reformbestrebungen auf den Friedhöfen in rasender Geschwindigkeit vorangetrieben. Blumenschmuck, Gräber mit Eisernem Kreuz und geradezu verschwendungssüchtige Mausoleen ließen die jüdischen Friedhöfe insbesondere in den Großstädten zu regelrechten Nekropolen werden. Die Beerdigungsbruderschaften sahen sich dieser Entwicklung machtlos ausgesetzt. Anlässlich der *Festschrift zum zweihundertjährigen Bestehen des israelitischen Vereins für Krankenpflege und Beerdigung Chewra Kaddischa zu Königsberg* stellte der Rabbiner Hermann Vogelstein 1904 fest:

> „Es war die Epoche, in der für die deutschen Juden das traurige Mittelalter endlich zu Grabe getragen wurde und eine neue Zeit anbrach. Aber der Übergang vollzog sich zu rasch, die jüngere Generation hatte die Fühlung mit der älteren fast völlig verloren, zwei Weltanschauungen kämpften miteinander, und es war unvermeidlich, dass die Gegensätze nicht nur der religiösen Anschauung, sondern in allen Beziehungen des öffentlichen und privaten Lebens hart auf einander platzten."[11]

Nicht alle Mitglieder jüdischer Gemeinden gingen derart in unbedingter Akkulturation auf. In den großen Gemeinden trafen

die verschiedenen jüdischen Strömungen und Auffassungen,
wie in Königsberg, hart aufeinander:

> „Die Differenzen zwischen der älteren und der neueren
> Richtung beschränkten sich indes keineswegs auf Mei-
> nungsverschiedenheiten auf dem religiösen Gebiete […].
> Dabei machten sich auch auf dem Gebiete des Beerdi-
> gungswesens andere Strömungen bemerkbar."[12]

Seit der Haskala hatten sich die jüdischen Gemeinden – und vor
allem ihre Chewrot Kadischa – mit der Angst vor dem Scheintod
sowie der daraus resultierenden längeren Beerdigungsfrist, der
Angst vor infektiösen Krankheiten beim Bikkur Cholim und vielen weiteren Aspekten beschäftigen müssen. Als jüdische Me-
dizinstudenten begannen, zum Zwecke anatomischer Studien
Leichen zu öffnen, ging ein Aufschrei durch die jüdischen Gemeinden.[13] Auch Exhumierungen und Feuerbestattungen sorg-
ten für allerlei Diskussionen und Streitgespräche:

> „Man solle es kaum glauben, wie sich im Halbjahrhundert
> einer so kleinen Vereinigung ein Stück Innengeschichte
> des Judentums widerspiegelt! […] Es fehlte freilich auch
> nicht an Rückschlägen. Gerade die eifrigsten Anhänger
> der Chewra ließen es nicht an Mahnungen und Anträgen
> fehlen, die auf Wiederherstellung mancher älteren Übung
> zielten. Besonders wenn die Klagen über Vernachlässigung
> wichtiger Obliegenheiten seitens der Brüder Überhand
> nahmen, fanden sie ein Echo in den Versammlungen."[14]

Als Resonanz auf derart progressive Bestrebungen entstanden
vielerorts orthodoxe Austrittsgemeinden, um ein in sich ge-
schlossenes Wertesystem wiederherzustellen.[15]

Eine weitere Neuerung im 19. Jahrhundert soll hier nicht
unerwähnt bleiben: die Präsenz von Frauen in der Chewra Kadischa. Dass sterbende jüdische Frauen von weiblichen Mitgliedern der Beerdigungsbruderschaften umsorgt wurden, ist
eine hinreichend bekannte Tatsache. Allerdings gibt es über ihr
Wirken kaum Aufzeichnungen, was sich erst gegen Ende des 19.
Jahrhunderts langsam änderte. Salomon Goldschmidt stellte
dies auf anrührende Weise fest:

> „Zum erstenmale ist in diesen Statuten von 1870 Anhang
> A von der Chewro Kadischo der Frauen die Rede. Niemals
> vorher werden sie in den Tekanot[16] benannt. Während die
> männlichen Mitglieder der Chewro Kadischo von Anbe-
> ginn an im Vordergrund des Geschichtskreises standen

und noch stehen, üben die Frauen die heiligen Pflichten im Stillen. Wo der Tod seinen düsteren Einzug gehalten, und eine ihrer Geschlechtsgenossinnen hingerafft hat, sind sie zu finden, von den freudigen Gelegenheiten der Chewromahlzeiten sind sie ausgeschlossen. Das ist ein wahrhaftiges Bild der jüdischen Frauen, der נשים צדקניות [*Naschim tzedakanijot*] durch die Jahrhunderte. Sie walteten in steter, fruchtbringender Tätigkeit im Inneren des Hauses, [17] כל כבודה בת מלך פנימה [*kol kvuda bat melech pnima*]; sie waren von jeher die von der Öffentlichkeit zurückgetretenen Meisterinnen der stillen Tat.“[18]

Diese Äußerung ist ein eindrucksvolles Beispiel dafür, wie jüdische Frauen zur Jahrhundertwende an den Forderungen der bürgerlichen Frauenbewegung Anteil nahmen und zunehmend in öffentlichen Ämtern wie der Chewra Kadischa Gleichberechtigung forderten.[19]

Vom nachlassenden Eifer beim Bikkur Cholim

Schon während der Haskala lässt sich ein Nachlassen jüdischer Observanz beim Krankenbesuch beobachten. So zitiert Gabriele Zürn in ihrer Publikation *Die Altonaer jüdische Gemeinde (1611–1873)* einen Eintrag von 1789 aus dem Protokollbuch der Chewra Kadischa von Altona:

„Wir sehen, dass einige der Chewraleute, die die Möglichkeit haben, ihre Schulden bei der Chewra zu begleichen, geizig sind, wenn die Gabaim kommen, um die Schulden einzutreiben, schicken sie sie weg. [...] und dazu kommt, daß einige Chewraleute sich von der Pflicht drücken, die Wache zu halten bei einem Schwerkranken und sogar bei einem Minjan. Wenn sie das tun, das ist keine Art und Weise, sich zu benehmen. Bikkur Cholim ist eine Mizwa, wie unsere Gelehrten sagen, wer einen Kranken nicht besucht, ist als wenn er jemanden tötet, und wer einen Kranken besucht, dessen Verdienst ist unermesslich. Und in dieser Art die meiste Zeit, Gott behüte, wenn in der Chewra das eine und das andere geschieht, der nachlässig ist, droht die Gesellschaft auseinanderzufallen, die Gesellschaft, die unsere Väter zusammengefügt haben, und sowas kann nicht in Israel geschehen. Weil das ein Tikkun[20] ist und jeder Fromme wird beten, daß er als Gerechter stirbt und man soll für seine Seele beten [...]. Damit die Gemeinde Israel nicht ohne einen Hirten ist, da haben die 15 Leute [Gabaim und Deputierte der Gemeinde – K.W.] beschlossen, die Gabaim haben das Recht, mit denen die zahlen können und nicht zahlen, vor das Gericht zu gehen und sollen sie zwingen, ihre Schuld und auch ihre Verpflichtung zu der Wache zu gehen ohne Wenn und Aber und wenn die Gabaim darin nachlässig sind, es ist ihnen als Verantwortung aufgegeben. Und wenn Chewraleute keine finanziellen Möglichkeiten haben, haben die Gabaim das Recht, mit ihnen gütig zu verfahren und nach ihrem Ermessen und die müssen ihrer Verpflichtung nachkommen, Wache zu halten, das müssen die Gabaim von ihnen fordern und sollen sie ermahnen, daß sie von heute an verpflichtet sind, die Wache einzuhalten ohne Ausreden. Bei einem Schwerkranken und bei Chewraleuten zum Minjan sollen sie kommen, wenn aber jemand draußen steht, wird er alle Rechte verlieren und wird sein wie jemand, der nicht zur Chewra gehört."[21]

Gabriele Zürn konstatierte an diesem Beispiel das Auseinanderbrechen „der traditionellen jüdischen Strukturen und die Infragestellung des Primats der jüdischen Traditionen"[22], das in den folgenden 120 Jahren noch dramatischer verlaufen sollte.

Traditionen im Umgang mit Sterbenden wurden zunehmend vernachlässigt, wie sich anhand von Statuten und Festschriften nachvollziehen lässt. War es zuvor noch ein Werk der Nächstenliebe, Wache beim Kranken oder Verstorbenen zu halten, mussten die jüdischen Krankenbesuchs- und Beerdigungsbruderschaften im 19. Jahrhundert Strafgelder kassieren, wenn ein Mitglied der Wache am Sterbebett unentschuldigt ferngeblieben war. So erwähnte Salomon Samuel 1906 anlässlich der Festschrift zum 50-jährigen Bestehen der Chewra Kadischa zu Essen-Ruhr:

„Seit den 70er Jahren schon können wir ein Nachlassen des Eifers für persönlichen Pflegedienst bemerken. Nur zu leicht fanden sich allerlei Einwände, aber auch ernste Gründe, um sich für entschuldigt zu erachten und eine Stellvertretung zu verlangen. Nach dem Statut von 1877 geschah solche durch den Vorstand auf Kosten der Betreffenden."[23]

Selbst beim Minjan am Totenbett fehlten zunehmend Mitglieder der Chewra Kadischa. Die Situation war insbesondere in den Großgemeinden bisweilen so prekär, dass zunehmend Personen gegen Entgelt für die Wache am Kranken- und Totenbett bestellt werden mussten:

> „Wieder traf der Vorstand Vorsorge, um gemäß § 21 der Satzungen alle Mitglieder der Reihe nach zum Besuch des Trauerhauses heranzuziehen, und belegte die Säumigen mit Geldstrafen. [...] Da andererseits die Andachten im Trauerhause durchaus aufrechterhalten werden mußten, ergab sich für die Chewra von selbst die Notwendigkeit, eine Anzahl von Pflichtteilnehmern gegen kleines Entgelt anzustellen."[24]

Welche Ursachen lagen diesem Umstand zugrunde? Die Zunahme von Beschwerden fällt in die postemanzipatorische Ära mit allen mittlerweile in der Forschung hinreichend dokumentierten Besonderheiten. Eine zunehmende Säkularisierung ließ die traditionellen jüdischen Gemeindestrukturen zunehmend erodieren.[25] Darüber hinaus befand sich der junge deutsche Nationalstaat in der Phase der Hochindustrialisierung mit neuen sozialen Chancen und Berufsmöglichkeiten – auch für die jüdische Minderheit. Neuer Wohlstand, Fortschrittsoptimismus und Szientismus waren nicht zuletzt Auslöser für eine völlige Neubewertung des Todes. Gabriele Zürn stellte in ihrer regionalen Fallstudie fest, dass dieser Wandel in der Betrachtung des Todes insbesondere in Vereinen wie der Chewra Kadischa und Bikkur Cholim sehr erfolgreich stattfand.[26]

Wege zur Absicherung des Krankenbesuchs

Gleichwohl war für die Gemeinden der würdige Umgang mit Sterbenden keineswegs irrelevant geworden. Zeitgenössische Statuten jüdischer Vereine für Bikkur Cholim und der Chewra Kadischa um 1900 dokumentieren anschaulich das Spannungsfeld aus traditionellen Handlungen einerseits und der Diskrepanz nachlassenden Pflichtbewusstseins andererseits sowie die Strategien, mit denen man diesen Veränderungen begegnete. In den Statuten der Krankenbesuchs- und Beerdigungsvereine wurde immer häufiger über die Verhaltensweisen am Krankenbett aufgeklärt. Ein anschauliches Beispiel bildet ein Auszug aus dem Statut des israelitischen Krankenpflege- und Beerdigungs-Vereins (חברה קדישא) der preußischen Provinz Krotoschin aus dem Jahr 1877:

> „Verhalten bei Kranken und Sterbenden. Begräbniß-Ordnung. § 27. Die Mitglieder, welche von dem Monatsvor-

steher mit dem Besuche eines Kranken beauftragt sind (§ 22b), sollen denselben trösten und beruhigen; sie sollen, wenn der Auftrag dahin lautet, ihn sorgsam pflegen und überhaupt all das veranlassen, was seine Lage zu erleichtern geeignet ist. Gewinnen die anwesenden Mitglieder die Ueberzeugung, daß der Kranke dem Tode nah sei, so sollen sie sich sorgfältig hüten, den Patienten wie seine Umgebung die Gefahr merken zu lassen. Tritt der Moment des Verscheidens ein, so müssen die üblichen Gebräuche, wie das Anzünden der Lichte, das Verrichten der vorgeschriebenen Gebete mit rücksichtsvoller Schonung auf den Sterbenden und seine Umgebung erfolgen."[27]

Auch die Androhung von Strafgeldern und das Bestellen von Personen gegen Entgelt fand fast durchweg Eingang in die Statuten und verdeutlicht die Dringlichkeit dieser Maßnahme. Zudem schlugen sich die Cholera- und Typhusepidemien des 19. Jahrhunderts und die Entdeckung bakterieller Erreger zur Jahrhundertwende zunehmend in den Statuten nieder:

„Bei Mitgliedern, welche an ansteckenden und epidemischen Krankheiten verstorben sind, sind die Dienstleistungen auszuschließen, sobald der behandelnde Arzt die Erklärung abgegeben hat, daß die Ausübung der vorgeschriebenen Dienstleistung gesundheitsgefährlich ist."[28]

Im Vergleich waren sich die Statuten der verschiedenen Vereine in diesem Punkte sehr ähnlich. Trotz der ansonsten sehr bürokratischen Form der Schriftstücke fiel immer wieder ein einzelner Punkt ganz besonders auf: dem Sterbenden Erleichterung zu verschaffen und ihm den Schrecken vor dem herannahenden Tod zu nehmen. Sowohl die Sorge um regelmäßige und vollständige Teilnahme an der Kranken- und Totenwache als auch das Erfüllen von Wünschen und Bedürfnissen des Sterbenden wurden darin bedacht.[29]

Das folgende Beispiel verdeutlicht, dass dabei auch Rücksicht auf mittellose Angehörige des Sterbenden genommen wurde:

„Vom Krankenwesen.

§ 24. Der Verein gewährt seinen Mitgliedern und deren zum Hausstande gehörigen Familie in Erkrankungsfällen auf Anordnung des behandelnden Arztes und des Krankenvorstehers notwendige Tag- und Nachtwachen durch geschulte bezw. Berufskrankenpfleger, wenn dies beim Vorstand beantragt wird [...].

§ 25. Der Krankenvorsteher hat, nachdem er von der Erkrankung eines Vereinsmitgliedes Kenntnis erhalten, sogleich sich davon Ueberzeugung zu verschaffen, ob Kranken-Nachtwachen oder sonstige Krankenpflege notwendig und erwünscht ist, zutreffendenfalls die nötigen Vorkehrungen zu treffen und insbesondere zu veranlassen, daß der Kranke im Laufe des Tages von Vereinsmitgliedern abwechselnd besucht wird.

§ 26. Kommt ein Erkrankungsfall in einer in dürftiger Vermögenslage sich befindender Familien eines Vereinsmitgliedes vor, so können auf Beschluß des Vorstandes folgende Beihilfen gewährt werden:

 1. freie ärztliche Behandlungen durch den Vereinsarzt;

 2. freie Arznei;

 3. die ärztlich zu verordnende Krankenkost;

 4. angemessene Krankenunterstützung;

 5. freie Krankenpflege nach § 24.

Der Vorstand ist auch befugt, arme kranke Personen, die nicht Mitglieder des Vereins sind, zu unterstützen. Geldunterstützungen an hilfsbedürftige Kranke sollen jedoch möglichst mit Schonung des Ehrgefühls und der Beschämtheit durch einen Vereinsvorsteher verabreicht werden."[30]

Man kann an diesem und zahlreichen weiteren Beispielen den hohen Stellenwert eines würdigen Umgangs mit Sterbenden und Angehörigen im Judentum ablesen und darüber hinaus erkennen, mit welchen Mitteln dieser Anspruch im ausgehenden 19. und beginnenden 20. Jahrhundert in jüdischen Gemeinden durchgesetzt wurde.

Auch Resultate wissenschaftlicher Erkenntnisse und ein veränderter Zeitgeist fanden ihren Niederschlag in den Statuten der damaligen Krankenbesuchs- und Beerdigungsvereine. Wie die Forderungen verhandelt wurden, lässt sich vor allem anhand der zahlreichen Fest- und Jubiläumsschriften ermitteln. Beispiele dafür sind etwa die neuen Erkenntnisse in der Bakteriologie und die aktive Mitwirkung jüdischer Frauen in der bürgerlichen Frauenbewegung.

Eine systematische Betrachtung der Besonderheiten von Bikkur-Cholim- und Chewra-Kadischa-Vereinen der Jahrhundertwende bleibt ein spannendes wissenschaftliches Desiderat.

Literatur

Behnken, Imbke (Hg.): Stadtgesellschaft und Kindheit im Prozeß der Zivilisation, Opladen 2013.

Gilman, Sander L.; Jütte, Robert; Kohlbauer-Fritz, Gabriele: „Der Schejne Jid". Das Bild des „jüdischen Körpers" in Mythos und Ritual, Wien 1998.

Goldschmidt, Salomon: Geschichte der Beerdigungs-Brüderschaft der Deutsch-Israelitischen Gemeinde in Hamburg. Festschrift zur Jahrhundertfeier ihrer Neugründung im Jahre 5572/1812, Hamburg 1911/12.

Herz, Marcus: Über die frühe Beerdigung der Juden, Berlin 1788.

Knufinke, Ulrich; Thies, Harmen; Cohen-Mushlin, Aliza: Bauwerke jüdischer Friedhöfe in Deutschland, Imhof [1]2007.

Lässig, Simone: Jüdische Wege ins Bürgertum. Kulturelles Kapital und sozialer Aufstieg im 19. Jahrhundert, Göttingen [1]2004.

Meyer, Michael A. (Hg.): Deutsch-jüdische Geschichte in der Neuzeit. Umstrittene Integration 1871–1918, München [1]1996.

Samuel, Salomon: Festschrift zum 50-jährigen Bestehen der Chewra Kadischa zu Essen-Ruhr, Essen 1906.

Theune, Claudia; Walzer, Tina: Jüdische Friedhöfe. Kultstätte, Erinnerungsort, Denkmal, Wien [1]2011.

Zürn, Gabriele: Die Altonaer jüdische Gemeinde (1611–1873). Ritus und soziale Institutionen des Todes im Wandel, Münster 2001.

o.V.: Israelitischer Verein für Krankenpflege und Beerdigung. Festschrift zum zweihundertjährigen Bestehen des israelitischen Vereins für Krankenpflege und Beerdigung Chewra Kaddischa zu Königsberg i. Pr., 1704–1904, Königsberg 1904.

o.V.: Satzungen des Israelitischen Krankenpflege- und Beerdigungsvereins חברה קדישא zu Ostrowo, Ostrowo 1911.

o.V.: Statut des israelit. Krankenpflege- und Beerdigungs-Vereins (חברה קדישא) zu Krotoschin, Krotoschin 1877.

o.V.: Statut des Israelitischen Vereins für Krankenpflege und Beerdigung (חברה קדישא) zu Lötzen, Lötzen 1883.

o.V.: Statuten des Israelitischen Vereins für Krankenpflege, Bestattungswesen und religiöse Belehrung „Chewra Kadischa" in Straubing, Straubing 1909.

Anmerkungen

1 Samuel, Salomon: Festschrift zum 50-jährigen Bestehen der Chewra Kadischa zu Essen-Ruhr, Essen 1906, 10.

2 In diesem Zusammenhang sei auf die fundierte regionalgeschichtliche Fallstudie von Gabriele Zürn hingewiesen: Zürn, Gabriele: Die Altonaer jüdische Gemeinde (1611–1873). Ritus und soziale Institutionen des Todes im Wandel, Münster 2001.

3 Auch חברה קדישא דקברנים (*Chewra Kadischa deKabronim*, dt. „heilige Bruderschaft für Beerdigungen").

4 Vgl. Theune, Claudia; Walzer, Tina: Jüdische Friedhöfe. Kultstätte, Erinnerungsort, Denkmal, Wien ¹2011, 40.

5 Vgl. Knufinke, Ulrich; Thies, Harmen; Cohen-Mushlin, Aliza: Bauwerke jüdischer Friedhöfe in Deutschland, Imhof ¹2007, 225f.

6 Vgl. Theune und Walzer: Jüdische Friedhöfe [FN 4], 40f.

7 Vgl. Behnken, Imbke (Hg.): Stadtgesellschaft und Kindheit im Prozeß der Zivilisation, Opladen 2013, 74.

8 Vgl. Knufinke et al.: Bauwerke jüdischer Friedhöfe [FN 5], 26.

9 Herz, Marcus: Über die frühe Beerdigung der Juden, Berlin 1788.

10 Vgl. Lässig, Simone: Jüdische Wege ins Bürgertum. Kulturelles Kapital und sozialer Aufstieg im 19. Jahrhundert, Göttingen ¹2004, 13.

11 o.V.: Israelitischer Verein für Krankenpflege und Beerdigung. Festschrift zum zweihundertjährigen Bestehen des israelitischen Vereins für Krankenpflege und Beerdigung Chewra Kaddischa zu Königsberg i. Pr., 1704–1904, Königsberg 1904, 63.

12 Ebd., 68.

13 Vgl. Gilman, Sander L.; Jütte, Robert; Kohlbauer-Fritz, Gabriele: „Der Schejne Jid". Das Bild des „jüdischen Körpers" in Mythos und Ritual, Wien 1998, 149.

14 Samuel: Festschrift [FN 1], 22f.

15 Ein Beispiel hierfür ist die Adass Jisroel („Gemeinschaft Israels") Berlin.

16 In den Verordnungen der Beerdigungs-Brüderschaft der Deutsch-Israelitischen Gemeinde Hamburgs.

17 Ps. 45,14: „Ganz Herrlichkeit weilt die Königstochter im inneren Gemache", zitiert nach: Die vierundzwanzig Bücher der Heiligen Schrift übersetzt von Leopold Zunz, Basel 1997.

18 Goldschmidt, Salomon: Geschichte der Beerdigungs-Brüderschaft der Deutsch-Israelitischen Gemeinde in Hamburg. Festschrift zur Jahrhundertfeier ihrer Neugründung im Jahre 5572/1812, Hamburg 1911/12, 44.

19 Vgl. Meyer, Michael A. (Hg.): Deutsch-jüdische Geschichte in der Neuzeit. Umstrittene Integration 1871–1918, München 11996, 85.

20 תיקון (Tikkun, dt. „Verbesserung").

21 Zürn: Die Altonaer jüdische Gemeinde [FN 2], 103f.

22 Ebd., 104.

23 Samuel: Festschrift [FN 1], 9.

24 Ebd., 12.

25 Vgl. Zürn: Die Altonaer jüdische Gemeinde [FN 2], 7.

26 Vgl. ebd., 8.

27 o.V.: Statut des israelit. Krankenpflege- und Beerdigungs-Vereins (חברה קדישא) zu Krotoschin, Krotoschin 1877, 14. Im Vergleich dazu die Statuten der ostpreußischen Provinz Lötzen aus dem Jahr 1883: „Krankenpflege. § 13. Auf die beim Vorstand geschehene Anzeige von der Erkrankung eines Vereinsmitgliedes oder dessen Familie wird der Kultusbeamte in die Wohnung des Erkrankten sich begeben, um die Wünsche desselben entgegen zu nehmen, § 14. Über die Erfüllung der Wünsche und über die Ausführung der dem Kranken notwendigen Hülfe tritt der Gemeindevorstand in Beratung. Es wird der Vorstand dafür Sorge zu tragen ha-

ben, daß er Nachricht vom Befinden der Kranken erhält und sollte auf befragen des Arztes ernste Besorgnis vorhanden sein, so wird der nötige Wachdienst angeordnet werden müssen. Vom Sterbenden und der Bestattung der Leichen. § 15. Wenn bei einem Kranken Symptome des herannahenden Todes sich einstellen, so hat die den Wachdienst thuende Person einem Vorstandsmitglied davon Anzeige zu machen, welches sofort in Begleitung des Kultusbeamten in das Krankenhaus sich begibt und insofern der Patient eine erwachsene Person ist und derselbe oder dessen Umgebung es gestattet, noch mehrere, womöglich zehn Vereinsmitglieder beruft, um die üblichen Gebete in andachtsvoller Weise zu verrichten. § 16. In derselben Weise wird auch bei weiblichen Personen verfahren, nur daß zu den Dienstleistungen Frauen vom Vorstande berufen werden." o.V.: Statut des Israelitischen Vereins für Krankenpflege und Beerdigung (חברה קדישא) zu Lötzen, Lötzen 1883, 6.

28 Ebd., 7.

29 Etwa das Sprechen des Sündenbekenntnisses. Dazu: o.V., Statuten des Israelitischen Vereins für Krankenpflege, Bestattungswesen und religiöse Belehrung ‚Chewra Kadischa' in Straubing, Straubing 1909.

30 o.V.: Satzungen des Israelitischen Krankenpflege- und Beerdigungsvereins חברה קדישא zu Ostrowo, Ostrowo 1911, 8f.

Jenseits kultureller Stereotype: Einstellungen zu medizinischen Entscheidungen am Lebensende bei religiösen und nicht-religiösen Personen in Deutschland, Israel und den USA[*]

Mark Schweda, Silke Schicktanz, Aviad Raz und Anita Silvers[**]

Einleitung

Bevor Terri Schiavo am 31. März 2005 starb, hatte sie über acht Jahre im Mittelpunkt eines langwierigen Rechtsstreits und einer erhitzten öffentlichen Debatte gestanden. Ausgangspunkt war der Streit zwischen ihrem Ehemann und ihren Eltern über die Einstellung der künstlichen Ernährung nach mehr als einem Jahrzehnt im Wachkoma. Doch im Zuge der Auseinandersetzung beschäftigte der Fall auch mehrere Instanzen der Rechtsprechung, den Kongress der Vereinigten Staaten, den damaligen US-Präsidenten George W. Bush, den Obersten Gerichtshof der USA und sogar den Vatikan. Eine Vielzahl politischer und weltanschaulicher Gruppierungen verfolgte das Geschehen und äußerte unterschiedliche, mitunter unvereinbare Ansichten: Vertreter von Bürgerrechtsverbänden unterstrichen das Recht auf selbstbestimmte Entscheidung und einen würdevollen Tod,[1] christliche Gruppierungen bekräftigten die Unantastbarkeit menschlichen Lebens und das absolute Verbot des Tötens[2] und jüdische Kommentatoren beriefen sich auf die Halacha, um den moralischen Unterschied zwischen der Unterlassung und dem aktiven Abbruch medizinischer Maßnahmen zu betonen.[3]

Die erbitterten, zeitweise unversöhnlichen Kulturkämpfe, die der Fall Schiavo auslöste, verdeutlichen beispielhaft, warum Entscheidungen über die medizinische Behandlung am Lebensende eine beträchtliche Herausforderung für bioethische Urteilsbildung und politische Regulierung in modernen

---

[*] Der vorliegende Beitrag ist die deutsche Fassung des Aufsatzes *Beyond Cultural Stereotyping: Views on End-of-life Decision Making among Religious and Secular Persons in the USA, Germany, and Israel*, erschienen in: *BMC Medical Ethics* 18(1):13 (doi: 10.1186/s12910-017-0170-4). Übersetzung von Pia Christensen, Mark Schweda und Silke Schicktanz.

[**] Die Erstautorschaft haben Mark Schweda und Silke Schicktanz zu gleichen Teilen.

liberalen Demokratien darstellen.[4] Einerseits betreffen diese Entscheidungen einige universelle Fragen bezüglich eines würdevollen Sterbens und der Bedeutung des Menschseins: Wie lassen sich Autonomie und Würde sterbender Patienten angesichts von ärztlichem Paternalismus und intensivmedizinischen Automatismen wahren? Inwieweit ist es moralisch zulässig, lebenserhaltende Maßnahmen abzubrechen oder vorzuenthalten, unheilbar kranke Patienten beim Suizid zu unterstützen oder ihnen sogar aktive Sterbehilfe zu leisten? In welchem Maße sollten berufsethische Prinzipien oder politische Bestimmungen in diese zutiefst persönlichen und familiären Angelegenheiten eingreifen? Andererseits sind Einstellungen zu solchen Fragen jedoch zugleich tief verwurzelt in kulturellen und religiösen Traditionen sowie nationalen historischen Erfahrungen. Daher zeigen sich beträchtliche Unterschiede zwischen verschiedenen sozio-kulturellen Kontexten.[5]

Die wachsende Sensibilität für kulturelle Differenzen in bioethischen Debatten zu Entscheidungen am Lebensende ist begrüßenswert.[6] Allerdings ist es unerlässlich, ein angemessenes Verständnis von Kultur und Bioethik zu entwickeln, um allzu einfache Sichtweisen und problematische Stereotype zu vermeiden. Viele Beiträge zum Thema vermitteln noch immer ein stark vereinfachendes Bild, indem sie essentialistische Konzepte von Kultur als einer monolithischen, homogenen Gegebenheit mit unveränderlichen Merkmalen beschwören.[7] So ist es noch immer üblich, den Begriff der „Kultur" mit nationalen Eigenheiten oder religiösen Konfessionen oder „Religion" mit einem offiziellen theologischen Expertendiskurs gleichzusetzen.[8] Derartige Sichtweisen legen eine Art sozio-kulturellen Determinismus nahe. Die Annahme, dass „Deutscher", „Israeli" oder „Amerikaner" bzw. „jüdisch", „christlich" oder „säkular" zu sein automatisch mit einer bestimmten Einstellung zu Entscheidungen am Lebensende einhergeht, ist bereits im Rahmen einer Reihe vergleichender Studien kritisch beleuchtet worden.[9] Dennoch nehmen Leitlinien für die klinische Praxis und Ethikberatung[10] oder sogar Algorithmen zur Ermittlung persönlicher Präferenzen hinsichtlich des Lebensendes[11] immer wieder darauf Bezug. Ähnliches gilt für politische Akteure, die behaupten, für eine bestimmte kulturelle oder religiöse Gemeinschaft zu sprechen und deren angebliche Anliegen zu vertreten.[12] Aus ethischer Perspektive bedürfen derartige Entwicklungen unbedingt einer kritischen Reflexion.

Vor diesem Hintergrund stellt der vorliegende Beitrag dem bioethischen und biopolitischen Fachdiskurs zu Entscheidungen am Lebensende konkrete Ansichten und Einstellungen von Laien und Betroffenen in verschiedenen kulturellen Kontexten gegenüber. Die Berücksichtigung solcher „öffentlicher Ethikverständnisse" ermöglicht eine kritische Einschätzung der Plausibilität und Praktikabilität von Ansätzen der akademischen Ethik sowie von politischen Absichtserklärungen.[13] Ziel ist es, ein vertieftes Verständnis der Komplexität kultureller Identitäten im Zusammenspiel unterschiedlicher religiöser oder anderer kultureller Bindungen zu entwickeln und damit vorgestanzte Kategorien wie „Religion", „Geschlecht", „Klasse", „Ethnizität" etc. ein Stück weit in Frage zu stellen, ohne die Bedeutung der Reflexion über kulturelle Faktoren zu leugnen oder herunterzuspielen. Darüber hinaus soll die Einbeziehung der Erfahrungen und moralischen Ansichten derjenigen, die selbst schon einmal Entscheidungen am Lebensende zu treffen hatten, dazu beitragen, Ärzte und Wissenschaftler für die komplexen Wertvorstellungen von Patienten zu sensibilisieren – eine grundlegende Voraussetzung aller medizinethischen Ansätze, die die Autonomie der Patienten ernstnehmen wollen.

Die folgenden Ausführungen beruhen auf einer sozial-empirischen qualitativen Studie. Dabei wurden religiöse und nicht-religiöse Personen in Deutschland, Israel und den Vereinigten Staaten (Kalifornien) im Rahmen von Fokusgruppen zu Entscheidungen am Lebensende interviewt. Das vergleichende Untersuchungsdesign dient der Erkundung unterschiedlicher kultureller Einflüsse wie Nationalität, Religiosität oder persönlicher Erfahrung. Wir geben zunächst einen kurzen Überblick über die relevanten praktischen, sozio-politischen und rechtlichen Rahmenbedingungen in den drei Ländern (1). Im Anschluss erläutern wir die Vorgehensweise unserer Untersuchung (2). Im Ergebnisteil werden sodann die beobachteten Unterschiede der Einstellungen zu Entscheidungen am Lebensende ausführlicher dargestellt, wobei unser Hauptaugenmerk auf Patientenverfügungen, Sterbehilfe und der Rolle des Staates liegt (3). Abschließend betten wir die Ergebnisse in den internationalen akademischen Fachdiskurs zum Lebensende ein (4) und machen einige weitergehende Vorschläge für professionelle Entscheidungsprozesse und die bioethische Theoriebildung.

Hintergrund: Die Debatte zum Lebensende in Deutschland, Israel und den USA

Entscheidungen am Lebensende stehen seit mehreren Jahrzehnten im Mittelpunkt vieler nationaler bioethischer Diskussionen.[14] Verschiedene kulturelle und religiöse Gemeinschaften haben eigene Standpunkte entwickelt[15] und auf die Unterschiedlichkeit ihrer Perspektiven verwiesen.[16] Im Sinne einer kultursensiblen medizinischen Praxis wurde daraufhin der Vorschlag gemacht, dass jede Gruppe das Recht haben sollte, gemäß ihren jeweiligen Weltanschauungen und Wertesystemen behandelt zu werden.[17] Dieser „Multikulturalismus" steht allerdings in Spannung zur Vorstellung einer gemeinsamen Grundlage, auf derer sich in der öffentlichen und politischen Sphäre allgemein verbindliche Regeln formulieren ließen.[18] Auf der internationalen Ebene wird dieses Problem noch deutlicher: Selbst westlich geprägte Industrienationen wie Deutschland, Israel und die USA, die sehr ähnliche medizinisch-technische Standards haben und im engen fachwissenschaftlichen Austausch stehen, zeigen mit Blick auf die öffentliche Debatte und rechtliche Bestimmungen zu Entscheidungen am Lebensende beträchtliche Unterschiede.

Deutschland

In Deutschland hat vor allem der Fall des Arztes Julius Hackethal, der in den 1980er Jahren aktive Sterbehilfe praktizierte und propagierte, ethischen und juristischen Fragen am Lebensende öffentliche Aufmerksamkeit verschafft. Kritische Stimmen haben dabei auch Parallelen zur nationalsozialistischen Euthanasiepolitik gezogen. Religiöse Gruppen spielten ebenfalls eine wichtige Rolle in der deutschen Diskussion, allen voran die römisch-katholische und die protestantische Kirche.[19] Beide stimmen darin überein, dass aktive Sterbehilfe gesetzlich verboten sein sollte, unterstützen aber Schmerzlinderung sowie Unterlassung und Abbruch von Behandlung in Übereinstimmung mit dem Patientenwillen. Im Jahr 2005 sprach der Deutsche Ethikrat Empfehlungen zur gesetzlichen Regulierung von Entscheidungen am Lebensende aus und bahnte den Weg für die rechtliche Anerkennung von Patientenverfügungen. Er forderte die Sicherstellung von pflegerischer Grundversorgung und die Stärkung des Selbstbestimmungsrechts bei der Ablehnung medizinischer Behandlung.[20] Das darauffolgende Patientenverfügungsgesetz von 2009 ist Teil des Betreuungsrechts und soll der Individualität und Pluralität von Einstellungen zum Sterben und Entscheidungen am Lebensende Rechnung tragen.[21] Es lässt eine Vielfalt von Verfügungen als Ausdruck der Patientenautonomie gelten.[22] Eine bestehende Verfügung ist bei sämtlichen Behandlungsentscheidungen zu respektieren, unabhängig vom Stadium der Krankheit. Verschiedene Organisationen wie das Gesundheitsministerium, die Ärztekammer, Bürgerrechtsverbände, Patientenrechtgruppen und Kirchen bieten juristisch verwendbare Formulare an. Ärztlich assistierter Suizid ist strafrechtlich erlaubt, allerdings gibt es unter ärztlichen Standesvertretern eine anhaltende Kontroverse über seine berufsethische und standesrechtliche Bewertung.[23] Die kürzlich erfolgte gesetzliche Regelung hat jede organisierte und kommerzielle Form der Suizidassistenz untersagt, jedoch den Weg für Einzelfallentscheidungen geebnet. Die gegenwärtige deutsche Rechtslage ist als vergleichsweise permissiv einzustufen.

Israel

In Israel regelt der *Dying Patient Act* (2006) den Umgang mit Patientenverfügungen und Behandlungen am Lebensende. Diese Regelung ist ähnlich wie in Deutschland als Ergebnis der Beratungen eines öffentlichen interdisziplinären Expertenkomitees anzusehen, das sich mit der Versorgung sterbender Patienten beschäftigte. In der jüdisch-orthodoxen Tradition hat die Unantastbarkeit des Lebens einen höheren Rang als die individuelle Selbstbestimmung. Freiwillige aktive Sterbehilfe war schon zuvor strikt verboten. Der Abbruch einer Behandlung wurde von der Mehrheit des Komitees unter Berufung auf die Halacha als aktive und daher unzulässige lebensverkürzende Intervention angesehen. Dagegen gilt die Unterlassung einer Behandlung (z.B. indem eine Maßnahme nicht eingeleitet wird) als passiv und ist deshalb unter gewissen Umständen erlaubt.[24] Patientenverfügungen sind gemäß dem *Dying Patient Act* nur unter bürokratisch definierten Vorgaben rechtlich gültig.[25] Ihre Reichweite ist auf unheilbar kranke Patienten in den letzten sechs Monaten ihres Lebens beschränkt und nur die Unterlassung von Behandlungen ist erlaubt. Der Abbruch einer bereits laufenden Behandlung, z.B. einer künstlichen Beatmung oder Ernährung, ist dagegen auch dann unzulässig, wenn der Patient dies wünscht. Gleichzeitig wurde ein rechtlicher Kompromiss in Form einer technischen Vorrichtung – einer Art Timer (ähnlich dem Prinzip der Schabbat-Uhr) – vorgeschlagen, die eine kontinuierliche Behandlung in eine diskontinuierliche und damit einen Abbruch in eine Unterlassung verwandeln könnte.

In Israel werden Patientenverfügungen vom Gesundheitsministerium in Form eines langen, von Fachjargon geprägten förmlichen Antrags bereitgestellt. Seit das Gesetz in Kraft getreten ist, hat das Ministerium über 7.200 Verfügungen erhalten; ein beträchtlicher Teil genügt allerdings nicht den komplexen formalen Anforderungen und wird zwecks Korrektur zurückgeschickt.[26] Eine neuere Entwicklung betrifft den ärztlich assistierten Suizid. Im Juni 2014 wurde in der Knesset ein Gesetzentwurf zur Legalisierung des ärztlich assistierten Suizids vorgelegt, der allerdings 2016 abgelehnt wurde. Das Gesetz hätte es Ärzten erlaubt, Patienten, die sechs Monate oder weniger zu leben haben, eine tödliche Injektion zu verabreichen. Das vorgeschlagene Modell folgte dabei dem des US-Bundesstaates Oregon, in dem zwei Ärzte die Diagnose einer unheilbaren Krankheit bestätigen müssen. Kulturelle Faktoren wie Religion und die Erfahrung des Holocaust beeinflussen anscheinend die Einstellungen von medizinischen Fachkräften[27] und Vertretern von Patientenorganisationen in Israel.[28]

Vereinigte Staaten von Amerika und Kalifornien

In den USA hat die Forderung nach einer stärkeren Berücksichtigung kultureller und religiöser Aspekte im Zuge der politischen Debatte um den Multikulturalismus bereits seit Längerem vermehrt Aufmerksamkeit gefunden. Dabei sind Fragen zur medizinischen Behandlung am Lebensende schon früh zum Gegenstand des Kulturkampfes zwischen liberalen „Pro-Choice"-Gruppen und vorwiegend christlichen „Pro-Life"-Gruppen geworden. Der Fall von Karen Ann Quinlan 1975 markierte den Beginn der jüngeren politischen und öffentlichen Auseinandersetzung und erwies sich als prägend für die Gesetzgebung und Rechtsprechung der Folgezeit. Mehrere Bundesstaaten erließen gesetzliche Vorschriften zum Recht auf Sterben und zu den Bedingungen passiver Sterbehilfe sowie des ärztlich assistierten Suizids. Der Staat Kalifornien spielte in dieser Entwicklung eine besondere Rolle.[29] Der *California Natural Death*

Act (1977) war der erste seiner Art in den USA. Er legte Leitlinien fest, die Ärzte anweisen, den natürlichen Sterbeprozess durch medizinische Maßnahmen nicht unnötig zu verlängern. Eine Reihe von Gerichtsurteilen erweiterte in der Folge das Spektrum ärztlicher Pflichten. So soll die informierte Zustimmung auch die Risiken einer Ablehnung indizierter Maßnahmen einschließen. Eine lebenserhaltende Behandlung darf beendet werden, wenn der Patient sich in einem dauerhaften Koma befindet und die Beendigung wünschte. Seit 1991 verlangt der *Federal Patient Self-Determination Act*, dass Patienten schriftlich über ihr Recht zur Entscheidung über die eigene medizinische Versorgung und über die Richtlinien ihres Versorgers in Bezug auf Patientenverfügungen zu informieren sind. Bestehende Verfügungen sind in den Patientenakten zu vermerken und Klinikpersonal ist eingehend über die Inhalte zu informieren. Die Abschnitte 4600–4678 des *California Probate Code* erlauben die Unterlassung oder den Abbruch medizinischer Maßnahmen in Übereinstimmung mit einer Patientenverfügung oder einem Stellvertretervotum, um so einen natürlichen Sterbeprozess zu ermöglichen. Aktive Sterbehilfe und assistierter Suizid bleiben allerdings verboten. Die Abschnitte 442–442.7 des *California Health and Safety Code* fordern, dass Dienstleister im Gesundheitswesen verständliche Informationen und Beratung zu den verschiedenen Optionen am Lebensende anbieten sollen. Seit 2008 erlaubt das umstrittene Gesetz AB 2747 die sogenannte palliative Sedierung. Schließlich traf der *California Probate Code* in den Abschnitten 4700–4701 Regelungen zur Rechtsgültigkeit von Patientenverfügungen für den Fall der eigenen Einwilligungsunfähigkeit.

In den Debatten aller drei Länder bilden der Holocaust und die Rolle von Ärzten bei der Umsetzung der nationalsozialistischen Euthanasieprogramme einen wichtigen Bezugspunkt.[30] Sowohl in Deutschland als auch in der US-amerikanischen Debatte spielten Analogien zum Nationalsozialismus immer wieder eine Rolle in den politisch aufgeheizten Kontroversen zur Behandlung am Lebensende.[31] Sie dienen als historisches Indiz für Dammbruchargumente und die Ablehnung jeder Form von ärztlich assistiertem Suizid oder Sterbehilfe. Eine Interviewstudie mit israelischen Holocaust-Überlebenden zur Sterbehilfe verweist allerdings auf den grundlegenden Unterschied zwischen unfreiwilliger „Euthanasie" im Nationalsozialismus und dem ärztlich assistierten Sterben auf Wunsch des Patienten.[32]

Vergleiche zwischen dem Holocaust und anderen Praktiken werden daher abgelehnt und sind in der israelischen Debatte auch weniger prominent.

Methodisches Vorgehen

Trotz anhaltender politischer und akademischer Debatten gibt es vergleichsweise wenige empirische Erhebungen über *tatsächliche* kulturelle Besonderheiten von öffentlichen Einstellungen zu Entscheidungen am Lebensende.[33] Die hier vorgestellte Studie zielt darauf ab, sowohl Gemeinsamkeiten als auch Unterschiede in den moralischen Perspektiven und Meinungen von Laien sowie Betroffenen in verschiedenen kulturellen Kontexten zu erkunden. „Betroffenheit" wird dabei im Sinne persönlicher Erfahrungen mit Entscheidungen am Lebensende definiert, entweder aufgrund eigener getroffener Entscheidungen oder der Begleitung eines unheilbar kranken Freundes oder Angehörigen.[34]

Zwischen 2010 und 2012 wurden zwölf Fokusgruppen (FG) zu Entscheidungen am Lebensende mit religiösen und säkularen, nicht gläubigen Personen (persönlich betroffen oder nicht betroffen) in den Vereinigten Staaten (Kalifornien), Deutschland und Israel durchgeführt. Fokusgruppen sind moderierte Gruppendiskussionen mit sechs bis zehn Teilnehmern. Sie stellen ein etabliertes Instrument qualitativer Sozialforschung dar, mit dem sich übergreifende moralische Argumentationslinien und Positionen analysieren lassen.[35] Die Teilnehmer wurden durch öffentlich verteilte Infozettel, Flyer und Poster rekrutiert. Die Studie war vorab von den Ethikkommissionen des *Jewish Home San Francisco*, der *San Francisco State University*, der *Ben-Gurion University* sowie der *Universitätsmedizin Göttingen* zustimmend begutachtet worden. Die Dauer einer FG betrug zwischen einer und zwei Stunden. In allen Gruppen wurde ein teilstrukturierter Leitfaden mit vergleichbaren Szenarien und offenen Fragen als Diskussionsinput verwendet.

Die Teilnehmer der Fokusgruppen wurden so ausgewählt, dass möglichst verschiedene sozio-kulturelle und sozio-ökonomische Hintergründe vertreten waren. In den USA bestanden zwei Gruppen aus Bewohnern des *Jewish Home San Francisco* und zwei aus ehrenamtlichen Mitarbeitern der gleichen Einrichtung. Die religiösen Teilnehmer aller Gruppen waren jüdisch. Die Ehrenamtlichen hatten vor allem professionelle Erfahrungen mit Sterbebegleitung. In Deutschland und Israel setzte sich je eine Gruppe aus nicht betroffenen Teilnehmern mit religiösem Hintergrund und die andere Gruppe aus nicht-religiösen Teilnehmern zusammen. Die Teilnehmer in den religiösen Gruppen wurden aus christlichen Gemeinden in Deutschland und jüdischen Gemeinden in Israel rekrutiert. Insgesamt hatten die Fokusgruppen 82 Teilnehmer, 23 in den USA, 29 in Deutschland und 30 in Israel. Es handelte sich um 29 Männer und 53 Frauen. Das Alter reichte von 20 Jahren bis über 90 Jahre. Der Bildungsgrad variierte, wobei die Selbstrekrutierung zu einem etwas höheren Anteil an Personen mit akademischer Bildung führte. Es ist hervorzuheben, dass die Fokusgruppen keinesfalls als repräsentativ für die gesamte deutsche, israelische oder US-amerikanische Bevölkerung anzusehen sind. Im Sinne ihrer qualitativen Methodik geht es vorrangig um eine eingehendere Analyse des Zusammenspiels von Religion mit anderen Faktoren wie Nationalität oder Geschichte in der jeweiligen Argumentation und Positionierung.

Alle Gruppendiskussionen wurden aufgezeichnet und transkribiert. Um den Vergleich zu erleichtern, wurden die deutschen und israelischen Transkripte ins Englische übersetzt. Das gesamte Material wurde mit Hilfe eines Zahlen- und Buchstabencodes pseudonymisiert (M=Mann; F=Frau, rel=religiös, säk=säkular, US=USA; D=Deutschland, IL=Israel) und für die Veröffentlichung anonymisiert. Für die Analyse wurden die Transkripte mit der Software *Atlas.ti* thematisch kodiert, um übergreifende Themen und wiederkehrende Argumentationen innerhalb und zwischen den Gruppen auszumachen.[36] Der Schwerpunkt lag auf moralischen Sichtweisen zu Patientenverfügungen, ärztlich assistiertem Suizid, aktiver und passiver Sterbehilfe, Unterlassung und Abbruch lebenserhaltender Maßnahmen sowie politischen Regelungen zu Entscheidungen am Lebensende.[37] Zum Zweck des Vergleichs von Alltagsmoral und bioethischem Fachdiskurs wurden die durch die induktive Kodierung identifizierten Themen mit generellen Kategorien des bioethischen Diskurses abgeglichen. Auf diese Weise ließ sich untersuchen, ob und inwieweit sich ethische Prinzipien in der öffentlichen Meinung widerspiegeln und im Hinblick auf kulturelle Faktoren unterscheiden.

Ergebnisse

Die Bedeutung, Reichweite und Begrenzung individueller Autonomie bei Entscheidungen am Lebensende bildete ein zentrales Thema in allen zwölf Gruppendiskussionen. Allerdings wurde der Begriff der Autonomie dabei unterschiedlich gedeutet. Auch wurden in Abhängigkeit von jeweiligen Situationen und sozio-kulturellen Rahmenbedingungen verschiedene Argumente für oder gegen eine autonome Entscheidungsfindung ins Feld geführt. Im Folgenden werden die auffälligsten Gemeinsamkeiten und Unterschiede im Hinblick auf Patientenverfügungen (a), Sterbehilfe (b) und die Rolle des Staates am Lebensende (c) präsentiert.

Patientenverfügungen und die Planung von Entscheidungen am Lebensende

Teilnehmer der Fokusgruppen in Deutschland und den USA betonten die Bedeutung individueller Autonomie für Entscheidungen am Lebensende, vor allem mit Blick auf die Gültigkeit und Verbindlichkeit von Patientenverfügungen. Der in einer solchen Verfügung festgehaltene Wunsch einer Person wurde als „sakrosankt" (M-rel US) angesehen, das Recht auf Selbstbestimmung als ein grundlegender Aspekt der Menschenwürde. Entsprechend sollte sich die eigene autonome Entscheidung im Zweifelsfall über sämtliche familiären und professionellen Bedenken hinwegsetzen können. In diesem Sinne wird etwa argumentiert, dass

> „der Wille des Patienten [...] ausschlaggebend sein [sollte], egal was die Ärzte sagen, egal was die Angehörigen sagen. Der Patient hat das beschlossen, als er noch gesund war und im vollen Besitz seiner geistigen Kräfte. Und man würde über seinen Kopf hinweg, über seinen Willen hinweg handeln, wenn man etwas anderes tun würde als er aufgeschrieben hat. Und das finde ich gehört zur Würde [...] und [...] zur Selbstbestimmung des Menschen, dass er entscheiden kann, was er möchte" (F-säk D).

Vor allem in den deutschen Fokusgruppen wurde zudem die Überzeugung geäußert, dass es nicht nur ein Recht auf Abfassung einer Patientenverfügung gebe, sondern sogar eine moralische Pflicht gegenüber Angehörigen oder behandelnden Ärzten. Es wurde die Erwartung formuliert, dass jeder sich um seine eigenen Belange am Lebensende kümmern und eine klare

Entscheidung treffen sollte. Schließlich müsse man ein präzises Dokument verfassen und nicht „einer anderen Person diese Verantwortung aufbürden" (F-säk D), stellvertretend schwerwiegende Entscheidungen über Leben und Tod treffen zu müssen.

Im Vergleich dazu zeigten sich die Teilnehmer der israelischen Gruppen sehr viel zurückhaltender und ambivalenter. Mehrfach wurde vorgeschlagen, die Gültigkeit von Patientenverfügungen an zusätzliche formale Bedingungen zu binden, etwa Einschränkungen der zur Auswahl stehenden Entscheidungsmöglichkeiten. Allerdings wurden hierfür verschiedene Gründe genannt. Säkulare Teilnehmer thematisierten vor allem Spannungen zwischen individueller Autonomie und moralischer Verantwortung gegenüber anderen, beispielweise Angehörigen oder behandelnden Ärzten. Letztere sollten nicht damit belastet werden, problematische Verfügungen umzusetzen, zumal wenn diese tödliche Folgen haben könnten. Die religiösen Teilnehmer machten hingegen zusätzlich „metaphysische" oder religiöse Bedingungen für Einschränkungen individueller Autonomie geltend, etwa die Vorstellung eines göttlichen Willens oder einer natürlichen Ordnung der Dinge:

> „Viele religiöse Menschen glauben, dass der Zeitpunkt des Todes feststeht – dass Gott weiß, wann der Tod eintreten wird, und dass der Mensch nicht eingreifen sollte. Falls das stimmt, wie kann irgendjemand wissen, wann medizinische Lebensverlängerung angebracht ist und wann sie das Sterben nur verlängert? Es mag dem Menschen aussichtslos erscheinen, aber andererseits – wir sind nicht diejenigen, die das Werk der Natur vollstrecken sollen, wir würden uns eine Rolle anmaßen, die mit der Schöpfung und der Natur im Konflikt steht." (M-rel IL)

Im deutlichen Gegensatz zu den säkularen Sprechern drückten viele gläubige Teilnehmer die Überzeugung aus, dass es mit Blick auf Patientenverfügungen „einen sehr großen Unterschied" (F-rel D) zwischen dem Vorenthalten und dem Abbruch medizinischer Behandlung gibt. Die zugrundeliegende Intuition scheint zu sein, dass es moralisch betrachtet „ein gravierender Unterschied für mein eigenes Entscheiden [ist], ob ich etwas unterlasse oder aktiv tätig werde" (F-rel D). Vor allem die israelischen religiösen Teilnehmer waren sich in diesem Punkt nahezu einig. Infolgedessen stellten sie wiederholt die Gültigkeit von Patientenverfügungen infrage, falls diese eine Einstellung lebensverlängernder Maßnahmen fordern. Dies wurde als unrechtmäßig angesehen und wiederholt mit einer „Förderung von Selbstmord" oder sogar Tötung gleichgesetzt:

> „Ich stimme zu, in diesem Fall sind die Verfügungen nicht bindend für die Ärzte. Im Allgemeinen […] kann niemand über das Schicksal einer anderen Person entscheiden. Vor allem in diesem Fall – das Abschalten lebenserhaltender Maschinen ist dasselbe wie Töten. Es ist gesetzlich verboten und ist im Judentum nicht zulässig." (M-rel IL)

Diese Ergebnisse bestätigen die Spannung zwischen der säkularen Betonung von Selbstbestimmung und dem religiösen Respekt vor der Heiligkeit des Lebens oder der göttlichen Ordnung der Dinge. Die Unterscheidung zwischen Unterlassen und Abbruch einer Behandlung spielte in diesem Zusammenhang eine entscheidende Rolle. Interessanterweise scheint diese Unterscheidung jedoch keineswegs zwingend mit dem gelebten Judentum per se verknüpft zu sein, wie vor dem Hintergrund der einschlägigen halachischen Lehren zu erwarten wäre: Einerseits wiesen die jüdischen Teilnehmer am *Jewish Home San Francisco* die Idee einer moralisch relevanten Differenz zwischen Unterlassen und Unterbrechen zurück. Andererseits vertraten auch christliche Sprecher in Deutschland die Meinung, dass dieser Unterschied berücksichtigt werden muss.

Aktive und passive Sterbehilfe

Beim Thema Sterbehilfe ließ sich in den Fokusgruppen ein breites Spektrum an moralischen Einstellungen feststellen. In den deutschen und US-amerikanischen Gruppen wurde das Recht auf Selbstbestimmung dahingehend ausgelegt, dass es auch passive Sterbehilfe miteinschließt, also das Unterlassen oder Abbrechen lebenserhaltender Maßnahmen. In den Gruppen der Bewohner des *Jewish Home San Francisco* wurde diese Einstellung verschiedentlich noch durch das Empfinden persönlicher Betroffenheit verstärkt:

> „Ich glaube an … Sterbehilfe … Ich habe in meiner Familie so viel direkte Erfahrung mit dem Tod gemacht, … bis hin dazu, … die Hand meiner Schwester gehalten zu haben, als sie starb, und zu fühlen, wie ihr Lebensgeist ihren Körper verlässt, dass meine Meinung dazu sich sehr geändert hat … Ich denke, dass es sogar sehr wichtig ist, dass die Fa-

milien ihre Einstellung ändern und die Menschen gehen lassen." (F-rel US)

Im Unterschied dazu wurde in den deutschen Gruppen häufig auch eine moralische Verantwortung gegenüber Angehörigen oder medizinischem Personal als eine Art Gegengewicht zur individuellen Autonomie ins Spiel gebracht. Die zugrundeliegende Sorge war, dass es nicht akzeptabel sein könnte, einer anderen Person die Ausführung der eigenen Sterbewünsche aufzubürden, so

> „dass man sich auch überlegen muss, wem kann man das quasi auflasten. Ich meine das ist ja, selbst wenn man mit jemandem darüber geredet hat, mit einem Verwandten: ,Ich möchte das und das nicht so', dass der dann trotzdem noch die Entscheidung vor dem Arzt vertreten muss: ,Schalten Sie bitte die Maschinen ab, er soll sterben'. Das ist ja auch eine ziemliche Belastung. Das dann alles einer Person aufzulasten." (M-säk D)

Teilnehmer in den israelischen Fokusgruppen äußerten allgemein starke Vorbehalte gegenüber Sterbehilfe. Vor allem die religiösen Sprecher wandten sich strikt gegen aktive und – weniger ausgeprägt – auch gegen passive Sterbehilfe. Vielfach bildeten theologische Lehren und Deutungen die entscheidenden Bezugspunkte. So wurde Leben aus der Sicht vieler israelisch-jüdischer Teilnehmer als ,von Gott gegeben und genommen' betrachtet. Menschliche Entscheidungen und Handlungen sollten sich darüber nicht hinwegsetzen:

> „Gemäß der *jüdischen* Religion ist es verboten, den Tod zu beschleunigen, dies wäre gleichbedeutend mit Mord, und Ärzten zu erlauben, über die Beschleunigung des Todes zu entscheiden, kann zu falschen Entscheidungen und Fahrlässigkeit bis hin zu Mord führen; [M1-rel IL]: Ja, ich stimme mit diesem Verbot überein … Wir müssen der Natur ihren Lauf lassen." (M2-rel IL)

Allerdings wurden Vorbehalte gegen die Sterbehilfe nicht notwendigerweise unter Berufung auf die jüdische Theologie als solche begründet, sondern häufig auch mit einem weiteren Begriff von „Judentum" als einer Art kultureller Identität. In diesem Sinne wird die Beendigung des Lebens häufig als eine der eigenen kulturellen Tradition und Wertordnung fremde Vorstellung beschrieben. Ein jüdischer Sprecher fand es „tatsächlich recht kurios", dass „dieses Konzept nie in das jüdische Gedankengut übergegangen ist, obwohl das jüdische Volk seine ganze Geschichte hindurch gelitten hat" (M-rel IL). Der Gedanke einer kulturellen jüdischen Identität spielte in den israelischen Fokusgruppen eine wichtige Rolle. Während die Teilnehmer der Gruppen am *Jewish Home San Francisco* ein recht weites Verständnis vom Jüdischsein zum Ausdruck brachten – „man spricht mit ... zehn Juden und sie haben vermutlich zehn verschiedene Meinungen dazu" (F-rel US) –, formulierten die israelischen Gruppen ein kompakteres, homogeneres Konzept:

> „Als Juden, gläubig oder nicht, sollten wir das Leben wertschätzen und unsere Körper respektieren. Weiterhin haben wir die Verantwortung, uns um uns selbst zu kümmern und die medizinische Behandlung zu suchen, die wir für unsere Genesung benötigen – wir schulden das zumindest uns selbst, unseren Angehörigen und Gott." (M-rel IL)

In den deutschen Gruppen schienen Verweise auf die nationalsozialistische Vergangenheit eine ähnliche argumentative Funktion zu haben. Sie erzeugten eine Vorstellung von kultureller Identität, in deren Namen sich etwa allzu liberale Einstellungen gegenüber Sterbehilfe zurückweisen ließen. In diesem Sinne nimmt die folgende Sprecherin mit einem leicht beklommenen Unterton Bezug auf das nationalsozialistische „Euthanasie"-Programm:

> „Aber ich finde, wenn man jetzt so denkt, dass die eventuell behindert weiterleben könnten, dann ist das schon ... Das geht dann schon bald in Richtung [lacht] so Auschwitz. Also das ist dann wieder das, was die Nazis dann auch wollten. Also dann nur gesunde Menschen und so. Und das Leben ist nicht so." (F-säk D)

In der Gesamtschau bestätigen die Stellungnahmen der Teilnehmer zu den moralischen Problemen der Sterbehilfe den Eindruck, dass Einstellungen zu Entscheidungen am Lebensende keineswegs allein von der einen „Kultur" oder „Religion" bestimmt sind, sondern von vielen verschiedenen und teils überlappenden Faktoren. So spielte individuelle Autonomie sowohl bei Teilnehmern der US-amerikanischen als auch der deutschen Gruppen eine große Rolle, unabhängig von ihrer Religiosität. Diese Haltung wird mitunter noch durch die Vorstellung verstärkt, auf Grund voranschreitenden Alters oder nachlassender Gesundheit persönlich betroffen zu sein. Gleichzeitig kann der

Gedanke der Verantwortung für andere oder die Erfahrung der jeweiligen nationalen Geschichte (etwa das „Euthanasie"-Programm der Nationalsozialisten) als eine Art argumentatives Gegengewicht gegen individualistische und liberalistische Einstellungen dienen. Die Teilnehmer der israelischen Gruppen – sowohl religiös als auch säkular – boten zwar ein etwas anderes Bild. Aber auch hier gründete sich der Widerstand gegen (aktive) Sterbehilfe nicht vorrangig auf theologische Argumente (auch nicht in der religiösen Gruppe), sondern vielmehr auf eine kulturell interpretierte jüdische Identität, deren zentrales Motiv eine hohe Wertschätzung des Lebens ist.

Die Rolle des Staates

Bei der Frage, wie der Staat und politische oder rechtliche Regelungen mit Entscheidungen am Lebensende umgehen sollten, wurden deutliche nationale Unterschiede sichtbar. So wurde in den deutschen Fokusgruppen der Staat vor allem als eine neutrale Instanz angesehen, die rechtliche Rahmenbedingungen setzen, sich aber aus der konkreten Entscheidungsfindung bezüglich Patientenverfügungen oder Behandlung am Lebensende heraushalten sollte. Er kann „Empfehlungen ausarbeiten", aber „darf keinen Druck ausüben" (F-säk D). Zutiefst individuelle Entscheidungen, etwa bezüglich des Formats von Patientenverfügungen, seien zu respektieren:

> „Der Tod ist kein bürokratischer Akt und der Weg dorthin auch nicht. Und entsprechend würde ich dafür plädieren, den Staat möglichst weit raus zu halten. Er kann Empfehlungen erarbeiten. Er kann Handreichungen zur Hilfe geben, gerade was solche Listen angeht. Klar. Da auch eine Vereinheitlichung … Aber ansonsten möge er sich möglichst weit raushalten. Natürlich möchten wir den Ärzten das Leben leichter machen, aber vorne kommt der Patient. [M1-säk D] Ok, dass der Staat da nichts zu bestimmen hat, das ist eigentlich Voraussetzung." (M2-säk D)

Darüber hinaus erörterten die deutschen Teilnehmer politische Regelungen zum Thema Lebensende vielfach auch im europäischen Kontext. Sie verglichen die deutsche Situation mit der in den Niederlanden oder der Schweiz, die wesentlich permissivere Richtlinien zu assistiertem Suizid und Sterbehilfe haben. Sie diskutierten Fragen von „Euthanasie"-Tourismus und sprachen Probleme einer länderübergreifenden Vereinheitlichung an:

„Es gibt jetzt halt einen sehr interessanten Fall, der liegt jetzt vor dem Europäischen Gerichtshof, habe ich neulich angeguckt. Das ist eine Frau, die war in so einem Zustand … Sie hatte wohl eine Patientenverfügung gemacht. Sie war in so einem Zustand, dass sie nicht mehr reagieren konnte und auch nicht mehr entscheiden konnte. Eine Patientenverfügung lag vor, aber der Ehemann wollte nicht, dass abgeschaltet wird. Er wollte, dass ihr geholfen wird, dass ihr also ein Medikament gegeben wird. […] Und das ging in Deutschland nicht. […] Und jetzt ist er in die Schweiz mit ihr gefahren und dort wurde sie dann quasi eingeschläfert, so kann man sagen. Und jetzt hat er geklagt vorm Bundesgerichtshof, der hat die Klage abgewiesen, aber vorm Europäischen Gerichtshof ist jetzt die Klage angenommen. Jetzt wird entschieden, ob die Ärzte da falsch gehandelt haben, indem sie das abgelehnt haben, diese Sterbehilfe." (F-säk D)

In den israelischen Fokusgruppen wurde dem Nationalstaat dagegen eine sehr viel zentralere Rolle zugeschrieben, wenn auch aus ganz unterschiedlichen Gründen: Die säkularen Sprecher vertrauten dem Staat und seinen Institutionen als neutralen, rationalen Autoritäten, die über allen subjektiven Präferenzen und parteilichen Streitigkeiten stehen. Der Staat „hat die Aufgabe, die Ordnung aufrechtzuerhalten und seine Bürger zu beschützen, und es nicht den Launen eines jeden zu überlassen." (F-säk IL) Er habe die Macht, das Leben des Einzelnen und individuelle Rechte gegen den Druck von Mehrheiten und religiöse Einflüsse zu verteidigen und allgemein verbindliche Regelungen durchzusetzen. Deshalb sollten seine unabhängigen Gerichte im Falle von Konflikten und Zweifeln entscheiden:

„Man muss alle Ansichten berücksichtigen und alle Kontexte einer Situation in Betracht ziehen. Vermutlich wird jeder der Beteiligten überzeugende Argumente haben. Wer meiner Meinung nach am Ende entscheiden muss, ist das Gericht, weil die Gerichte Dinge objektiv betrachten – oder das zumindest tun sollten." (F-säk IL)

Demgegenüber äußerten israelische religiöse Teilnehmer die fast diametral entgegengesetzte Ansicht, dass der israelische Staat in Wahrheit eine substanzielle religiöse Haltung verkörpert. Viele waren der Überzeugung, staatliche Regelungen zu Entscheidungen am Lebensende seien legitim, sofern sie mit dem jüdischen Gesetz, der *Halacha*, übereinstimmen. Manche Sprecher zeigten sich überzeugt, dass „das Gesetz in Abstimmung mit den Rabbis formuliert wurde; andernfalls wäre es kein Gesetz geworden." (M-rel IL) Dies wurde als eine beruhigende Rückversicherung empfunden, dass rechtlich zulässige Entscheidungen auch moralisch einwandfrei sind.

Im Gegensatz dazu wurden in den US-amerikanischen Fokusgruppen sehr viel mehr Vorbehalte gegenüber dem Staat artikuliert. Sprecher drückten wiederholt die Einschätzung aus, Teil einer religiösen oder kulturellen Minderheit in einer christlich dominierten politischen Kultur zu sein. Die USA wurden als „ein primär christliches Land" (F-rel US) wahrgenommen, was auch einen Einfluss auf die politische Regelung von Entscheidungen am Lebensende hat, „denn hier in den Vereinigten Staaten wollen wir Leben beschützen, so sehr, dass ... man Schwierigkeiten haben wird ..., vor allem wenn es darum geht ... Veränderungen vorzuschlagen" (F-säk US). Da die christliche Mehrheitskultur auch Einfluss auf politische Entscheidungen und rechtliche Regelungen habe, seien Zweifel an der Reichweite individueller Autonomie und persönlicher Rechte am Lebensende angebracht:

> „Das ist fast so wichtig wie die Frage, wie man sein Leben beendet: das Recht zu haben, es zu beenden. Leider haben wir dieses Recht nicht. Nicht rechtlich, zumindest. Und manchmal mache ich mir darüber Sorgen. Weil ich mit vielen Schmerzen lebe, mit denen ich umgehen kann, aber was, wenn ich nicht damit umgehen könnte? Würde ich in der Lage sein zu sagen, dass ich nicht mehr leben möchte – bitte sagt auf Wiedersehen, ich möchte meine Familie anrufen? Nein! Ich habe dieses Recht nicht. Das macht mir Sorgen, ich wünschte, ich könnte zum Kongress gehen und die Gesetze ändern." (F-säk US)

Vielleicht aufgrund der Erfahrung der Marginalisierung in einer christlich dominierten Kultur gab es in den US-Gruppen auch ein ausgeprägtes Bewusstsein für kulturelle Aspekte und Unterschiede von Einstellungen zum Lebensende. Während die Verbindung zwischen Religion und Nationalität in Israel das Vertrauen vieler israelischer Teilnehmer in die Rolle des Staates erklären mag, schien die US-amerikanische Erfahrung ein Gefühl der Entfremdung von der Mehrheitskultur und der politischen Regelung des Lebensendes erzeugt zu haben. Tatsächlich kam ein solches Gefühl in teils sarkastischen Kommentaren zu den wahrgenommenen Unklarheiten und Ungereimtheiten der Mehrheitsposition zum Ausdruck:

> „Ich meine, hm, Christen leben, um in den Himmel zu kommen, und warum, warum gibt es eine so große Angst vor dem Tod? Als Terry Schiavo starb, war das hier ein großes politisches Ding, das war etwas, … was mich dazu gebracht hat, meine erste Patientenverfügung zu erstellen! Und sobald sie gestorben war, kam ihr Bruder, der total dagegen war, die Schläuche zu entfernen, ins Radio und sagte: ‚Nun, sie ist jetzt an einem besseren Ort' […] Was stimmt mit diesem Bild nicht?! Warum wollte er sie nicht gehen lassen, wenn sie jetzt an einem besseren Ort ist?" (F-rel US)

Diskussion und Ausblick: Kultur und Religion ernst nehmen

Die vorgestellten Ergebnisse werfen Licht auf die Vielfalt und Komplexität kultureller und religiöser Aspekte von Entscheidungen am Lebensende. Zugleich nähren sie Zweifel an der Vorstellung homogener Kultureinheiten. Wie die Gruppendiskussionen verdeutlichen, gibt es – zumindest in diesem Bereich – keine eindeutigen Positionen, die sich unmittelbar aus der Zugehörigkeit zu einer bestimmten Nationalität, Kultur oder Religion ableiten ließen. Obwohl sich durchaus immer wieder lokaler Konsens abzeichnet, der über einen reinen Individualismus hinausgeht, fallen kulturelle Besonderheiten keineswegs mit den Grenzen nationaler Kulturen oder religiöser Gemeinschaften zusammen. Stattdessen wird die fundamentale Bedeutung der spezifischen *Situiertheit* von religiösem Glauben und kulturellen Gemeinschaften deutlich: ihre Rolle und ihr Stellenwert in konkreten Situationen wie etwa der Übereinstimmung oder dem Widerspruch zu persönlichen Perspektiven, Familienerfahrungen und dem weiteren sozialen Umfeld, z.B. als Kultur einer Mehrheit oder Minderheit in einem bestimmten politischen System. Gleichzeitig scheint der Aspekt der persönlichen Betroffenheit kulturelle Besonderheiten und religiöse Unterschiede zu einem gewissen Grad zu relativieren.

Natürlich bedingen das rein qualitative Design der vorgestellten Studie und die Zusammensetzung der Stichprobe gewisse Einschränkungen, die bei der Interpretation der Ergebnisse zu berücksichtigen sind. So wurden nur Diskussionen mit gläubigen jüdischen und christlichen Personen in Deutschland, Israel und den USA (nur in Kalifornien) durchgeführt. Des Weiteren ist die Stichprobe nicht symmetrisch, da sie keine deutschen Juden oder US-amerikanische bzw. israelische Christen mit einbezieht. Insofern ist weitere empirische, qualitative und quantitative Forschung notwendig, um eine aussagekräftigere und differenziertere Sicht der jeweiligen Einflüsse und Wechselwirkungen zwischen religiösen Bindungen und nationaler Situiertheit zu gewinnen. Ähnliche Studien in weiteren Ländern und mit zusätzlichen Glaubensrichtungen könnten klären, inwieweit Menschen mit anderen nationalen oder religiösen Hintergründen abweichende Perspektiven vertreten.

Auf einer *praktisch-ethischen Ebene* liefern unsere Ergebnisse gute Gründe für Skepsis gegenüber Ansätzen, die die moralischen Einstellungen einer Person zum Lebensende ausschließlich von ihrem nationalen oder religiösen Hintergrund abzuleiten versuchen. Kulturelle Perspektiven erscheinen zu vielschichtig, um auf ihrer Grundlage individuelle Präferenzen bezüglich Behandlungsbegrenzung oder aktiver Sterbehilfe vorherzusagen. Wie unsere Ergebnisse nahelegen, dürfte dies nicht nur von dem methodischen Problem der Bewältigung von Komplexität herrühren, sodass wir lediglich umfassendere statistische Informationen zu den Faktoren benötigen würden, die kulturelle Überzeugungen beeinflussen. Vielmehr scheint kein noch so komplexes statistisches Modell der fundamentalen *Reflexivität* von kulturellen Einstellungen gerecht zu werden: Personen gehören nicht einfach bestimmten kulturellen, z.B. religiösen, Gemeinschaften an, sondern nehmen immer wieder auch Abstand von ihren Bindungen bzw. fremden Zuschreibungen und interpretieren, überprüfen, ändern oder negieren sie.[38] In diesem Sinne beschrieben unsere Teilnehmer ihre eigenen Standpunkte oft als „christlich" oder „jüdisch" und reflektierten sie dabei zugleich mit Blick auf autoritative Traditionen oder besondere kulturelle Umstände, wie z.B. das Leben als jüdische Minderheit in einer christlichen Mehrheitskultur zu leben. Statt auf die Entwicklung eines möglichst zuverlässigen Algorithmus zur Entscheidungsfindung (z.B. als technisches Expertensystem) zu setzen, sollten daher eher Bedingungen und Standards der tatsächlichen Entscheidungsfindung verbessert werden. Dies wäre etwa durch Stärkung der reflexiven und kommunikativen Praxis der Erstellung von Patientenverfügungen,[39] z.B. im Sinne des so genannten Advance Care Planning,[40] möglich.

Auf einer *theoretischen Ebene* haben diese Ergebnisse weitreichende Implikationen für bioethische Ansätze, die kultureller Vielfalt ernsthaft Rechnung tragen wollen. Insbesondere ist der Fachdiskurs weiter auf die Entwicklung angemessener theoretischer Konzepte und empirischer Erkenntnisse angewiesen. In diesem Sinne sollte sich eine kulturell informierte Bioethik nicht auf eine intuitive, gewissermaßen selbsterdachte Herangehensweise an kulturelle Gegebenheiten verlassen, sondern Methoden und Forschungen der aktuellen Kulturwissenschaften systematisch berücksichtigen. Dies wird dazu beitragen, essentialistische und monolithische Annahmen in Diskussionen zu Entscheidungen am Lebensende als solche aufzudecken und kritisch zu prüfen. Weiterhin gilt es, mittels eines solchen kulturwissenschaftlich informierten Ansatzes die zahlreichen Faktoren zu unterscheiden, die kulturelle Gegebenheiten beeinflussen, sowie deren Dynamik und Entwicklung zu analysieren. Hierzu zählen z.B. Effekte von Migration, Diaspora und Akkulturation im Wechselspiel individueller Biographien, Familiengeschichten und nationaler Narrative.[41] Um ein angemessenes Verständnis von Religion zu entwickeln und Stereotypisierungen zu vermeiden, muss bioethische Theoriebildung zudem religionswissenschaftliche Perspektiven und Erkenntnisse mit einbeziehen. Sie können dazu beitragen, zwischen abweichenden Interpretationen religiöser Texte wie der Bibel oder der Halacha zu unterscheiden und autoritative theologische Positionen von praktischer religiöser Erfahrung und Praxis abzugrenzen, wie im Kontext des kulturellen Judentums.[42] Entsprechend wäre eine enge Kooperation von säkularer Bioethik und Religionswissenschaft (die nicht gleichbedeutend ist mit einer theologisch geprägten Bioethik) ergiebig, um ein genaueres Verständnis von religiösen Faktoren bei bioethischen Entscheidungsprozessen zu erarbeiten.[43]

Die Konsequenzen dieser Studie verweisen letztlich auf den theoretischen Mehrwert einer „vergleichenden empirischen Bioethik"[44], die allerdings relativ aufwändig ist. Entgegen der üblichen Abgrenzung von induktiven und deduktiven Herangehensweisen nutzt ein solcher Ansatz sowohl narrative, sozial-empirische Einsichten zu persönlichen Einstellungen und Erfahrungen als auch theoretisch informierte Kategorien und Methoden, um moralische Positionen besser zu verstehen und angemessener darzustellen und zu interpretieren. Eine wichtige

Aufgabe liegt dabei in der kritischen Analyse und Reflexion impliziter Annahmen, sowohl in der Alltagsmoral als auch im akademischen Expertendiskurs.

In dieser Studie lag das Augenmerk vor allem auf Religion, aber weitere Untersuchungen könnten sich ebenso auf die empirische Erkundung der Bedeutung von Patientenidentität, Klassen- oder Geschlechtszugehörigkeit oder ethnischen Hintergründen konzentrieren. Dabei wird jeweils zu reflektieren sein, inwiefern solche sozialen Zugehörigkeiten Ergebnis einer gewachsenen Bindung oder eines freiwilligen, bewussten Zuordnungsprozesses sind oder vor allem durch externe Zuschreibungen erfolgen. Eine solche Herangehensweise hat sich mit genau der Art von Unsicherheiten und Ambivalenzen auseinanderzusetzen, die in der analytischen Tradition der Bioethik als unerwünscht galten. Dennoch ist sie letzten Endes absolut unerlässlich, um theoretische Vorannahmen einer kritischen Überprüfung zu unterziehen und sie so von bloßen, schlecht begründeten „Vor-Urteilen" zu unterscheiden.

Danksagung

Die Autoren danken dem *Jewish Home San Francisco* für die Genehmigung und Unterstützung der Studie, Marcus Chen, Lizdebeth Elizalde und Nancy Retana für die Hilfe bei der Vorbereitung, Durchführung und Analyse der US-Fokusgruppen, Dr. Nitzan Rimon-Zarfaty für die Organisation der israelischen Fokusgruppen und Dr. Julia Inthorn für die Organisation der deutschen Fokusgruppen. Unser Dank gilt zudem Pia Christensen für ihre Unterstützung bei der Übertragung des Textes aus dem Englischen. Diese Studie wurde durch Mittel der *Deutsch-Israelischen Stiftung für wissenschaftliche Forschung und Entwicklung* (GIF), des *Bundesministeriums für Bildung und Forschung* (BMBF, Förderkennzeichen 01GP1004), der *Humboldt-Stiftung* und des *Deutschen Akademischen Austauschdienstes* (DAAD) gefördert.

Literaturverzeichnis

Drittes Gesetz zur Änderung des Betreuungsrechts, in: *Bundesgesetzblatt* Nr. 48 (2009), 2286f.

Angell, M.: The Legacy of Karen Ann Quinlan, in: *Trends in Health Care, Law & Ethics*, Vol. 8 (1993) No. 1, 17–19.

Barilan, Y. M.: Revisiting the Problem of Jewish Bioethics: The Case of Terminal Care, in: *Kennedy Institute of Ethics Journal*, Vol. 13 (2003) No. 2, 141–168.

Barilan, Y. M.: Human Dignity, Human Rights, and Responsibility. The New Language of Global Bioethics and Biolaw, Cambridge, Mass. 2012.

Benhabib, S.: The Claims of Culture. Equality and Diversity in the Global Era, Princeton 2002.

Blank, R. H.: End of Life Decision Making across Cultures, in: *Journal of Law, Medicine & Ethics*, Vol. 39 (2011) No. 2, 201–214.

Bohnsack, R.: Rekonstruktive Sozialforschung. Einführung in Methodologie und Praxis qualitativer Forschung, Opladen 2000.

Borasio, G. D.; Jox, R. J.; Wiesing, U.: Selbstbestimmung im Sterben – Fürsorge zum Leben. Ein Gesetzesvorschlag zur Regelung des assistierten Suizids, Stuttgart 2014.

Bülow, H.; Sprung, C. L.; Reinhart, K.; Prayag, S.; Du, B.; Armaganidis, A.; Abroug, F.; Levy, M. M.: The World's Major Religions' Points of View on End-of-life Decisions in the Intensive Care Unit, in: *Intensive Care Medicine*, Vol. 34 (2008) No. 3, 423–430.

Clarfield, A. M.; Gordon, M.; Markwell, H.; Alibhai, S. M. H.: Ethical Issues in End of Life Geriatric Care. The Approach of Three Monotheistic Religions – Judaism, Catholicism, and Islam, in: *Journal of the American Geriatric Society*, Vol. 51 (2003) No. 8, 1149–1154.

Dorff, E. N.: Matters of Life and Death. A Jewish Approach to Modern Medical Ethics, Philadelphia 1998.

Eisenberg, J. B.: Using Terri. The Religious Right's Conspiracy to Take away our Rights, San Francisco 2005.

Engelhardt, H. T.: Bioethics and Secular Humanism. The Search for a Common Morality, Philadelphia 1991.

Ferber, S.: Bioethics in Historical Perspective, Basingstoke 2013.

Ganz, F. D.; Benbenishty, J.; Hersch, M.; Fischer, A.; Gurman, G.; Sprung, C. L.: The Impact of Regional Culture on Intensive Care End of Life Decision Making. An Israeli Perspective from the ETHICUS Study, in: *Journal of Medical Ethics*, Vol. 32 (2006) No. 4, 196–199.

Inthorn, J.; Schicktanz, S.; Rimon-Zarfaty, N.; Raz, A.: "What the Patient Wants …" Lay Attitudes towards End-of-life Decisions in Germany and Israel, in: *Medicine, Health Care and Philosophy*, Vol. 18 (2014) No. 3, 329–340.

Jonsen, A. R.: The Birth of Bioethics, New York 2003.

Jotkowitz, A. B.; Glick, S.: The Israeli Terminally Ill Patient Law of 2005, in: *Journal of Palliative Care*, Vol. 25 (2009) No. 4, 284–288.

Kagawa-Singer, M.; Blackhall, L. J.: Negotiating Cross-cultural Issues at the End of Life, in: *Journal of the American Medical Association*, Vol. 286 (2001) No. 23, 2993–3001.

Kinzbrunner, B. M.: The Terri Schiavo Case – from the Viewpoint of Jewish Law, in: *B'Or Ha'Torah*, Vol. 18 (2008) No. 5769, 117–133.

Kramer, E. M.: Cultural Fusion and the Defense of Difference, in: Asante, M. K.; Min, E. (Hg.): Socio-cultural Conflict between African and Korean Americans, New York 2000, 18–23.

Kramer, E. M.: Preface, in: Croucher, S.; Cronn-Mills, D. (Hg.): Religious Misperceptions. The Case of Muslims and Christians in France and Britain, New York 2011, VII–XXXII.

Kwak, J.; Haley, W. E.: Current Research Findings on End-of-life Decision Making among Racially or Ethnically Diverse Groups, in: *Gerontologist*, Vol. 45 (2005) No. 5., 634–641.

Leichtentritt, R. D.; Rettig, D.: Meanings and Attitudes toward End-of-life Preferences in Israel, in: *Death Studies*, Vol. 23 (1999) No. 4, 323–358.

Mayring, P. Qualitative Content Analysis, in: *Forum Qualitative Social Research*, Vol. 1 (2000).

Mordhorst-Mayer, M.; Rimon-Zarfaty, N.; Schweda, M.: „Perspectivism" in the Halakhic Debate on Abortion between Moshe Feinstein and Eliezer Waldenberg – Relations between Jewish Medical Ethics and Socio-Cultural Contexts, in: *Women in Judaism*, Vol. 10 (2014).

Morgan, D. L.: Focus Groups as Qualitative Research, Newbury Park 1994.

Myers, R. S.: Reflections on the Terri Schindler-Schiavo Controversy, in: *Catholic Social Science Review*, Vol. 11 (2006), 65–86.

Negin, R. T.; Nalini, A.: Ratings of Essentialism for Eight Religious Identities, in: *International Journal for the Psychology of Religio*n, Vol. 21 (2011) No. 1, 17–29.

Noah, B. A.: Politicizing the End of Life. Lessons from the Schiavo Controversy, in: *University of Miami Law Review*, Vol. 59 (2004) No. 107, 107–134.

Parry, R.; Land, V.; Seymour, J.: How to Communicate with Patients about Future Illness Progression and End of Life. A Systematic Review, in: *BMJ Supportive and Palliative Care*, Vol. 4 (2014), 331–341.

Pelleg, G.; Leichtentritt, R. D.: Spiritual Beliefs among Israeli Nurses and Social Workers. A Comparison Based on their Involvement with the Dying, in: *Omega (Westport)*, Vol. 59 (2009) No. 3, 239–252.

Raz, A.; Jordan, I.; Schicktanz, S.: Exploring the Positions of German and Israeli Patient Organizations in the Bioethical Context of End-of-life Policies, in: *Health Care Analysis*, Vol. 22 (2014), 142–159.

Raz, A.; Schicktanz, S.: Comparative Empirical Bioethics. Dilemmas of Genetics and Euthanasia in Israel and Germany, Berlin 2016.

Rid, A.; Wendler, D.: Use of a Patient Preference Predictor to Help Make Medical Treatment Decisions for Incapacitated Patients, in: *Journal of Medicine and Philosophy*, Vol. 39 (2014) No. 2, 104–129.

Sachedina, A.: End-of-life. The Islamic View, in: *Lancet*, Vol. 366 (2005) No. 9487, 774–779.

Schardien, S.: Sterbehilfe als Herausforderung für die Kirchen. Eine ökumenisch-ethische Untersuchung konfessioneller Positionen, Gütersloh 2007.

Schicktanz, S.: Zwischen Selbst-Deutung und Interpretation durch Dritte, in: *Ethik in der Medizin*, Vol. 20 (2008) No. 3, 181–190.

Schicktanz, S.; Raz, A.; Shalev, C.: The Cultural Context of End of Life Ethics. A Comparison of Germany and Israel, in: *Cambridge Quarterly of Healthcare Ethics*, Vol. 19 (2010) No. 3, 381–394.

Schicktanz, S.; Raz, A.; Shalev, C.: The Cultural Context of Patient Autonomy and Doctors' Duties. Passive Euthanasia and Advance Directives in Germany and Israel, in: *Medicine, Health Care and Philosophy*, Vol. 13 (2010) No. 4, 363–369.

Schicktanz, S.; Schweda, M.; Franzen, M.: "In a Completely Different Light." The Role of "Being Affected" for the Epistemic Perspectives and Moral Attitudes of Patients, Relatives and Laypeople, in: *Medicine, Health Care and Philosophy*, Vol. 11 (2008) No. 1, 57–72.

Schicktanz, S.; Schweda, M.; Wynne, B.: The Ethics of "Public Understanding of Ethics" – Why and How Bioethics Expertise Should Include Public and Patients' Voices, in: *Medicine, Health Care and Philosophy*, Vol. 15 (2012) No. 2, 129–139.

Schicktanz, S.; Wöhlke, S.: Kulturelle Faktoren bei Entscheidungen zur Therapiebegrenzung, in: Michaelsen, A.; Hartog, C. S. (Hg.): End-of-Life Care in der Intensivmedizin, Berlin 2013, 133–138.

Searight, H. R.; Gafford, J.: Cultural Diversity at the End of Life: Issues and Guidelines for Family Physicians, in: *American Family Physician*, Vol. 71 (2005), 515–522.

Shalev, C.: Reclaiming the Patient's Voice and Spirit in Dying. An Insight from Israel, in: *Bioethics*, Vol. 24 (2010) No. 3, 134–144.

Shvartzman, P.; Reuven, Y.; Halperin, M.; Menahem, S.: Advance Directives – The Israeli Experience, in: *Journal of Pain and Symptom Management*, Vol. 49 (2015) No. 6, 1097–1101.

Smith, W. J.: Culture of Death. The Assault on Medical Ethics in America, San Francisco 2013.

Sprung, C. L.; Truog, R. D.; Curtis, J. R.; Joynt, G. M.; Baras, M.; Michalsen, A.; Briegel, J.; Kesecioglu, J.; Efferen, L.; De Robertis, E.; Bulpa, P.; Metnitz, P.; Patil, N.; Hawryluck, L.; Manthous, C.; Moreno, R.; Leonard, S.; Hill, N. S.; Wennberg, E.; McDermid, R. C.; Mikstacki, A.; Mularski, R. A.; Hartog, C. S.; Avidan, A.: Seeking Worldwide Professional Consensus on the Principles of End-of-life Care for the Critically Ill. The Consensus for Worldwide End-of-Life Practice for Patients in Intensive Care Units (WELPICUS) Study, in: *American Journal of Respiratory and Critical Care Medicine*, Vol. 190 (2014) No. 8, 855–866.

Steinberg, S. S.: Cultural and Religious Aspects of End-of-life Care, in: *International Journal of Critical Illness & Injury Science*, Vol. 1 (2011) No. 2, 154–156.

Strauss, A. L.; Corbin, J. M.: Basics of Qualitative Research, Newbury Park 1990.

Van der Heide, A.; Deliens, L.; Faisst, K.; Nilstun, T.; Norup, M.; Paci, E.; van der Wal, G.; van der Maas, P. J.: End-of-life Decision-making in Six European Countries. Descriptive Study, in: *Lancet*, Vol. 362 (2003) No. 9382, 345–350.

Wiesing, U.: Durfte der Kieler Ärztetag den ärztlich assistierten Suizid verbieten? Nein!, in: *Ethik in der Medizin*, Vol. 25 (2013) No. 1, 67–71.

Wiesing, U.; Jox, R. J.; Heßler, H.; Borasio, G. D.: A New Law on Advance Directives in Germany, in: *Journal of Medical Ethics*, Vol. 36 (2010) No. 12, 779–783.

Anmerkungen

1   Vgl. Eisenberg, J. B.: Using Terri. The Religious Right's Conspiracy to Take away our Rights, San Francisco 2005.

2   Vgl. Myers, R. S.: Reflections on the Terri Schindler-Schiavo Controversy, in: *Catholic Social Science Review*, Vol. 11 (2006), 65–86.

3   Vgl. Kinzbrunner, B. M.: The Terri Schiavo Case – from the Viewpoint of Jewish Law, in: *B'Or Ha'Torah*, Vol. 18 (2008) No. 5769, 117–133.

4   Vgl. Noah, B. A.: Politicizing the End of Life. Lessons from the Schiavo Controversy, in: *University of Miami Law Review*, Vol. 59 (2004) No. 107, 107–134.

5   Vgl. Kagawa-Singer, M.; Blackhall, L. J.: Negotiating Cross-cultural Issues at the End of Life, in: *Journal of the American Medical Association*, Vol. 286 (2001) No. 23, 2993–3001. – Kwak, J.; Haley, W. E.: Current Research Findings on End-of-life Decision Making among Racially or Ethnically Diverse Groups, in: *Gerontologist*, Vol. 45 (2005) No. 5, 634–641. – Ganz, F. D.; Benbenishty, J.; Hersch, M.; Fischer, A.; Gurman, G.; Sprung, C. L.: The Impact of Regional Culture on Intensive Care End of Life Decision Making. An Israeli Perspective from the ETHICUS Study, in: *Journal of Medical Ethics*, Vol. 32 (2006) No. 4, 196–199. – Schicktanz, S.; Wöhlke, S.: Kulturelle Faktoren bei Entscheidungen zur Therapiebegrenzung, in: Michaelsen, A.; Hartog, C. S. (Hg.): End-of-Life Care in der Intensivmedizin, Berlin 2013, 133–138.

6   Vgl. Blank, R. H.: End-of-Life Decision Making across Cultures, in: *Journal of Law, Medicine & Ethics*, Vol. 39 (2011) No. 2, 201–214.

7   Vgl. Negin, R. T.; Nalini, A.: Ratings of Essentialism for Eight Religious Identities, in: *International Journal for the Psychology of Religion*, Vol. 21 (2011) No. 1, 17–29.

8   Vgl. Steinberg, S. S.: Cultural and Religious Aspects of End-of-life Care, in: *International Journal of Critical Illness & Injury Science*, Vol. 1 (2011) No. 2, 154–156.

9   Vgl. Van der Heide. A.; Deliens, L.; Faisst, K.; Nilstun, T.; Norup, M.; Paci, E.; van der Wal, G.; van der Maas, P. J.: End-of-life Decision-making in Six European Countries. Descriptive Study, in: *Lancet*, Vol. 362 (2003) No. 9382, 345–350.

10 Vgl. Searight, H. R.; Gafford, J.: Cultural Diversity at the End of Life. Issues and Guidelines for Family Physicians, in: *American Family Physician*, Vol. 71 (2005), 515–522.

11 Vgl. Rid, A.; Wendler, D.: Use of a Patient Preference Predictor to Help Make Medical Treatment Decisions for Incapacitated Patients, in: *Journal of Medicine and Philosophy*, Vol. 39 (2014) No. 2, 104–129.

12 Vgl. Benhabib, S.: The Claims of Culture: Equality and Diversity in the Global Era, Princeton 2002.

13 Vgl. Schicktanz, S.; Schweda, M.; Wynne, B.: The Ethics of "Public Understanding of Ethics" – Why and How Bioethics Expertise Should Include Public and Patients' Voices, in: *Medicine, Health Care and Philosophy*, Vol 15 (2012) No. 2, 129–139.

14 Vgl. Jonsen, A. R.: The Birth of Bioethics, New York 2003. – Sprung, C. L.; Truog, R. D.; Curtis, J. R.; Joynt, G. M.; Baras, M.; Michalsen, A.; Briegel, J.; Kesecioglu, J.; Efferen, L.; De Robertis, E.; Bulpa, P.; Metnitz, P.; Patil, N.; Hawryluck, L.; Manthous, C.; Moreno, R.; Leonard, S.; Hill, N. S.; Wennberg, E.; McDermid, R. C.; Mikstacki, A.; Mularski, R. A.; Hartog, C. S.; Avidan, A.: Seeking Worldwide Professional Consensus on the Principles of End-of-life Care for the Critically Ill. The Consensus for Worldwide End-of-Life Practice for Patients in Intensive Care Units (WELPICUS) Study, in: *American Journal of Respiratory and Critical Care Medicine*, Vol. 190 (2014) No. 8, 855–866.

15 Vgl. Dorff, E. N.: Matters of Life and Death. A Jewish Approach to Modern Medical Ethics, Philadelphia 1998. – Engelhardt, H. T.: Bioethics and Secular Humanism. The Search for a Common Morality, Philadelphia 1991. – Sachedina, A.: End-of-life. The Islamic View, in: *Lancet*, Vol. 366 (2005) No. 9487, 774–779.

16 Vgl. Clarfield, A. M.; Gordon, M.; Markwell, H.; Alibhai, S. M. H.: Ethical Issues in End-of-Life Geriatric Care. The Approach of Three Monotheistic Religions – Judaism, Catholicism, and Islam, in: *Journal of the American Geriatric Society*, Vol. 51 (2003) No. 8, 1149–1154. – Bülow, H.; Sprung, C. L.; Reinhart, K.; Prayag, S.; Du, B.; Armaganidis, A.; Abroug, F; Levy, M. M.: The World's Major Religions' Points of View on End-of-life Decisions in the Intensive Care Unit, in: *Intensive Care Medicine*, Vol. 34 (2008) No. 3, 423–430. – Angell, M.: The Legacy of Karen Ann Quinlan, in: *Trends in Health Care, Law & Ethics*, Vol. 8 (1993) No. 1, 17–19.

17 Vgl. Searight et al.: Cultural Diversity [FN 10].

18 Vgl. Engelhardt: Bioethics and Secular Humanism [FN 15].

19 Vgl. Schardien, S.: Sterbehilfe als Herausforderung für die Kirchen. Eine ökumenisch-ethische Untersuchung konfessioneller Positionen, Gütersloh 2007.

20 Vgl. Schicktanz, S.; Raz, A.; Shalev, C.: The Cultural Context of End of Life Ethics. A Comparison of Germany and Israel, in: *Cambridge Quarterly of Healthcare Ethics*, Vol. 19 (2010) No. 3, 381–394.

21 Drittes Gesetz zur Änderung des Betreuungsrechts, in: *Bundesgesetzblatt*, Nr. 48 (2009), 2286–2287.

22 Vgl. Wiesing, U.; Jox, R. J.; Heßler, H.; Borasio, G. D.: A New Law on Advance Directives in Germany, in: *Journal of Medical Ethics*, Vol. 36 (2010) No. 12, 779–783.

23 Vgl. Borasio, G. D.; Jox, R. J.; Wiesing, U.: Selbstbestimmung im Sterben – Fürsorge zum Leben. Ein Gesetzesvorschlag zur Regelung des assistierten Suizids, Stuttgart 2014. – Wiesing, U.: Durfte der Kieler Ärztetag den ärztlich assistierten Suizid verbieten? Nein!, in: *Ethik in der Medizin,* Vol. 25 (2013) No. 1, 67–71.

24 Vgl. Schicktanz et al.: Cultural Contexts [FN 20]. – Barilan, Y. M.: Revisiting the Problem of Jewish Bioethics. The Case of Terminal Care, in: *Kennedy Institute of Ethics* Journal, Vol. 13 (2003) No. 2, 141–168. – Ders.: Human Dignity, Human Rights, and Responsibility. The New Language of Global Bioethics and Biolaw, Cambridge, Mass. 2012.

25 Vgl. ebd. – Jotkowitz, A. B.; Glick, S.: The Israeli Terminally Ill Patient Law of 2005, in: *Journal of Palliative Care*, Vol. 25 (2009) No. 4, 284–288. – Shalev, C.: Reclaiming the Patient's Voice and Spirit in Dying. An Insight from Israel, in: *Bioethics*, Vol. 24 (2010) No. 3, 134–144.

26 Persönliche Mitteilung von Eti Biton, Registrierstelle, Zentrum für Patientenverfügungen, Israelisches Gesundheitsministerium, 1. Januar 2017. – Vgl. Shvartzman, P.; Reuven, Y.; Halperin, M.; Menahem, S.: Advance Directives – The Israeli Experience, in: *Journal of Pain and Symptom Management*, Vol. 49 (2015) No. 6, 1097–1101.

27 Vgl. Pelleg, G.; Leichtentritt, R. D.: Spiritual Beliefs among Israeli Nurses and Social Workers. A Comparison Based on their Involvement with the Dying, in: *Omega (Westport)*, Vol. 59 (2009) No. 3, 239–252.

28 Vgl. Raz, A.; Jordan, I.; Schicktanz, S.: Exploring the Positions of German and Israeli Patient Organizations in the Bioethical Context of End-of-life Policies, in: *Health Care Analysis*, Vol. 22 (2014), 142–159.

29 Vgl. Angell: The Legacy of Karen Ann Quinlan [FN 16].

30 Vgl. Ferber, S.: Bioethics in Historical Perspective, Basingstoke 2013.

31 Vgl. Smith, W. J.: Culture of Death. The Assault on Medical Ethics in America, San Francisco 2013.

32 Vgl. Leichtentritt, R. D.; Rettig, D.: Meanings and Attitudes toward End-of-life Preferences in Israel, in: *Death Studies*, Vol. 23 (1999) No. 4, 323–358.

33 Vgl. Schicktanz, S.; Raz, A.; Shalev, C.: The Cultural Context of Patient Autonomy and Doctors' Duties: Passive Euthanasia and Advance Directives in Germany and Israel, in: *Medicine, Health Care and Philosophy*, Vol. 13 (2010) No. 4, 363–369.

34 Vgl. Schicktanz, S.; Schweda, M.; Franzen, M.: "In a Completely Different Light." The Role of "Being Affected" for the Epistemic Perspectives and Moral Attitudes of Patients, Relatives and Laypeople, in: *Medicine, Health Care and Philosophy*, Vol. 11 (2008) No. 1, 57–72.

35 Vgl. Morgan, D. L.: Focus Groups as Qualitative Research, Newbury Park 1994. – Bohnsack, R.: Rekonstruktive Sozialforschung. Einführung in Methodologie und Praxis qualitativer Forschung, Opladen 2000.

36 Vgl. Strauss, A. L.; Corbin, J. M.: Basics of Qualitative Research, Newbury Park 1990. – Mayring, P.: Qualitative Content Analysis, in: *Forum Qualitative Social Research*, Vol. 1 (2000).

37 Vgl. Inthorn, J.; Schicktanz, S.; Rimon-Zarfaty, N.; Raz, A.: "What the Patient Wants …" Lay Attitudes towards End-of-life Decisions in Germany and Israel, in: *Medicine, Health Care and Philosophy*, Vol. 18 (2014) No. 3, 329–340.

38 Vgl. Benhabib: The Claims of Culture [FN 12].

39 Vgl. Schicktanz, S.: Zwischen Selbst-Deutung und Interpretation durch Dritte, in: *Ethik in der Medizin*, Vol. 20 (2008) No. 3, 181–190.

40 Vgl. Parry, R.; Land, V.; Seymour, J.: How to Communicate with Patients about Future Illness Progression and End of Life. A Systematic Review, in: *BMJ Supportive and Palliative Care*, Vol. 4 (2014), 331–341.

41 Vgl. Kramer, E. M.: Cultural Fusion and the Defense of Difference, in: Asante, M. K.; Min, E. (Hg.): Socio-cultural Conflict between African and Korean Americans, New York 2011, 182–223.

42 Vgl. Ders.: Preface, in: Croucher, S.; Cronn-Mills, D. (Hg.): Religious Misperceptions. The Case of Muslims and Christians in France and Britain, New York 2000, VII–XXXII.

43 Vgl. Mordhorst-Mayer, M.; Rimon-Zarfaty, N.; Schweda, M.: "Perspectivism" in the Halakhic Debate on Abortion between Moshe Feinstein and Eliezer Waldenberg – Relations between Jewish Medical Ethics and Socio-Cultural Contexts, in: *Women in Judaism*, Vol. 10 (2014).

44 Vgl. Raz, A.; Schicktanz, S.: Comparative Empirical Bioethics. Dilemmas of Genetics and Euthanasia in Israel and Germany, Berlin 2016.

„Ich bin aber Gott sei Dank kein ausgeprägter Atheist."
Verständnisweisen postsowjetischer Juden in Deutschland von Religiosität und ihre Bedeutung für die Versorgung am Lebensende

Silke Migala, Olga Sokolova und Uwe Flick

Einleitung

Zu den Kernanliegen von Palliative Care gehört der gleichberechtigte Zugang zu einer bedarfsorientierten Versorgung, die darauf abzielt, die Lebensqualität Schwerkranker und Sterbender zu erhalten und zu verbessern. Zum Konstrukt der Lebensqualität in Palliative Care gehören physische, psychosoziale und spirituelle Dimensionen, die bei der Einschätzung und Versorgung für alle Menschen, gleichgültig welcher soziokultureller, religiöser oder ethnischer Zugehörigkeit zu berücksichtigen sind.[1] Internationale Untersuchungen zeigen jedoch, dass individuelle oder gruppenspezifische Einflüsse, sozioökonomische Benachteiligungen sowie strukturelle oder organisationsbezogene Faktoren zu einem erschwerten Zugang und einer geringeren Nutzung von hospizlichen und palliativen Angeboten u.a. bei Menschen mit Migrationshintergrund führen können. Gleichermaßen wird thematisiert, dass z.B. der Einfluss soziokultureller Traditionen oder individuelle Glaubensüberzeugungen die Kommunikation über den bevorstehenden Tod, Schmerzbehandlung, Therapieverzicht und Therapieabbruch sowie Abschied und Trauer erschweren können und teils mit den Prinzipien der Selbstbestimmtheit und Autonomie in Palliative Care, wie sie in modernen westlichen Gesellschaften verstanden werden, kollidieren. Dazu gehören beispielsweise der Wunsch nach möglichst später oder Nicht-Aufklärung des Patienten oder nach kurativer Versorgung und lebensverlängernden Maßnahmen bis zuletzt.[2] Für die Hospiz- und Palliativversorgung in Deutschland fehlen dagegen migrationsspezifische Untersuchungen und Daten zum Zugang und zur Nutzung von Angeboten am Lebensende weitgehend.[3]

Hier knüpft die Studie PALQUALSUM[4] an, die die hospizliche und palliative Versorgungssituation von russischsprachigen Migranten untersucht, die eine der größten Migrantengruppen in Deutschland repräsentieren.[5] Weitere Ausgangspunkte waren Hinweise auf eine teilweise geringe Inanspruchnahme von Angeboten der Gesundheitsversorgung, professioneller Pflege[6] wie auch der Hospiz- und Palliativversorgung.[7] Im Fokus steht dabei die Frage nach den Vorstellungen von gutem Sterben und Lebensqualität der russischsprachigen Migranten am Ende ihres Lebens. Ziel ist es, die Versorgungssituation von russischsprachigen Migranten am Ende ihres Lebens aus unterschiedlichen Perspektiven zu beschreiben und zu analysieren, auch inwiefern die Ziele der Palliativversorgung im interkulturellen Kontext umgesetzt werden.

Design und Methode der PALQUALSUM-Studie

Um einen Zugang zu den subjektiven Sichtweisen und Handlungsorientierungen, für die die sozialen und kulturellen Kontexte bedeutsam sind, zu erhalten, wurde für diese Studie ein offenes qualitatives Forschungsdesign gewählt. Mit den russischsprachigen Migranten wurden episodische Interviews[8] geführt, in denen nach thematischen Schwerpunkten Fragen u.a. zum Erleben des Zugangs zur und Erfahrungen mit der Hospiz- und Palliativversorgung, hinsichtlich lebensqualitätsbezogener Bedürfnisse und Erwartungen sowie zur Rolle der Familie am Lebensende gestellt wurden.

Dieser Beitrag bezieht sich im Weiteren auf die subjektiven Sichtweisen von postsowjetischen Juden in Deutschland, die einen Teil der Untersuchungsgruppe darstellen.[9] Dabei werden folgende Fragen in den Fokus gerückt: Welche religiösen und spirituellen Verständnisweisen und deren Bedeutungen für die Situation am Lebensende zeigen sich aus der Perspektive postsowjetischer Juden? In welchem Verhältnis stehen diese zu anderen Bedürfnisse im Bereich Palliative Care?

Für die Bearbeitung dieser Fragen wird der historische soziokulturelle Hintergrund der jüdischen Zuwanderer möglichst umfassend berücksichtigt. In Bezug auf eine jüdisch-religiöse Identität von jüdischen Zuwanderern aus der Sowjetunion und deren Nachfolgestaaten, die meist als sogenannte Kontingentflüchtlinge nach Deutschland gekommen sind, wird auf ihre weitgehend säkulare Sozialisation verwiesen. Diese wird u.a. darauf zurückgeführt, dass zu Sowjetzeiten die Mehrheit aller Juden in den Städten lebte, die zur Zeit der Industrialisierung ein guter Boden für neue „rote" Rituale waren und dem Einfluss der anti-religiösen kommunistischen Propaganda stärker als in ländlichen Gegenden ausgesetzt wurden. Diese zeigte sich beispielsweise in der Einführung der siebentägigen Arbeitswoche und in Bezug auf die Bestattung, für die schon in den 1920er Jahren eine Kremation anstelle einer Erdbestattung propagiert wurde.[10] Durch die weitgehend säkulare Sozialisation der jüdischen Zuwanderer fand die Integration in einem Spannungsfeld zwischen den Erwartungen der Mehrheitsgesellschaft und jüdischen Gemeinden einerseits und den persönlichen Definitionen des Jüdischseins der Zuwanderer andererseits statt.[11] Trotz einer Mitgliedschaft in der jüdischen Gemeinde, die etwa die Hälfte aller bis 1998 zugereisten (post)sowjetischen Juden in Anspruch nahmen, bleibt die Gemeinde für die meisten eine soziale Anlaufstelle.[12]

Unabhängig von religiösen Aspekten können darüber hinaus Erfahrungen mit der Versorgung am Lebensende und der Umgang mit schwerer Krankheit und Sterben in der ehemaligen Sowjetunion bedeutsam sein. So war bis 1993 gesetzlich geregelt, dass der Arzt eine lebensbedrohliche Diagnose nur den Angehörigen mitteilen durfte, die überwiegend die pflegerische Versorgung der Schwerkranken und Sterbenden übernahmen. Das fürsorgliche Verschweigen einer lebensbedrohlichen Diagnose entsprach dem ethischen Verständnis und galt als Vorbeugung eines Suizids. Erst im Jahr 1990 wurde in St. Petersburg das erste Hospiz eröffnet. Trotz des stetigen Ausbaus der palliativen Versorgung, für die in Russland 2011 erstmals eine offizielle Definition zum Schmerz- und Symptommanagement unheilbar erkrankter Patienten formuliert wurde, bestehen regionale Versorgungsdefizite vor allem außerhalb der Großstädte. Fehlendes Wissen zu internationalen Standards und Prinzipien der Palliativmedizin, komplizierte Regelungen zum Zugang und Umgang mit Opiaten und Mangel an Fachpersonal beschreiben weitere Herausforderungen im russischen Gesundheitssystem.[13] Informationsmangel, Angst und Unsicherheit in der Bevölkerung gelten als Barrieren für eine Inanspruchnahme.[14] Nach dem Ende der Sowjetunion nahm die Pflege noch bestehender religiös-traditioneller Bestattungsrituale immer weiter ab und es zeigt sich eine Tendenz zur Materialisierung der Trauer, was mit einem Verlust des spirituellen Erlebens von Trauer einhergeht oder dadurch bedingt ist.[15]

Sampling und Durchführung der Interviews

Um die Heterogenität der russischsprachigen Migranten zu be-rücksichtigen, wurden Männer und Frauen aus verschiedenen Ländern der ehemaligen Sowjetunion, unterschiedlichen Alters und Religionszugehörigkeiten einbezogen, die zum Zeitpunkt des Interviews als Patienten ein Angebot der Hospiz- und Palliativversorgung in Anspruch genommen oder als Angehörige einen nahen Verwandten begleitet haben. Ebenso wurden Angehörige einbezogen, die in der Vergangenheit entsprechende Erfahrungen gemacht haben.

Der Zugang zu den Patienten und Angehörigen erfolgte über-wiegend durch Mitarbeiter der Hospiz- und Palliativversorgung oder Vereine und Selbsthilfegruppen mit besonderem Bezug zur Zielgruppe. Von allen Teilnehmern wurde nach erfolgter Aufklä-rung über Ziele und Vorgehensweisen der Studie ein informier-tes Einverständnis eingeholt. Es wurde ihnen zugesichert, dass sie das Interview jederzeit unter- oder abbrechen können und sichergestellt, dass bei Bedarf nach dem Interview unterstützen-de Ansprechpartner zur Verfügung stehen. Die Möglichkeit, die Interviews auf Russisch führen zu können, wurde von den meis-ten gerne genutzt. Die Interviews wurden an einem den Teilneh-mern vertrauten Ort durchgeführt (durchschnittliche Dauer: 50 Minuten), digital aufgezeichnet, anschließend transkribiert und ggf. für die Analyse ins Deutsche übersetzt. Mit insgesamt 29 Teilnehmern (u.a. aus Russland, der Ukraine, Kasachstan und Usbekistan; in der Mehrzahl weibliche Angehörige; im Durch-schnitt 45 Jahre alt), wurden 31 Interviews geführt.

Für die Auswertung der Interviews wurden die Aussagen und Erzählungen zunächst im Sinne des thematischen Kodierens einzelfallbezogen und im Weiteren fallvergleichend zur Ent-wicklung einer Typologie analysiert.[16]

Beschreibung der Interviewpartner mit jüdischem Hintergrund[17]

Die jüdischen Teilnehmer (n=15, dreizehn Frauen und zwei Männer), auf die sich die Ergebnisse in diesem Beitrag bezie-hen, sind alle nach dem Ende der Sowjetunion überwiegend als Kontingentflüchtlinge nach Deutschland migriert. Nur eine jü-dische Teilnehmerin gehört zur Gruppe der Bildungsmigranten. Von den 15 jüdischen Teilnehmern fühlen sich sechs nicht-kon-fessionell an das Judentum gebunden und zwei bezeichnen sich als russisch-orthodox. Zehn Teilnehmer stammen aus Russland, vier aus der Ukraine und eine aus Usbekistan. Drei Angehörige und zwei Patienten beziehen sich in ihren Aussagen auf ihre aktuelle Lebenssituation, zehn Angehörige beziehen sich auf ihre Erfahrungen, die sie in der Vergangenheit mit der Begleitung und palliativen Versorgung ihrer bereits verstorbenen Verwandten gemacht haben. In drei Fällen ist nicht explizit von einer Inanspruchnahme von hospizlichen oder palliativen Angeboten die Rede, was in zwei Fällen auf die Unsicherheit der Interviewpartner über die richtige Bezeichnung der genutzten Versorgungsangebote und im dritten Fall auf den Wunsch der Familie nach familiärer Versorgung mithilfe eines Pflegedienstes zurückzuführen ist. Die überwiegende Anzahl der anderen Interviewpartner hat die Versorgung im Verlauf der Begleitung (mit teils mehreren Angeboten) in Hospizen (n=8), auf Palliativstationen (n=2), aber auch durch die Unterstützung eines Hospizdienstes und spezieller ambulanter pflegerischer und ärztlicher Versorgung in der Häuslichkeit (n=3) oder im Heim (n=2) erlebt.

Ergebnisse zum jüdischen Selbstverständnis und zur Bedeutung von Religiosität

In den Darstellungen der Erfahrungen der Teilnehmer mit einem jüdischen Hintergrund kommt ihr Verständnis für ihre eigene Zugehörigkeit zum Judentum, ihr „Jüdischsein" in unterschiedlicher Weise hinsichtlich ihrer Vorstellungen von Religion und Religiosität am Lebensende zum Tragen. Eine wesentliche Rolle für ihr jüdisches Selbstverständnis spielt die eigene Wahrnehmung ihrer Person als Teil einer ethnischen Gruppe in Abgrenzung zu oder im Einklang mit einer religiösen Zugehörigkeit zum Judentum. Vor diesem Hintergrund werden die jüdischen Interviewpartner zunächst jeweils einem dieser beiden „Typen" zugeordnet und ihre „typischen" Merkmale in Bezug auf ihre religiösen und spirituellen Sichtweisen herausgearbeitet. Im Anschluss werden diesbezüglich typenübergreifende Phänomene aufgezeigt, die unabhängig von ihrer Verständnisweise des Jüdischseins erkennbar sind.

(1) Jüdischsein als ethnische Zugehörigkeit ohne jüdischreligiöse Bindung

Die Interviewpartner (n=8), für die ihr eigenes Jüdischsein oder das ihrer Angehörigen eine ethnische Zugehörigkeit ohne eine religiös-jüdische Bindung bedeutet, begründen diese Abgrenzung auf unterschiedliche Weise. Man ist Jude schlicht nach den „jüdischen Gesetzen", fühlt sich der russisch-orthodoxen Religion zugehörig und/oder eine religiöse Bindung widerspricht ihrer bildungsorientierten und aufgeklärten Lebensweise. Mehrfach wird auf die sowjetische Herkunft und Sozialisation verwiesen, die dazu geführt hat, ohne religiöse Erfahrungen aufzuwachsen.

Bedeutung von jüdischer Religiosität als Widerspruch zu anderen „Identitäten"

Für diesen „Typus" ergibt sich keine Verpflichtung, sich bestimmten vorgegebenen jüdischen Regeln entsprechend zu verhalten. Besonders deutlich wird dies in der Auseinandersetzung mit den Themen Sterbehilfe, der Einnahme sedierender Opiate oder der Bestattung nach dem Tod. In diesen Fällen widersprechen die jeweiligen persönlichen Einstellungen und Wünsche ihrer Ansicht nach (nicht nur) jüdisch-religiösen Regeln. Was es heißt, religiös zu sein, wird hier eher darüber definiert bzw. eingegrenzt, indem beschrieben wird, was es heißt, nicht-religiös zu sein. So interpretiert z.B. eine Interviewpartnerin den Wunsch ihrer Freundin nach Sterbehilfe und ihre eigene Haltung zu religiösen Leidensvorstellungen als Erklärung für ihre nicht-religiöse Lebensweise:

> „Sie war natürlich keine religiöse Person, nein, ich meine nicht ‚natürlich', sondern sie war einfach kein religiöser Mensch. [...] Deshalb, im Prinzip * ich glaube, verzeihen Sie, aber ich glaube, es sind nicht-religiöse Menschen, die sich für die Sterbehilfe entscheiden [...]. Ich weiß nicht, wenn man rein philosophisch darüber nachdenkt, ich glaube nicht, dass dieses Leiden am Ende des Lebens unbedingt sein soll, dass es in irgendeiner Weise eine Erleuchtung oder neues Wissen den Menschen bringt [...]." (Ang 03, Freundin)

Hinsichtlich der Bestattung ist insbesondere ein Wunsch nach einer Kremation der erkrankten Angehörigen oder Verstorbenen bedeutsam, da entweder die Patienten selbst oder aber ihre Angehörigen dies als möglichen Widerspruch zu dem, was von ihnen als Juden erwartet wird, identifiziert haben und sich daraus Klärungsbedarf mit der jüdischen Gemeinde ergab:

> „[...] er sagte mir, er wolle nicht nach jüdischer Tradition bestattet werden, sagte mir, wie er bestattet werden möch-

te […]. Ich organisierte das schon im Voraus, brachte einen Zeugen hierher, wir unterschrieben ein Dokument, damit wir nachher keinen Ärger mit der jüdischen Gemeinde bekommen, denn es gab schon solche Vorfälle. Ich wollte mich sozusagen absichern. […] wir möchten, dass er kremiert und seine Asche dann im Wasser zerstreut wird." (Ang 08, Tochter)

Die jüdische Gemeinde wird hier tendenziell eher als Institution dargestellt, die aus praktischen Erwägungen etwa für die Nutzung der Bibliothek oder grundsätzlich für die Organisation einer den jüdischen Regeln entsprechenden Bestattung eine Rolle spielt.

Unter denen, für die andere (nicht-jüdische) religiöse Bedürfnisse am Lebensende zum Tragen kommen, weil „ein Mensch doch etwas glauben muss, irgendeine seelische Unterstützung braucht" oder die Auseinandersetzung mit der eigenen Endlichkeit zumindest religiöse Fragen aufwirft, entspricht es ihrem Selbstverständnis, dass diese auch durch andere Religionen befriedigt werden können.

„Deswegen, wir können und dürfen uns da alles vorstellen, was uns (lacht) irgendwie, äh, ja, das (lacht) Leben erleichtert. […] Ich bin da auch so ein bisschen neidisch auf gläubige Menschen, die wirklich fest daran glauben, ,ne bestimmte Vorstellung haben, wie so das Seelenleben nach dem körperlichen Tod weitergeht. […] – Das ist für sie eine Hilfe, eine – ja, das ist so der Boden unter ihren Füßen, wenn sie in so eine Situation kommen, wo sie diesen Boden verlieren und wo sie dann nicht weiter wissen. Ich bin aber Gott sei Dank auch kein ausgeprägter Atheist im Sinne, dass ich da, mhm, also, ich hab' auch keinen festen Glauben daran, dass es (lacht) nichts gibt da auf der anderen Seite." (Pat 04, männlich)

Dieses Verständnis ihres Jüdischseins entspricht jeweils ihrem persönlichen Selbstverständnis, welches sie für sich nicht infrage stellen, auch wenn sich einige implizit oder explizit in der Pflicht sehen, sich zu erklären. Andere verdeutlichen dagegen eine gewisse Leichtigkeit im Umgang mit ihrer nicht-jüdisch-religiösen Haltung, die für sie nicht im Widerspruch zu ihrer ethnischen Zugehörigkeit oder formalen Mitgliedschaft in der jüdischen Gemeinde steht.

(2) Jüdischsein als religiöse Zugehörigkeit zum Judentum

Für sieben Teilnehmer, für die ihr Jüdischsein sich nicht auf eine ethnische Zugehörigkeit beschränkt, spielen sowohl soziale als auch religiöse Aspekte in ihren Lebensläufen eine, wenn auch in unterschiedlicher Ausprägung wesentliche Rolle für ihr jüdisches Selbstverständnis. Auch in diesen Fällen wird häufig die sowjetische Herkunft als bedeutsam für ihr Verständnis des Jüdischseins thematisiert. Im Gegensatz zu den anderen war für sie die Migration jedoch Anlass für eine erstmalige bzw. intensivere Auseinandersetzung mit jüdischen Traditionen und religiösen Positionen.

Bedeutung von Religiosität als sozialer Halt

Nur wenige können auf Erfahrungen mit jüdischen Traditionen vor ihrer Migration nach Deutschland zurückgreifen. Selbst hier wird betont, dass es sich um „verdeckte" oder erst im Nachhinein erkannte Elemente jüdischer Lebensweisen handelt, die von ihren Eltern oder Großeltern gepflegt wurden.

> „Meine Oma war zum Beispiel eine tiefgläubige Frau, zeigte es aber niemandem. […], aber sie betete im Stillen und sie folgte gewissen Traditionen. Erst viele Jahre später begriff meine Mutter, dass es sich so nach dem religiösen Gesetz gehörte." (Ang 25, Tochter und Freundin)

Für viele bot die jüdische Gemeinde, überwiegend wahrgenommen als eine sozialkulturelle Institution, Orientierung bei der Suche nach sozialer und gesellschaftlicher Anbindung nach der Migration und stellt einen Ansprechpartner in der Aufnahmegesellschaft für soziale Fragen dar.

Doch wird die jüdische Gemeinde auch als religiöse Instanz wahrgenommen, die für jüdisch-religiöse Positionen steht und Regeln bestimmt, von denen man abhängig ist.

> „[…] wegen der Bestattung, da es sich bei den Juden so gehört, dass man schon am nächsten Tag beerdigt wird, […] bei ihm hat sich die alte Geburtsurkunde finden lassen, wo stand, dass er ein Jude ist. Hätte es sie nicht gegeben, hätte die Gemeinde gesagt, dass sie sich damit nicht beschäftigen werden." (Ang 05, Lebensgefährtin)

Nur für wenige Interviewpartner hat das Gebet zu Gott und die Wahrnehmung Gottes als jenem, der Leben gibt und Leben nimmt, aus ihrer Sicht Bedeutung für ihre sterbenden Angehörigen am Lebensende. Besonders relevant ist dagegen, sich den jüdischen Regeln entsprechend zu verhalten. Darin zeigt sich allerdings auch, dass im Wesentlichen ein formales Verständnis von Religiosität verdeutlicht wird. Oft findet diese Tendenz ihren Ausdruck darin, dass man sich den rituellen Aspekten des Religiösen zuwendet. Besonders die Teilnahme an religiösen Festen, Gottesdiensten oder eine den Traditionen entsprechende Pflege der Gräber, verstanden als sakrale Orte, werden in diesem Zusammenhang thematisiert. In Bezug auf die Bestattung wird hier nun deutlich, dass es für die Durchführung einer jüdischen Bestattung auf dem jüdischen Friedhof wichtig ist, dass „alles gemacht wird, wie es sich gehört" (Ang 25, Tochter und Freundin).

Auch in diesem „Typus" werden durch die Interviewpartner „Patchwork-Identitäten" verdeutlicht. Im Unterschied zu einer jüdisch-ethnischen und russisch-orthodoxen Zugehörigkeit geht es hier einmal um Anleihen aus unterschiedlichen Religionen, die für das persönliche Selbstverständnis eine Rolle spielen.

> „Hier in Deutschland war er ein aktives Mitglied der jüdischen Gemeinde, besuchte regelmäßig den Gottesdienst am Schabbat, bekam zu Hause Besuche von einem Rabbiner. Er nahm das alles sehr ernst, obwohl ich weiß, dass er zu denjenigen gehörte, die glaubten, Gott sei für alle ein und derselbe. [...] Zu Hause hatte er Heiligenbilder und den Talmud, also, er sprach zu Gott, so wie er konnte." (Ang 25, Tochter und Freundin)

Auch findet in Bezug auf bestimmte religiöse Regeln und Positionen z.B. hinsichtlich der „terminalen Sedierung" eine Auseinandersetzung mit anderen ethnischen Zugehörigkeiten statt, mit der sie jedoch nicht grundsätzlich ihre jüdisch-religiöse Zugehörigkeit infrage stellen.

> „Die Deutschen meinen, dass es doch humaner ist * sie irgendwie sanft, sanft, sanft auf Drogen und ins Nichtsein. Die Juden sind der Meinung, dass man es nicht machen darf. * Diese Frage interessiert mich zum Beispiel auch. Für mich würde ich eher den deutschen Weg wählen *. (Ang 24, Freundin)

Das religiöse Verständnis des Jüdischseins dieser Interviewpartner drückt eine gewisse Suche nach Religiosität aus, bei der „sich jeder bemühte in der Familie, den Traditionen zu folgen" (Ang 25), was ihnen sozialen Halt gibt.

(3) Typenübergreifende Phänomene

Positive Wahrnehmung konfessioneller Einrichtungen für die Versorgung am Lebensende

Insgesamt, auch unter denen, die sich nicht-konfessionell gebunden fühlen, findet sich eine positive Einschätzung von konfessionellen Einrichtungen der hospizlichen und pflegerischen Versorgung. Sowohl Einrichtungen der jüdischen Gemeinde als auch in christlicher Trägerschaft werden als vertrauenswürdig(er) wahrgenommen, in denen beispielsweise die Mitarbeiter sich „unangemessenes" diskriminierendes Verhalten nicht erlauben können oder keine dubiosen oder rein materiellen Absichten zu befürchten sind. Gläubige Pflegekräfte haben ein positives Image, von denen eine würdige Versorgung am Lebensende erwartet wird:

> „Und dann rief ich den Pflegedienst von der jüdischen Gemeinde an. [...] Denn die Ersten machten so einen Eindruck * solche Schelme, ja. Deshalb dachte ich, dass wenn dieser Pflegedienst schon von der jüdischen Gemeinde ist, dann müssten da anständige Menschen sein, und das wird schon mehr oder weniger kontrolliert, und das ist dann keine merkwürdige Organisation, die von dir erwartet, dass du bei irgendwelchen unsauberen Geschäften mitmachst." (Ang 03, Freundin)

Sterben in Würde

Sterben in einer Umgebung, die dem Sterbenden Respekt und angemessene Aufmerksamkeit zollt und den Wünschen des Sterbenden (zumindest weitgehend) gerecht wird, sind elementare Bedürfnisse und Erwartungen, um deren Erfüllung es allen an der Begleitung des Sterbenden Beteiligten aus der Sicht der Interviewpartner gehen sollte. Dabei zeigt sich in den meisten Interviews eine positive Haltung gegenüber professionellen Versorgungsangeboten am Lebensende, die daran einen wesentlichen Anteil haben können.

> „Also, er war wirklich, ihm ... ein Jahr, etwas mehr als ein Jahr lebte er in diesem Hospiz, das ihm einfach das Leben verlängert hat, um dieses Jahr. Er starb nicht in Qualen, er starb in Sauberkeit, in der Stille, bei der wunderbaren Pflege, mit der wunderbaren Verpflegung, bis ..." (Ang 13, Lebensgefährtin)

Wobei fast alle Interviewpartner die Inanspruchnahme dieser

Versorgungsangebote ausdrücklich als zusätzliche Hilfeleistungen neben der familiären Sorge verstanden wissen wollten. Nur wenige Interviewpartner selbst oder ihre Angehörigen lehnen insbesondere Hospize als optionalen Sterbeort ab oder stehen ihnen ambivalent gegenüber. Damit in Zusammenhang stehen jedoch vielmehr ein bestimmtes Verständnis familiärer Verbundenheit oder negative Vorstellungen und Erfahrungen als ihre ethnisch-jüdische oder religiös-jüdische Zugehörigkeit.

Hoffnung auf Heilung und Kämpfen als gebotene Strategien
Übergreifend werden von den Interviewpartnern weitere Aspekte thematisiert, die in der Auseinandersetzung mit der eigenen Endlichkeit und im Umgang mit einer lebensbedrohlichen Krankheit für die Bewältigung aus ihrer Sicht wichtig sind. Dazu gehören beispielsweise „die Hoffnung auf Heilung bis zuletzt" oder „Kämpfen gegen die Krankheit für mehr Lebenszeit" verbunden mit dem „Glauben an körperliche Stärke".

> „Und das war so, das war eine Rebellion sofort. Und sie ist einfach nach Hause abgehauen. Und dann weiter gekämpft und weiter Ärzte gesucht, die etwas Neues vorschlagen können. Na ja. Sie wollte sehr stark leben." (Ang 26, Enkelin und Tochter)

Diese Aspekte werden nicht explizit in einen religiösen oder spirituellen Zusammenhang gestellt, sondern eher an soziale und familiäre Einstellungen geknüpft oder als Bewältigungsstrategie verdeutlicht, die sie zum Teil als typisch „russische" Mentalität beschreiben.

Zusammenfassung und Diskussion
Ziel der Analyse war es, die subjektiven Verständnisweisen des Jüdischseins für die Bedeutung von Religiosität und die Versorgung am Lebensende der jüdischen Teilnehmer darzustellen, die sich in ihrem Wissen und in ihren Erfahrungen spiegeln. Dabei zeigt sich, dass sowohl der gesellschaftliche Kontext der Sowjetzeit ebenso wie die neueren Entwicklungen der Palliativversorgung in ihren Herkunftsländern oder gesellschaftliche Diskurse zur Versorgung am Lebensende aufgrund weiterbestehender transnationaler Beziehungen nach der Migration sowie ihre Erfahrungen und die Diskurse in Deutschland ihre individuellen Vorstellungen zu Sterben, Tod und Trauer sowie „Palliative Care" mitbegründen.

In Bezug auf ihr jüdisches Selbstverständnis wird deutlich, dass teils eine sehr klare Trennung zwischen ethnischer und religiöser Zugehörigkeit zum Judentum gezogen wird und teils als ein sich im Wandel befindender Prozess verstanden werden kann, der bei vielen erst durch die Migration initiiert wurde. In beiden Typen werden eigene „Patchwork-Zugehörigkeiten" oder durch die Interviewpartner bei ihren sterbenden Angehörigen wahrgenommen und beschrieben, welche in unterschiedlicher Weise reflektiert und begründet werden. Die sich bei einigen zeigende rechtfertigende Haltung kann als Reaktion auf eine empfundene Erwartungshaltung der jüdischen Gemeinden und der Aufnahmegesellschaft verstanden werden, die einen jüdischen Zuwanderer dem Judentum verpflichtet.

Dass insgesamt ein formales Verständnis von Religiosität im Vordergrund steht und eine religiös-theologische Neugier eher weniger ausgeprägt ist, ist möglicherweise durch die Erfahrung der sowjetischen säkularen Sozialisation zu erklären. Sehr präsent ist das Thema Bestattung, und manchmal ist es das einzige in der Auseinandersetzung mit Sterben und Tod, das innerhalb der Familie zu einem Austausch geführt hat und in den Interviews hinsichtlich der Fragen nach religiösen Bedürfnissen zur Sprache kam. Die Rolle der Bestattung und der Bestattungsrituale ist bei vielen Interviewpartnern unabhängig von ihrem jüdischen Selbstverständnis asymmetrisch größer als die Rolle der Religion und des Glaubens als Mittel der Bewältigung im Sterbeprozess. Besonders der Wunsch nach Kremation als einer Art der Bestattung, die im Widerspruch zu den klaren Vorgaben in der jüdischen Tradition stehen, nach der nur eine Erdbestattung vorgesehen ist,[18] mag den starken Einfluss der sowjetischen und postsowjetischen Bestattungskultur widerspiegeln.

Den Fragen nach Religiosität am Lebensende wird im Vergleich zu familiären Konzepten und eher spirituellen Aspekten hinsichtlich einer guten Versorgung weniger Bedeutung beigemessen. Inwiefern möglicherweise bestimmte Erwartungen wie beispielsweise die Prinzipien „Hoffnung bis zuletzt" oder „Kämpfen" als Bewältigungsstrategien implizit auch jüdisch-religiöse Positionen verdeutlichen (wie zum Gebot des Lebenserhalts[19]) oder als solche verstanden werden, lässt sich anhand der Aussagen nicht nachvollziehen.

Die Ergebnisse verdeutlichen die Bandbreite von identitätsstiftenden Zugehörigkeiten und Heterogenität innerhalb dieser

Untersuchungsgruppe und geben einen Einblick zu den subjektiven Bedürfnissen und Erwartungen, die zu einer angemessenen Berücksichtigung in weiteren konzeptionellen Überlegungen führen sollten. Dabei ist zu berücksichtigen, dass eine Zugehörigkeit zum Judentum nicht gleichzusetzen ist mit bestimmten jüdisch-religiösen Verständnisweisen und Ritualen, die bei der Versorgung am Lebensende von Bedeutung sein können.

Anmerkungen

1   Vgl. Radbruch, L.; Payne, S: Standards und Richtlinien für Hospiz- und Palliativversorgung in Europa. Teil 1, in: *Palliativmedizin*, Jg. 12 (2011), Nr. 5, 221f.

2   Vgl. Soom Ammann, Eva; Salis Gross, Corina: Literaturrecherche zum State of the Art einer diversitätssensiblen Palliative Care. Teilbericht zur Bedarfsanalyse „Migrationssensitive Palliative Care: Bedarf und Bedürfnisse der Migrationsbevölkerung in der Schweiz", finanziert durch das Bundesamt für Gesundheit, Nationale Strategie Palliative Care, Bern 2013, 2f.

3   Vgl. Henke, O.; Thuss-Patience, P.: Hospiz- und Palliativversorgung von Patienten mit Migrationshintergrund in Deutschland, in: *Palliativmedizin*, Jg. 13 (2012), Nr. 4, 193.

4   Palliative Quality of Life – Service Utilization by Migrants from Russian speaking countries; gefördert vom BMBF (Förderkennzeichen: 01GY1312), Projektlaufzeit 10/2013 bis 03/2017.

5   Vgl. Bundesamt für Migration und Flüchtlinge/Bundesministerium des Innern (BAMF/BMI): Migrationsbericht 2015, Nürnberg; Berlin 2017, 216–218.

6   Vgl. Schenk, Liane et al.: Rekonstruktion der Vorstellungen vom Altern und von Einstellungen zur (stationären) Pflege bei Personen mit Migrationshintergrund. Endbericht, Berlin 2011, 236f.

7   Vgl. Zielke-Nadkarni, Andrea: Forschungsbericht zu den „Empfehlungen zur Hospiz- und Palliativbetreuung von Menschen mit Migrationshintergrund", Münster 2013, 20.

8   Vgl. Flick, Uwe: An introduction to qualitative research, London [5]2014, 273f.

9   Auf weitere thematische Aspekte sowie die Perspektiven der Spätaussiedler und Mitarbeiter der Hospiz- und Palliativversorgung wird in anderen Veröffentlichungen eingegangen.

10 Vgl. Sokolova, A.: Transformation der Bestattungsrituale bei Russen im XX–XI Jh. (am Material von Wladimir Gebiet). Manuskript der Doktordissertation im Fach Ethnologie, Ethnographie, Anthropologie. Wiss. Leitung: Dr. T. A. Listowa. Institut für Ethnologie und Anthropologie der Russischen Akademie der Wissenschaften, Moskau 2013, 64.

11 Vgl. Körber, Karen: Puschkin oder Thora? Der Wandel der jüdischen Gemeinden in Deutschland, in: Brunner, José; Lavi, Shai (Hg.): Juden und Muslime in Deutschland. Recht, Religion, Identität, Göttingen 2009 (Tel Aviver Jahrbuch für deutsche Geschichte 37), 241.

12 Vgl. Lauser, Andrea; Weissköppel, Cordula (Hg.): Migration und religiöse Dynamik. Ethnologische Religionsforschung im transnationalen Kontext, Bielefeld 2008, 16.

13 Vgl. Rybin, W. A.; Djukarewa A.M.: Fragen der Deontologie. Ethik der praktischen Medizin durch das Prisma des Problems der Euthanasie. Vorlesung zur palliativen Versorgung onkologischer Patienten, Moskau 2004, 326–350.

14 Vgl. Demin, E.W.: Eine „gute Lüge" im Fall von Krebs? Braucht man sie aus moderner Sicht? in: *Fragen der Onkologie*, Jg. 6 (2008), Nr. 54, 771f.

15 Vgl. Sokolova: Transformation der Bestattungsrituale bei Russen im XX– XI Jh. [FN 10], 192.

16 Vgl. Flick: An introduction to qualitative research. [FN 8], 423f.

17 Alle anderen Teilnehmer der Studie sind überwiegend als Spätaussiedler nach Deutschland gekommen.

18 Vgl. Heller, Birgit: Sterben, Tod und Trauer im Judentum, in: Heller, Birgit (Hg.): Wie Religionen mit dem Tod umgehen. Grundlagen für die inter- kulturelle Sterbebegleitung, Freiburg i. Br. 2012, 100.

19 Vgl. ebd., 89.

Die Geschichte des Jüdischen Krankenhauses Berlin

Gerhard Jan Jungehülsing und Gerhard Nerlich

Das Hekdesch – Aufbau der Gemeinde 1671–1756

Die Geschichte der Juden in Brandenburg begann im 10. Jahrhundert. Ca. 300 Jahre später, im Jahr 1295 wurden sie erstmals in Berlin erwähnt. Nach der Flucht aufgrund eines Pogroms 1350 und den Vertreibungen von 1440 und 1573 durch den Brandenburger Hof erließ am 21. Mai 1671 Friedrich Wilhelm, der Große Kurfürst, das „Aufnahme-Edikt": Fünfzig aus Wien ausgewiesenen jüdischen Familien wurde die Ansiedlung in Berlin gestattet. Das entsprechende Privileg für die ersten beiden Familien wurde am 10. September 1671 ausgestellt. Dieses Datum gilt als die Gründung der heutigen Berliner Jüdischen Gemeinde.[1]

Noch vor der letzten Vertreibung betrieb die Gemeinde ein Haus für arme Kranke; seine Aufgabe bestand in der Beherbergung von Kranken und Alten sowie der Armenversorgung.[2] Es befand sich in der Gegend des heutigen Rosa-Luxemburg-Platzes und war vor allem für auswärtige kranke Juden vorgesehen.[3] Ein Grund für die Errichtung solcher Hekdoschim war neben der Erfüllung einer „heiligen Pflicht" (Mizwa)[4] die Reaktion auf den bestehenden Antijudaismus.[5] So sollten im Frankfurter Heiliggeist-Hospital alle notleidenden Menschen „ohne Unterschied der Religion" betreut werden. Doch die Einrichtungen kamen fast ausschließlich den Einwohnern lutherischen Glaubens zugute.[6]

Das Judentum kennt neben anderen „heiligen Pflichten" die des Besuches Kranker (*Bikkur Cholim*). Ebenso wird im Talmud das Bestatten der Verstorbenen als eine solche Pflicht genannt. Für beides hatten sich Männer innerhalb der jüdischen Gemeinden zu Bruderschaften zusammengefunden.

Schon vier Jahre nach der Wiederansiedlung in Berlin schlossen sich 1675 die Bruderschaften für die Krankenpflege (hebr. *Chewra Bikkur Cholim*) und die für die Bestattung verstorbener Gemeindemitglieder (hebr. *Chewra Kadischa*) zu einer gemeinsamen Körperschaft zusammen.

Daneben bestand auch ein Verein frommer Frauen; er leistete „unter der Leitung zweier würdiger Matronen den Haus- und Stadtkranken, besonders den weiblichen, jede mögliche und nöthige Hilfe …" Genannt sind hier „Golde, verehelichte Selig

HILDESHEIM" und „Lea, verehelichte Wolf FÜRST".[7] Beide waren verheiratete Frauen, die im Gegensatz zu den mittelalterlichen, Armut, Gehorsam und Keuschheit verlangenden Pflegeorden die Pflege ausübten.

1703 wurde in der Schmalen Gasse, die die Klosterstraße mit der Rosenstraße verband, ein neues Hekdesch errichtet: „An der Spandauischen Mauer hat die Jüdische Gemeinde ein neues Armen- und Krancken-Hauß 3 Geschoß hoch erbauet, und vor dem Spandauer Thor ihren GOttes-Acker zu Begrabung ihrer Todten"[8].

Das bescheidene Gebäude stand noch bis 1887 und befand sich bis zuletzt in der Trägerschaft der frommen Gesellschaft der Krankenbesucher (*Chewra Bikkur Cholim*). Seit 1735 war Benjamin de Lemos als Arzt und Leiter der Einrichtung bezeugt; er war der Vater von Henriette (1764–1847), der späteren Frau von Marcus Herz (1747–1803).[9] Daneben wurde der Stadt-Chirurgus Lahrmann beschäftigt, und seit 1737 auch eine Hebamme. Diese wurde am Theatrum anatomicum und später auch an der Charité ausgebildet. Sie half den Gebärenden im Hekdesch und auch außerhalb.[10] Im Jahr 1754 begann die Bruderschaft mit der Planung eines Neubaus. Als Bauplatz waren Grundstücke an der Oranienburger Straße vor dem jüdischen Friedhof vorgesehen. Die Beerdigungsgesellschaft besaß hier ein Gebäude, Hausnummer 8, das nun aber wegen Baufälligkeit abgerissen wurde. Außerdem war es der Wunsch des Königshofes, dass „die Ansicht des Friedhofes verschwinde". Nummer 7 an der Oranienburger Straße war derzeit unbebaut und bot daher Einblick auf den Friedhof.[11] Nach zwei Jahren wurde das neue Krankenhaus mit einer Kapazität von 300 bis 350 Kranken eröffnet.

Das Erste Krankenhaus in der Oranienburger Straße – Aufklärung und Emanzipation 1756–1861

Das neu eröffnete Krankenhaus der Chewra Bikkur Cholim trug den Namen „Juden-Lazarett" und umfasste[12] in der Oranienburger Straße die Hausnummern 6–9 mit einer zugehörigen Altersversorgungsanstalt:

> „Das Kranken-Haus der jüdischen Gemeinde ist im J. 1756 auf Kosten der Gemeinde erbauet worden. Es ist 4 Stockwerke hoch und 20 Fenster breit. In diesem Gebäude sind 12 Stuben; 5 für weibliche und 7 für männliche Kranke bestimmt; ferner ein großer Reconvalescenten-Sahl, eine

Vorraths-Stube, eine Bet-Stube und eine Wohnung für den Lazareth-Vater. Das übrige des Hauses steht zum Theil leer, zum Theil ist es vermiethet. Es faßt 350–400 Kranke, [...] einheimische, ansäßige, Dienstbothen, Studierende, desgleichen Fremde, aus Polen, Preußen, aus dem Reiche etc. die entweder hier krank werden, oder, um geheilt zu werden, hierher geschickt werden. [...] Es befinden sich daher in demselben beständig merkwürdige Kranke aller Art, hitzige sowohl als chronische, da theils der Eintritt mit so wenigen Schwierigkeiten verbunden ist, theils von allen Orten her wichtige Kranke hergeschickt werden, indem es die einzige und große öffentliche Anstalt von der Art ist, welche die Juden in ganz Deutschland haben. [...] Der Arzt ist auch nicht in Verordnung der Medicamente eingeschränkt; er verschreibt die besten und theuersten; er verordnet, wo es nöthig ist, Wein, Hühner, Chocolate etc. Wenn wichtige Operationen vorkommen, die der ordentliche Chirurgus nicht unternimmt, wird der beste Wund-Arzt der Stadt dazu genommen und bezahlt. [...] Die Pflege ist ungemein gut. Die Reconvalescirenden sowohl als die Kranken, denen der Arzt erlaubt, bekommen täglich Brühen, Gemüse, Kalb- und Hühner-Fleisch, Wein, Kaffe u.s.w. Auch in Ansehung der Reinlichkeit hat dieses Lazareth vor sehr vielen der gewöhnlichen Kranken-Häuser große Vorzüge"[13].

Seit 1784 war Marcus Herz, preußischer Professor der Philosophie und fürstlich Waldeckischer Hofrath, Leiter am Jüdischen Hospital. Herz ist durch viele Schriften medizinischen und philosophischen Inhalts bekannt geworden.[14]

Auffallend war die geringe Mortalität im neuen Krankenhaus der Jüdischen Gemeinde. Sie betrug nur 2,4 % im Gegensatz zu 14,4 % der Charité und 25,4 % im Hospital der Französischen Gemeinde:[15] „Zufolge des Krankenbuchs enthielt dieses Lazareth vom Julio [1]792 bis zum Julio 1795 1116 Kranke, von denen 27 gestorben sind".[16]

Neben der Forderung nach Emanzipation wurde das Ziel der Assimilation mit unterschiedlichem Eifer verfolgt.[17] Dieses führte in der Gemeinde auch hinsichtlich der Belange des Krankenhauses zu Differenzen. Ergebnis der Auseinandersetzungen war hier eine Säkularisierung; die Verwaltung der Klinik wurde der Bruderschaft entzogen und der Gemeinde in direkter Trägerschaft unterstellt. Auch die Namensänderung der Klinik war Ausdruck der Veränderungen. Das „Juden-Lazareth" wurde in „Kranken-Versorgungsanstalt der Jüdischen Gemeinde" umbenannt. In den Jahren 1821 und 1822 wurden Um- und Erweiterungsbauten wie der Einbau eines Badehauses und eines Operationssaales im Parterre vorgenommen. Aber der Enge der Einrichtung konnte dies nicht grundsätzlich abhelfen. So forderten ab 1837 viele Ärzte am Krankenhaus einen Neubau.

Doch erst 1857 erfolgte der Ankauf eines Geländes in der Auguststraße 14–16. Als Baumeister wurde der Architekt Eduard Knoblauch (1801–1865) beauftragt. Dieser war schon, u.a. durch den Bau der Neuen Synagoge in der Oranienburger Straße, bekannt geworden. Am 3. September 1861 konnte der Neubau für 100 Patienten eröffnet werden.

Das Zweite Krankenhaus in der Auguststraße – Assimilation und Gründerjahre 1861–1914

Das neue Krankenhaus war geprägt durch den Wechsel der Einrichtungsfunktion weg von einem reinen Versorgungsbetrieb für die kranken Mitglieder der Jüdischen Gemeinde hin zu einer medizinischen Forschungs- und Lehrstätte. Schon 1875 wurde auf Initiative des Dirigierenden Arztes der Inneren Abteilung, Prof. Dr. Ludwig Traube (1818–1876) in einem Erweiterungsbau das Pneumatische Institut für die Therapie von chronischer Bronchitis und Asthma durch Luftdruck- und Aerosolbehandlung eingerichtet. Weiter wirkte als Dirigierender Arzt der Äußeren Abteilung Prof. Dr. Bernhard von Langenbeck (1810–1887) am Krankenhaus. Sein Assistent war der junge Arzt Dr. James Israel (1848–1926); ihm wurde 1880 als erstem jüdischen Arzt die alleinige Führung der Klinik anvertraut. Somit endete die Gepflogenheit, die medizinische Leitung durch die jeweiligen Ordinarien der Universität zu stellen.

Anhaltende Auseinandersetzungen in der Jüdischen Gemeinde führten 1867 zu deren Spaltung. Auch die Rolle des Krankenhauses im jüdischen Kontext wurde diskutiert. Wie schon beim Beerdigungsstreit ging es hier um den Widerspruch zwischen Orthodoxie und Reform: Im Krankenhaus wurden nun auch nicht-jüdische Patienten behandelt. Der Geheime Sanitätsrat Dr. Heimann Wolff Behrendt, Leiter der Chirurgischen Station, forderte „einen ungescheuten confessionellen Ausdruck" für „die Bestimmung des Krankenhauses": neben der Kücheneinrichtung für die Zubereitung koscherer Mahlzeiten und einer

Synagoge mit altjüdischem Ritus forderte er das Anbringen von *„tröstenden Bibelsprüchen in hebräischer und deutscher Sprache in den Krankensälen"*[18]. Am 3. April 1895 wurde eine eigene Pflegerinnenschule am Krankenhaus eröffnet. Träger der Ausbildung war der im Vorjahr gegründete „Verein jüdischer Krankenpflegerinnen in Berlin".[19] In der Vereinssatzung von 1895 waren die Aufgaben beschrieben:

> „a. jüdische Mädchen und Frauen zu Krankenpflegerinnen auszubilden, b. unter seiner Leitung oder anderwärts ausgebildete, beziehungsweise geprüfte jüdische Krankenpflegerinnen (Schwestern) gegen Honorar, auf Erfordernis aber auch unentgeltlich, als Armen-Krankenpflegerinnen dem Publikum ohne Unterschied der Konfession zur Verfügung zu stellen, und c. die Begründung von Einrichtungen zur Fürsorge für seine Krankenpflegerinnen bei Erwerbsunfähigkeit, in Krankheitsfällen und im Alter"[20].

In der zweiten Hälfte des 19. Jahrhunderts nahm die Medizin durch die Entdeckungen und Entwicklungen u.a. in den Bereichen der Anästhesie und Mikrobiologie einen enormen Aufschwung. Die Zahl der Krankenhäuser und Betten stieg durch die erweiterten Möglichkeiten in Diagnostik und Therapie. Nicht zuletzt verstärkte die Einführung der gesetzlichen Sozialversicherung diesen Trend.[21]

Dieses Wachstum machte schon nach 28 Jahren Bestehen des „neuen" Krankenhauses in der Auguststraße Um- und Erweiterungsbauten notwendig. Im Jahr 1905 entschied man sich für einen Neubau. Da dieser sich am gegenwärtigen Standort nur unzulänglich verwirklichen ließ, wurde ein neues Grundstück gesucht und letztlich im Wedding gefunden – ein Ortsteil, der seit 1861 zur Stadt Berlin gehörte. Die Königlichen Bauräte Friedrich Körte (1854–1934) und Konrad Reimer (1853–1915) erhielten 1910 den Bauauftrag; vier Jahre später, am 15. Juli 1914, konnte am neuen Standort in der Exerzierstraße[22] das neue Krankenhaus für etwa 300 Patienten eröffnet werden.

Das Dritte Krankenhaus in der Exerzier-/Iranischen Straße – Bewährung in den Krisen 1914–1945

Erster Weltkrieg und Weimarer Republik

Wenige Wochen nach der Eröffnung der neuen Klinik durch Kaiser Wilhelm II. begann der Erste Weltkrieg. Die jüdischen Verbände in Deutschland forderten ihre Mitglieder auf, ihre

Kräfte „über das Maß der Pflicht hinaus dem „Vaterland [zu] widmen"[23]. Das Krankenhaus stellte einen Teil als Lazarett mit 30 Betten zur Verfügung.[24] Weiter war in den Jahresberichten des Pflegerinnenvereins zu lesen:

> „Der Kriegsausbruch stellte unseren Verein vor neue ungeahnte Aufgaben. Trotzdem das Krankenhaus statt 13 Schwestern jetzt 32 erforderte, hielten wir es für unsere vornehmste Pflicht, unsere Schwestern dem Vaterlande zur Verfügung zu stellen. Wir meldeten sie beim Territorialdelegierten für die freiwillige Krankenpflege an, der sie nach Bedarf durch das Rote Kreuz einfordern ließ. So sind 12 Schwestern im Kriegsdienst, in Reserve- und Etappenlazaretten und in Lazarettzügen tätig, 10 üben Verwundetenpflege im Krankenhaus der Jüdischen Gemeinde aus. Es war nicht leicht, die Auswahl unter den Schwestern zu treffen, denn alle waren von dem innigen Wunsch beseelt, ihre Kraft dem Vaterlande zu widmen …"[25]

> „20 Schwestern sind im Osten und Westen, in Kriegs- und Etappenlazaretten und Lazarettzügen sowie im Lazarett des Krankenhauses der Jüdischen Gemeinde. Fast alle sind durch die Rote-Kreuz-Medaille und durch bundesstaatliche Ehrenabzeichen ausgezeichnet worden"[26].

Infolge des Ersten Weltkrieges kam es zu einer Verknappung und Verteuerung der Lebensmittel. Mangel litten nicht nur die Kranken, sondern auch die Angestellten des Krankenhauses. Über die Anfälligkeit für Infektionen durch die kriegsbedingte Unterernährung berichtete Prof. Hermann Strauss (1868–1939), der Leiter der Inneren Abteilung. Die hohen Arbeitsanforderungen an die Krankenschwestern und die seelischen Belastungen führten zu vermehrten Krankmeldungen. Im 23. Jahresbericht hieß es:

> „Trotz der großen Ernährungsschwierigkeiten gelang es uns, den Schwestern im ganzen eine nahrhafte und abwechslungsreiche Kost zu bereiten. Naturgemäß mußten wir auch ihnen einschneidende Beschränkungen auferlegen, aber im Hause herrscht ein so guter und verständiger Geist, daß die Schwestern sich willig in jede Entbehrung fügen, ganz von dem Gedanken beseelt, daß Durchhalten höchste Vaterlandspflicht sei."[27]

Nazi-Diktatur und Zweiter Weltkrieg

Schon in der Weimarer Zeit hatte es antijüdische Übergriffe gegeben; so z.B. der Terror gegen jüdische Ärzte in Lichtenberg 1932. Mit Beginn der nationalsozialistischen Diktatur 1933 wurde die Ausgrenzung, Verdrängung und spätere Ermordung der jüdischen Bevölkerung systematisch vorbereitet und durchgeführt.

In den ersten Jahren galt das Krankenhaus, obwohl immer wieder Mitarbeiter der Klinik verhaftet und zu Verhören verschleppt wurden,[28] als eine Zuflucht. Es konnten hier z.B. viele renommierte jüdische Ärzte, die aus anderen Krankenhäusern vertrieben wurden, bis zu ihrer Emigration arbeiten. Der Entzug der Berechtigung, Kassenpatienten behandeln zu dürfen, brachte Mitte 1933 für die Klinik einen großen finanziellen Einschnitt.[29] Ein Jahr später verloren alle jüdischen Ärzte ihre Approbation; einige wenige durften sich danach nur noch „Krankenbehandler" nennen. Für sie gab es nur noch die Möglichkeit, jüdische Patienten zu behandeln.[30] Schließlich wurde auch der Institution Jüdisches Krankenhaus nur noch die Behandlung kranker Juden gestattet.[31]

Während der Pogrome am 9. und 10. November 1938 blieb das Krankenhaus unbeschädigt; die Poliklinik der Jüdischen Gemeinde am Alexanderplatz aber wurde schwer verwüstet und die Patientenkartei zerstört. Das Jüdische Krankenhaus übernahm nach Möglichkeit das Personal der Poliklinik.[32]

Mit dem Verbot der koscheren Schlachtung folgte im November 1938 für die Jüdische Gemeinde, der längst schon der Status einer Körperschaft des öffentlichen Rechtes und damit der Kirchenstatus entzogen war,[33] eine weitere Unterdrückungsmaßnahme.[34] Daraufhin riet die Verwaltung des Jüdischen Krankenhauses ihren Mitarbeitern zur Auswanderung; der Gemeindevorstand wiederum empfahl ein halbes Jahr später zu bleiben. Da viele Ärzte und Krankenschwestern emigrierten, mussten zahlreiche Stellen im Krankenhaus neu besetzt werden. Die Anzeigen offener Stellen im *Jüdischen Nachrichtenblatt* waren ein Hinweis auf die prekäre Situation.

1938 wurde im 2. Stock des Krankenhauses eine „Polizeistation" eingerichtet; sie bestand bis zur Befreiung. Die Unterdrückung zog damit als unmittelbare Gewalt in die Klinik ein. Die Einrichtung bestand aus einer Männer- und einer Frauenstation mit je 20 Betten, die Fenster waren vergittert, Zimmer- und

Korridortüren immer verschlossen. War die Station zunächst nur für kranke jüdische Häftlinge gedacht, kamen später auch nicht-kranke jüdische Häftlinge zur Aufnahme. Gründe für die Verlegung oder Einlieferung in diese Polizeistation waren z.B. ein Suizidversuch oder das Nichttragen des „Judensterns" in der Öffentlichkeit. Neben der pflegerischen Versorgung der Kranken hatte das Personal die Aufsicht bis zum Abtransport dieser zu übernehmen. Kam es dennoch zur Flucht, „gingen die diensthabenden Krankenschwestern in den Transport".

Im Dezember 1938 wurden die ersten Opfer der Übergriffe ins Krankenhaus eingeliefert. Dr. Siegfried Ostrowski, in den Jahren 1938/39 Leiter der chirurgischen Abteilung, verfasste eine wissenschaftliche Abhandlung über die ca. 60 Patienten, die mit Wundinfektionen in einem gesondert hergerichteten Tagesraum lagen:

> „[...] Der Anblick der Unseligen ging über das hinaus, was selbst die Abgehärtetsten unter uns Ärzten und Schwestern zu ertragen gewöhnt waren. Vor allem mußten wir sie auf einer gesonderten Station unterbringen, in der wir dann Dienstschichten von maximal drei Stunden einrichteten."[35]

Der Aufbau einer „Unfall-/Erste Hilfe-Station" in der Klinik 1939 galt als Vorbereitung der Deportation von alten und kranken jüdischen Menschen. Synonym sprach man von „Abwanderung", „Umsiedlung" oder auch „Evakuierung". Mit dem Beginn der Massendeportationen hatten Schwestern und Ärzte des Jüdischen Krankenhauses im Bahnhof Grunewald pflegerische und medizinische Hilfe zu leisten.[36] Gleiche Aufgaben waren dem Krankenhaus später anlässlich der sogenannten Fabrikaktion am 27. Februar 1943 zugedacht, als sich Ärzte und Verwaltungsangestellte für mehrere „Erste-Hilfe-Stationen" im Berliner Stadtgebiet bereithalten mussten.[37] Im Dezember 1941 wurde im Jüdischen Krankenhaus eine „Untersuchungsabteilung für Transportreklamationen" eingerichtet, wo Betroffene aus gesundheitlichen Gründen eine Rückstellung vom Transport beantragen konnten.[38] Die Transportfähigkeit der auf den Listen aufgeführten Personen war eine Bedingung, die das Reichshauptsicherheitsamt (RSHA), eine Lenkungsbehörde der SS, vorschrieb. Im Juni 1942 wurden Patienten aus der Nervenheilanstalt Bendorf-Sayn,[39] einer Klinik für jüdische Kranke nahe Koblenz, ins Jüdische Krankenhaus Berlin gebracht; hier wurde auf Anordnung der Behörden nun eine psychiatrische Abteilung betrieben. Ein Monat später wurden jüdische psychisch Kranke aus ganz Deutschland in diese Abteilung verlegt. Im Herbst 1943 wurde diese wieder aufgelöst, nachdem sämtliche Kranke deportiert waren.[40]

Ab Oktober 1942 wurden auf Anordnung der Gestapo die jüdischen Krankenhäuser in Deutschland aufgelöst. Das Berliner Krankenhaus war davon noch ausgenommen und behielt den Bezug zur Jüdischen Gemeinde. Der Gemeinde war allerdings der Kirchenstatus schon 1938 entzogen worden; sie war nun ein eingetragener Verein. Hierdurch wechselte aber die ordnungsbehördliche Klinikaufsicht vom Berliner Polizeipräsidenten hin zum RSHA.[41] Die Kontrolle übte sie durch den direkten Kontakt zum Krankenhausdirektor Dr. Walter Lustig (1891–1945) aus. Dieser war auch Leiter der Gesundheitsabteilung der Gemeinde; als Vorstandsvorsitzender der „Neuen Reichsvereinigung der Juden in Deutschland"[42] stellte er überdies eine Verbindung zu den im alten Reichsgebiet noch verbliebenen Juden dar.[43] Die „Neue Reichsvereinigung der Juden in Deutschland" hatte ihren Sitz ebenfalls auf dem Krankenhausgelände in der Iranischen Straße.

Die Gestapo ihrerseits bezog Büroräume direkt im Pathologiegebäude des Krankenhauses. Im Laufe des Zweiten Weltkriegs beschlagnahmte die Wehrmacht für Lazarettzwecke zusätzlich das Schwesternheim, die Gynäkologie und den Infektionspavillon, wo bis dahin das Pflegeheim der Jüdischen Gemeinde untergebracht war. Die Übergabe erfolgte am 1. Februar 1942. Zur Ausstattung dieses Militärkrankenhauses wurde das verbleibende Krankenhaus regelmäßig geplündert. Solche Plünderungen gestalteten sich „geordnet" mit Übergabeverhandlungen zwischen Reichsvereinigung, Jüdischem Krankenhaus und dem „Reservelazarett 145"; letztlich geschah es aber unter Druck – ähnlich den Zwangsverkäufen zur „Arisierung" von Betrieben und Einrichtungen.[44] Die Aufrechterhaltung eines geordneten klinischen Betriebes war durch diese räumliche Beschränkung auf drei von acht Gebäuden und das Fehlen vieler benötigter Einrichtungs- und medizinischer Gebrauchsgegenstände nur mit größter Anstrengung zu bewerkstelligen.

Die Schwestern zogen aus ihrem Schwesternheim in die Mansardenzimmer des Hauptgebäudes und des Wirtschaftsgebäudes. Ebenso wurde der Unterrichtsraum der Krankenpflegeschule verlegt. Mit dem neuen Gesetz von 1938 und den Novellen, Ausführungsverordnungen und Dienstanweisungen in den folgenden Jahren waren formale und inhaltliche Änderungen verbunden. So durften keine Lehrbücher jüdischer Autoren für Schulzwecke benutzt werden, was z.B. das Krankenpflegelehrbuch von Julius Lazarus, Dirigierender Internist im Jüdischen Krankenhaus und von 1895 bis 1908 erster Leiter der Krankenpflegeschule, offiziell aus der Lehre verdrängte. Weiter wurden mehr und mehr nationalistisch-rassistische Unterrichtsinhalte in der Ausbildung gefordert. Dann war mit der Einführung der neuen Berufsbezeichnungen „Jüdische Krankenschwester" und „Jüdischer Krankenpfleger" für die jüdischen Schülerinnen und Schüler eine weitere Stigmatisierung gegeben. Vermutlich ab 1939 wurde Dr. Lustig, neben seinen anderen Aufgaben im Wedding, Schulleiter; als staatlicher Prüfungsvorsitzender war er dem Jüdischen Krankenhaus schon seit 1929[45] bekannt. Die Krankenpflegeschule wurde offiziell mit 45 Ausbildungsplätzen bis Ende 1943 betrieben; nach der Schließung zum 1. Januar 1944 ging der Lehrbetrieb aber heimlich weiter. Schülerinnen wurden als „Hausangestellte"[46] bezeichnet. Einige von ihnen konnten nach dem Kriegsende die staatliche Erlaubnis als Krankenschwester erlangen, wenn sie in der betreffenden Zeit vorwiegend in der Pflege von Kranken eingesetzt waren.

Gut eine Woche nach der „Fabrikaktion"[47] versuchten Beamte der Gestapo und der Kriminalpolizei am 10. März 1943, das Jüdische Krankenhaus vollständig zu liquidieren. Dr. Lustig veranlasste die Beamten dazu, eine Genehmigung für ihr Vorhaben von der zuständigen Stelle der Abteilung IV des RSHA einzuholen. Diese verweigerte der Gestapo die entsprechende Genehmigung. Es wurde aber angeordnet, die Hälfte des angestellten Personals zu deportieren. Die Listen mussten von Dr. Lustig zusammengestellt werden. Ab März 1944 wurde nach der Schließung des Altersheimes in der Großen Hamburger Straße und der Synagoge in der Levetzowstraße in Moabit das Sammellager in die Räume der Pathologie des Krankenhauses verlegt.[48] Dieser Klinikteil wurde mit einem Stacheldrahtzaun vom übriggebliebenen Teil abgegrenzt.

Im Krankenhaus sollten so endlich die letzten in Deutschland verbliebenen Juden untergebracht werden, um sie in die Vernichtungslager zu schicken. Das war einer der Gründe, warum die Klinik als einzige jüdische Einrichtung in Deutschland nicht geschlossen und aufgelöst wurde. Die Liquidierung war aber schon geplant: Gelände und Gebäude sollten zwangsweise an die „Akademie für Jugendmedizin e.V." verkauft werden. Die Grundbuchänderung war schon vorbereitet,[49] tatsächlich blieb der Betrieb des Krankenhauses jedoch weiter in der Aufgabe der Reichsvereinigung der Juden in Deutschland.

Bei schweren Bombardierungen im Norden Berlins wurden Gebäude der Klinik beschädigt, in den angrenzenden Vierteln gab es viele Verwundete. Daher wurde das Personal des Jüdischen Krankenhauses aufgefordert, wieder nicht-jüdische Verletzte zu versorgen. Wegen der häufigen Luftangriffe wurden die bettlägerigen Patienten in die Keller des Krankenhauses gebracht. Ärzte der Klinik, die im Westteil der Stadt wohnten, konnten nur noch unregelmäßig zum Krankenhaus gelangen. Noch im März 1945 wurden die Transporte aus dem Krankenhaus heraus fortgesetzt; diese gingen nach Sachsenhausen, Ravensbrück und Theresienstadt.

Am 22. April 1945 flohen die Beamten der Gestapo vom Gelände des Krankenhauses. Für die Häftlinge im Sammellager füllte die Sekretärin des Verwaltungsleiters am 24. April Entlassungsscheine aus. Am Nachmittag desselben Tages betraten Angestellte des Internationalen Roten Kreuzes das Krankenhaus. Bei der Befreiung lebten etwa 800 Personen auf dem Gelände des Krankenhauses, darunter Kranke, Ärzte, Schwestern, Juden aus Berlin, die ihre Wohnungen durch Bombentreffer verloren hatten, und viele Waisenkinder. Möglicherweise waren viele unter ihnen, die im Juni 1943 aus der Kinderunterkunft in der Oranienburger Straße 31 in die Klinik gebracht wurden.

Schon im Mai 1945 konnte das Jüdische Krankenhaus wieder 145 reguläre Krankenbetten für die Bevölkerung anbieten. Die teils zerstörten Gebäude wurden umgehend provisorisch wiederhergerichtet. Einige Gebäudekomplexe waren so stark beschädigt, dass sie nicht gerettet werden konnten. 1946 zählte die Klinik schon wieder 217 Betten, darunter 30 Betten in der Gynäkologie, 40 Betten für kranke Kinder und rund 50 Betten für Patienten mit Infektionskrankheiten – viele mit Tuberkulose. Die drei genannten medizinischen Disziplinen sind in der heutigen Struktur des Krankenhauses nicht mehr zu finden. Das Jüdische Krankenhaus im Wedding stand nach der Befreiung unter französischer Militärverwaltung.[50] Der Betrieb des Krankenhauses wurde der Jüdischen Gemeinde im Herbst 1952 erteilt.[51] 1955 wurde die Jüdische Gemeinde Berlin wieder formaljuristisch alleinige Eigentümerin des Krankenhauskomplexes.

Als der Nazistaat der Gemeinde die freie Verfügungsgewalt über das Haus entzogen hatte, entsprach der Standard der Klinik den modernsten Anforderungen. Nach Ende der Diktatur befand sich das Krankenhaus in einem beklagenswerten Zustand. Zwar hatte man in der Röntgenabteilung 1945 ein neues Röntgengerät installiert und hier und da neuzeitliche Veränderungen, auch zur Verbesserung der Ausbildung, geplant oder schon in Angriff genommen, aber der nur sehr kleinen Jüdischen Gemeinde wuchsen die Verpflichtungen zunehmend über den Kopf. Man entschloss sich deshalb, Grund und Boden sowie die Gebäude – das Jüdische Krankenhaus – in eine Stiftung zu wandeln.

Am 1. Januar 1963 wurde das Krankenhaus offiziell in diese Stiftung überführt.[52] Sie führt die Klinik unter dem Namen „Jüdisches Krankenhaus Berlin" fort und unterhält als zweiten Zweck die Krankenpflegeschule. In den 1960er und 1970er Jahren wurden im Jüdischen Krankenhaus umfangreiche Renovierungsarbeiten durchgeführt. Dabei gestaltete man die verschiedenen Leistungsbereiche der Klinik – unter Nutzung der vorhandenen Bausubstanz – nach den seinerzeit modernsten Bedingungen.

Die Stiftung Jüdisches Krankenhaus Berlin heute

Seit der Überführung in eine Stiftung am 1. Januar 1963[53] führt die Stiftung die Klinik unter dem Namen „Jüdisches Krankenhaus Berlin" fort und unterhielt bis 2005 als zweiten Zweck die Krankenpflegeschule. Die Stiftung Jüdisches Krankenhaus Berlin ist Trägerin dieses modernen, zukunftsorientierten Notfallkrankenhauses mit einer 260-jährigen Tradition und eines Wohnpflegezentrums mit 130 Plätzen für Bewohner aller Pflegestufen. Rund 550 Mitarbeiter sind in der Stiftung beschäftigt. Das Jüdische Krankenhaus Berlin ist heute ein modernes Notfallkrankenhaus mit medizinischen Schwerpunkten in den Bereichen Kardiologie, der Gefäßmedizin, der Neurologie und der Psychiatrie, das jährlich 35.000 Patienten versorgt. Das Krankenhaus führt 352 Betten in den Fachrichtungen Innere Medizin, Kardiologie, Angiologie, Gastroenterologie, Diabetologie, Orthopädie und Unfallchirurgie, Allgemein- und Viszeralchirurgie, Gefäßchirurgie, Anästhesie, Neurologie und Psychiatrie mit Psychotherapie. Angegliedert an das Krankenhaus ist eine große Gemeinschaftspraxis für radiologische Diagnostik und minimalinvasive Therapie. Das Krankenhaus ist nach KTQ® sowie besonders für Diabetespatienten zertifiziert. Darüber hinaus finden sich zertifiziert ein interdisziplinäres Gefäßzentrum, ein MS-Zentrum, eine regionale Stroke Unit, eine Chest Pain Unit und ein Endoprothetikzentrum.

Was ist heute das „Jüdische" im Jüdischen Krankenhaus Berlin?
Der Name „Stiftung Jüdisches Krankenhaus Berlin" verweist auf die jüdische Tradition und Geschichte. Nach der Satzung der Stiftung ist die Jüdische Gemeinde zu Berlin mit zwei delegierten Mitgliedern im insgesamt neunköpfigen Kuratorium, dem Aufsichtsorgan des Trägers, vertreten.

Am Eingang in der Heinz-Galinski-Straße zeugt eine Gedenktafel von den historisch bedeutsamen Ereignissen. Ebenfalls gleich am Eingang steht eine Büste von Heinz Galinski. Er war langjähriger Vorsitzender der Jüdischen Gemeinde zu Berlin und lange Zeit der Präsident des Zentralrates der Juden in Deutschland. Die Büste soll ebenso wie die Straße, die nach ihm benannt wurde, an die herausragenden Verdienste eines Menschen erinnern, der sein persönliches Schicksal für die deutsch-jüdische Aussöhnung fruchtbar machte. Sie zeugt von Achtung und Respekt vor einem Menschen, seiner Kraft und Menschlichkeit, gerade in einer Zeit, in der Ängstlichkeit, auch gegen Übergriffe auf jüdische Einrichtungen, verbreitet ist und Mut und Zivilcourage zu schwinden scheinen. Heinz Galinski war ein Mensch, der nicht vergessen, aber vergeben konnte.

Im Krankenhaus ist die ständige Ausstellung „Erinnerung ist Gegenwart" zu sehen, die die lebendige und eindrucksvolle Geschichte des Krankenhauses dokumentiert.

Beim näheren Hinsehen zeigen sich weitere Zeichen jüdischen Lebens. An den Pfosten der Eingangstüren zu den Bettenhäusern ist jeweils eine Mesusa angebracht. Ein Rabbiner der Jüdischen Gemeinde besucht auf deren Wunsch unsere jüdischen Patienten. Hinsichtlich der Bewerbungen um freie Arbeits- bzw. Ausbildungsplätze gilt die Regel: Bei mehreren Bewerbern gleicher Qualifikation ist dem jüdischen Bewerber der Vorzug zu geben.

Die Synagoge auf dem Gelände, die im Mai 2003 wiedereröffnet wurde, steht allen Patienten, Besuchern und Mitarbeitern offen. Regelmäßig finden dort Andachten statt. Es werden rituelle Beschneidungen (hebr. *Brit Mila*) vorgenommen, den Patienten wird koscheres Essen angeboten, Kinder aus der Jüdischen Schule in Berlin besuchen zu Feiertagen (z.B. Purim) das Krankenhaus und jüdische Patienten, Schüler der Krankenpflegeschule haben zum Lichterfest einen Chanukka-Leuchter gebaut, es finden gemeinsame Feiern der jüdischen Festtage mit Patienten, Angehörigen, Mitarbeitern und Freunden des Jüdischen Krankenhauses statt usw. Auch Tagungen zu jüdischen Themen (wie die den Anlass zu diesem Buch gebende) werden auf dem Gelände des Jüdischen Krankenhauses Berlin veranstaltet.

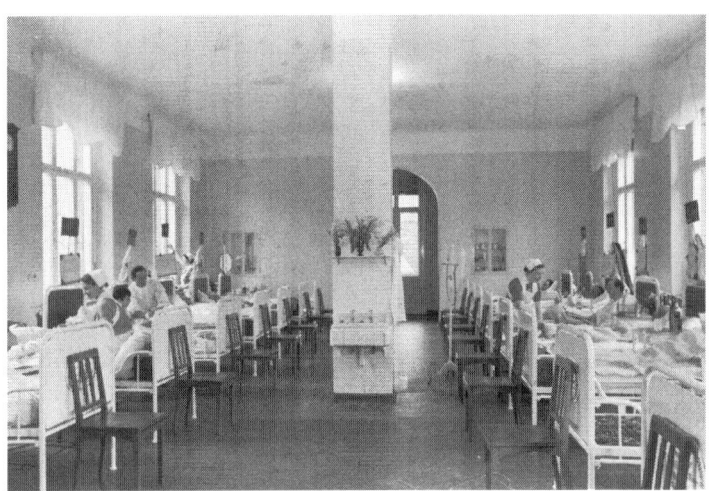

Herbert Sonnenfeld, Krankensaal im Jüdischen Krankenhaus in Berlin, Iranische Straße 2, Berlin ca. 1935; Jüdisches Museum Berlin, Ankauf aus Mitteln der Stiftung Deutsche Klassenlotterie Berlin

Literaturverzeichnis

Elkin, Rivka: Das Jüdische Krankenhaus in Berlin zwischen 1938 und 1945, Berlin 1993 (Stätten der Geschichte Berlins 77).

Flesch, Carl: Beiträge zur Kenntnis des Armenwesens von Frankfurt a. M. von Carl Flesch und zur Armenstatistik von Bleicher nebst einem Verzeichnis der daselbst bestehenden Armenstiftungen, Frankfurt a. M. 1890, 3, hier zitiert nach: Stahl, Patricia: Die Tradition jüdischer Wohlfahrtspflege in Frankfurt am Main vom 15. bis zum 19. Jahrhundert, in: Jüdisches Museum der Stadt Frankfurt am Main (Hg.): ZEDAKA. Jüdische Sozialarbeit im Wandel der Zeit. 75 Jahre Zentralwohlfahrtsstelle der Juden in Deutschland 1917–1992, Frankfurt am Main 1992.

Formey, Johann Ludwig: Versuch einer medicinischen Topographie von Berlin, Berlin 1796.

Galliner, Nicola (Hg.): Wegweiser durch das jüdische Berlin. Geschichte und Gegenwart, Berlin 1987.

Geiger, Ludwig: Geschichte der Juden in Berlin, Teil I, 1. Buch, Berlin oder Leipzig 1988 oder 1989 (Reprint).

Hartung-von Doetinchem, Dagmar; Winau, Rolf (Hg.): Zerstörte Fortschritte. Das jüdische Krankenhaus in Berlin 1756 – 1861 – 1914 – 1989, Berlin 1989 (Reihe Deutsche Vergangenheit 35).

Jacobsohn, Paul: Die Pflegerinnenschule des jüdischen Krankenhauses zu Berlin.

Küster, Georg Gottfried: Fortgesetztes Altes und Neues Berlin. Darinnen die Historie der Kirchen zu Marien, Petri, im grauen Kloster, der Garnison, auf dem Fridrichswerder, Dorotheen- und Fridrichsstadt, wie auch der Hospitäler, Waysenhäuser und Gymnasiorum in Berlin von ihrem Anfang biß auf izige Zeiten aus zuverläßigen Nachrichten erzehlet wird, Abtheilung 2, Berlin 1752.

Krünitz, Johann Georg: Oeconomische Encyclopädie oder allgemeines System der Land-, Haus- und Staats-Wirthschaft : in alphabetischer Ordnung. Bd. 1–242. Berlin : Pauli, 1773–1858, Band 47: Kran-Krausp, 1789.

Landshuth, L.: Ein altes Statut der jüdischen Krankenverpflegungsanstalt zu Berlin, in: *Die Gegenwart. Berliner Wochenschrift für jüdische Angelegenheiten*, 1. Jg (1867) Nr. 34.

Leder, Christoph Maria: Die Grenzgänge des Marcus Herz. Beruf, Haltung und Identität eines jüdischen Arztes gegen Ende des 18. Jahrhunderts, Münster; New York; München; Berlin 2007 (Münchner Beiträge zur Volkskunde; 35).

Münch, Ragnhild: Das Jüdische Krankenhaus in Berlin 1945–1965, Berlin 1997.

von Petersheiden, Karl Neander: Neue anschauliche Tabellen von der gesammten Residenz-Stadt Berlin. Oder Nachweisung aller Eigenthümer, mit ihrem Namen und Geschäfte, wo sie wohnen, die Nummer der Häuser, Straßen und Plätze, wie auch die Wohnungen aller Herren Officiere hiesiger Garnison, Berlin [2]1801 (Nachdruck Berlin 1990).

Zur Geschichte der Krankenpflege in der jüdischen Gemeinde zu Berlin, Berlin 1887.

Anmerkungen

1 Vgl. Geiger, Ludwig: Geschichte der Juden in Berlin. I. Als Festschrift zur zweiten Säkular-Feier, Berlin 1871, 4.

2 Vgl. Hartung-von Doetinchem, Dagmar; Winau, Rolf (Hg.): Zerstörte Fortschritte. Das jüdische Krankenhaus in Berlin 1756 – 1861 – 1914 – 1989, Berlin 1989 (Reihe Deutsche Vergangenheit 35), 28.

3 Vgl. Galliner, Nicola (Hg.): Wegweiser durch das jüdische Berlin. Geschichte und Gegenwart, Berlin 1987, 255.

4 Hartung-von Doetinchem; Winau: Zerstörte Fortschritte [FN 2], 29. Nach dem Talmud sind heilige Pflichten: 1) dem Fremden Gastfreundschaft gewähren; 2) den Kranken besuchen, der diesem bedarf; 3) Fürsorge für die Armen, Witwen und Waisen; 4) Begleitung der Toten zur Bestattung.

5 Vgl. Hartung-von Doetinchem; Winau: Zerstörte Fortschritte [FN 2], 28.

6 Vgl. Flesch, Carl: Beiträge zur Kenntnis des Armenwesens von Frankfurt a. M. von Carl Flesch und zur Armenstatistik von Bleicher nebst einem Verzeichnis der daselbst bestehenden Armenstiftungen, Frankfurt a. M. 1890, 3, hier zitiert nach: Stahl, Patricia: Die Tradition jüdischer Wohlfahrtspflege in Frankfurt am Main vom 15. bis zum 19. Jahrhundert, in: Jüdisches Museum der Stadt Frankfurt am Main (Hg.): ZEDAKA. Jüdische Sozialarbeit im Wandel der Zeit. 75 Jahre Zentralwohlfahrtsstelle der Juden in Deutschland 1917-1992, Frankfurt am Main 1992, 58–70, hier 58.
Nach einem Bericht um 1535 über die „öffentliche-christliche-milde Stiftung" in Frankfurt am Main.

7 Zur Geschichte der Krankenpflege in der jüdischen Gemeinde zu Berlin, Berlin 1887, 5.

8 Küster, Georg Gottfried: Fortgeseztes Altes und Neues Berlin. Darinnen die Historie der Kirchen zu Marien, Petri, im grauen Kloster, der Garnison, auf dem Fridrichswerder, Dorotheen- und Fridrichsstadt, wie auch der Hospitäler, Waysenhäuser und Gymnasiorum in Berlin von ihrem Anfang biß auf izige Zeiten aus zuverläßigen Nachrichten erzehlet wird (Abtheilung 2), Berlin 1752, 1028.

9 Vgl. Krünitz, Johann Georg: Oeconomische Encyclopädie oder allgemeines System der Land-, Haus- und Staats-Wirthschaft : in alphabetischer Ordnung. Band 47: Kran-Krausp, Berlin 1789, 526. – Formey, Johann Ludwig: Versuch einer medicinischen Topographie von Berlin, Berlin 1796, 278ff.

10 Leder, Christoph Maria: Die Grenzgänge des Marcus Herz. Beruf, Haltung und Identität eines jüdischen Arztes gegen Ende des 18. Jahrhunderts, Münster; New York; München; Berlin 2007 (Münchner Beiträge zur Volkskunde; 35), 126.

11 Vgl. Landshuth, L.: Ein altes Statut der jüdischen Krankenverpflegungsanstalt zu Berlin, in: *Die Gegenwart. Berliner Wochenschrift für jüdische Angelegenheiten*, 1. Jg (1867) Nr. 34, 267f., hier 267.

12 Vgl. Neander von Petersheiden, Karl: Neue anschauliche Tabellen von der gesammten Residenz-Stadt Berlin. Oder Nachweisung aller Eigen-

thümer, mit ihrem Namen und Geschäfte, wo sie wohnen, die Nummer der Häuser, Straßen und Plätze, wie auch die Wohnungen aller Herren Officiere hiesiger Garnison, Berlin ²1801 (Nachdruck Berlin 1990), 145.

13 Krünitz: Oeconomische Encyclopädie, Band 47 [FN 9], 525f.

14 Vgl.ebd. 526.

15 Vgl. Formey: Versuch einer medicinischen Topographie von Berlin [FN 9], 271f.; 278; 281.

16 ebd., 278.

17 Augenfällig für die Bestrebungen der jüdischen Aufklärung [Haskala] war der sog. Beerdigungsstreit zwischen Marcus Herz als dem modernen Vertreter („über die frühe Beerdigung der Juden") und dem Verteidiger der Orthodoxie Jakob Marx.

18 Hartung-von Doetinchem; Winau: Zerstörte Fortschritte [FN 2], S. 56.

19 Über die heute mehr als hundertjährige Geschichte wurde vom Autor eine kleine, berufskundliche Dauerausstellung in der Krankenpflegeschule am Jüdischen Krankenhauses Berlin eingerichtet; diese ist nach Absprache während der Woche täglich zu besichtigen. Die Ausstellung trägt den Namen „Wir glauben, auf dem richtigen Weg zu sein", ein Zitat aus dem 23. Jahresbericht des Vereins, [1915, 1916], 6. – Jacobsohn, Paul: Die Pflegerinnenschule des jüdischen Krankenhauses zu Berlin, Separatdruck,. 3; auch in: *Zeitschrift für Krankenpflege*, Jg. 17 (1895) Nr. 9, 25ff. – 10. Jahresbericht des Vereins jüdischer Krankenpflegerinnen in Berlin, Berichtsjahr 1903, 3.

20 Neue Satzungen des Vereins für jüdische Krankenpflegerinnen zu Berlin, 05. Mai 1895, 5.

21 Vgl. Hartung-von Doetinchem; Winau: Zerstörte Fortschritte [FN 2], 28.

22 Der westliche Teil der Exerzierstraße wurde in Persische Straße, dann in Iranische Straße umbenannt.

23 „Aufruf" des Centralvereins (C.V.) in: *Israelitisches Gemeindeblatt* 7. August 1914.

24 Vgl. Gemeindebote 26. Juni 1914, 2.

25 22. Jahresbericht des Vereins jüdischer Krankenpflegerinnen in Berlin, Berichtsjahr 1914, 5; 7.

26 23. Jahresbericht des Vereins jüdischer Krankenpflegerinnen in Berlin, Berichtsjahr 1915/1916, 4.

27 Ebd. 5.

28 Prof. Erich Seligmann, Vorstand des Jüdischen Krankenhauses und Prof. Hermann Strauss, Leiter der Inneren Abtl. des Krankenhauses, wurden am 5. Juli 1933 neben anderen jüdischen Ärzten verhaftet und für vier Tage in der Vernehmungsabteilung der Gestapo in der Invalidenstraße festgehalten.

29 Vgl. Verfügung vom 15. Juni 1933 des Oberbürgermeisters von Berlin.

30 Vgl. 4. Verordnung zur Reichsbürgerverordnung vom 25. Juni 1939.

31 Vgl. Elkin, Rivka: Das Jüdische Krankenhaus in Berlin zwischen 1938 und 1945, Berlin 1993 (Stätten der Geschichte Berlins; 77), 129.

32 Vgl. ebd.

33 Vgl. Eintrag ins Vereinsregister, 28. März 1937.

34 Vgl. Hartung-von Doetinchem; Winau: Zerstörte Fortschritte [FN 2], 159.
35 Ebd., 161.
36 Vgl. Elkin: Das Jüdische Krankenhaus in Berlin [FN 33], 129.
37 Vgl. ebd., 47
38 Münch, Ragnhild: Das Jüdische Krankenhaus in Berlin 1945–1965, Berlin 1997, 88.
39 Vgl. Elkin: Das Jüdische Krankenhaus in Berlin [FN 33], 129.
40 Vgl. ebd., 44.
41 Vgl. ebd., 27.
42 Die „Neue Reichsvereinigung" war nach Auflösung der Gemeindebüros in der Oranienburger Straße gegründet worden; sie bestand nur aus einer Person – eben Dr. Lustig, der Sitz war im Verwaltungsgebäude des Jüdischen Krankenhauses
43 Vgl. Elkin: Das Jüdische Krankenhaus in Berlin [FN 33], 63.
44 Protokoll vom 24. Februar 1943.
45 Vgl. Schreiben des Berliner Polizeipräsidenten, Abtl. I, an das Jüdische Krankenhaus vom 10. Februar 1929.
46 Vgl Bescheinigung des Jüdischen Krankenhauses vom 18. Februar 1946 für eine Schülerin.
47 Die „Fabrikaktion" fand am 27. Februar 1943 statt; von vielen Betrieben wurden die Juden – wie sie vorgefunden wurden – abgeholt; sie mussten teilweise zu Fuß direkt zu dem Verladebahnhof im Grunewald laufen.
48 Vgl. Lustig: Reichsvereinigung, Vermerk vom 21. März 1944.
49 Vgl. Verhandlungsprotokoll vom 23. Januar 1943.
50 Der Treuhänder der Alliierten Militärregierung für jüdisches und polnisches Vermögen verwaltete für die französische Militärregierung das Krankenhaus.
51 Vgl. Der Senator für Gesundheitswesen: Gesundheitspolizeiliche Genehmigung zur Errichtung und Betrieb des Jüdischen Krankenhauses vom 10. Oktober 1952.
52 Vgl. Hartung-von Doetinchem; Winau: Zerstörte Fortschritte [FN 2], 277ff.
53 Ebd.

מקורות ללימוד יסודות הלכות ביקור חולים/ להרצאה

אדמיאל קוסמן

1. רמב"ם הלכות אבל פ"ד ה"ד:

בקור חולים מצוה על הכל. אפילו גדול מבקר את הקטן, ומבקרין הרבה פעמים
ביום - וכל המוסיף משובח - ובלבד שלא יטריח; וכל המבקר את החולה כאילו
נטל חלק מחוליו והקל מעליו וכל שאינו מבקר כאילו שופך דמים.

2. תהלים פרק מא:

א לַמְנַצֵּחַ מִזְמוֹר לְדָוִד: ב אַשְׁרֵי מַשְׂכִּיל אֶל-דָּל בְּיוֹם רָעָה יְמַלְּטֵהוּ יְהוָה: ג יְהוָה
יִשְׁמְרֵהוּ וִיחַיֵּהוּ (ויאשר) וְאֻשַּׁר בָּאָרֶץ וְאַל-תִּתְּנֵהוּ בְּנֶפֶשׁ אֹיְבָיו: ד יְהוָה יִסְעָדֶנּוּ
עַל-עֶרֶשׂ דְּוָי כָּל-מִשְׁכָּבוֹ הָפַכְתָּ בְחָלְיוֹ: ה אֲנִי-אָמַרְתִּי יְהוָה חָנֵּנִי רְפָאָה נַפְשִׁי
כִּי-חָטָאתִי לָךְ: ו אוֹיְבַי יֹאמְרוּ רַע לִי מָתַי יָמוּת וְאָבַד שְׁמוֹ: ז וְאִם-בָּא לִרְאוֹת |
שָׁוְא יְדַבֵּר לִבּוֹ יִקְבָּץ-אָוֶן לוֹ יֵצֵא לַחוּץ יְדַבֵּר: ח יַחַד עָלַי יִתְלַחֲשׁוּ כָּל-שֹׂנְאָי עָלַי |
יַחְשְׁבוּ רָעָה לִי: ט דְּבַר-בְּלִיַּעַל יָצוּק בּוֹ וַאֲשֶׁר שָׁכַב לֹא-יוֹסִיף לָקוּם: י גַּם-אִישׁ
שְׁלוֹמִי | אֲשֶׁר-בָּטַחְתִּי בוֹ אוֹכֵל לַחְמִי הִגְדִּיל עָלַי עָקֵב: יא וְאַתָּה יְהוָה חָנֵּנִי וַהֲקִימֵנִי
וַאֲשַׁלְּמָה לָהֶם: יב בְּזֹאת יָדַעְתִּי כִּי-חָפַצְתָּ בִּי כִּי לֹא-יָרִיעַ אֹיְבִי עָלָי: יג וַאֲנִי בְּתֻמִּי
תָּמַכְתָּ בִּי וַתַּצִּיבֵנִי לְפָנֶיךָ לְעוֹלָם: יד בָּרוּךְ יְהוָה | אֱלֹהֵי יִשְׂרָאֵל מֵהָעוֹלָם וְעַד הָעוֹלָם
אָמֵן | וְאָמֵן:

3. תהלים מא, א:

אַשְׁרֵי מַשְׂכִּיל אֶל דָּל בְּיוֹם רָעָה יְמַלְּטֵהוּ ה'.
עולם התנ"ך, תהלים כרך א, עמ' 180:

[ב] **אַשְׁרֵי מַשְׂכִּיל אֶל דָּל.** ישמח מי
שיכול ללמוד את הלקח העולה מסיפור חוליו
והחלמתו של המשורר, המציג עצמו בתואר
"דָּל", דהיינו מסכן. משכיל הוא הלומד לקח
ומחכים מתוך אמפתיה למושא עיונו, וזהו
ביטוי אופייני לספרות החכמה (עיין משלי י,
ה, יט ועוד). לביטוי "אַשְׁרֵי", השכיח במזמורי
החכמה, ראה בביאור לפרק א, א.

4. משלי יט, ז, עולם התנ"ך, עמ' 132:

[יז] **מַלְוֵה ה' חוֹנֵן דָּל, וּגְמֻלוֹ יְשַׁלֶּם לוֹ.**
מי שמרחם על העני ("חוֹנֵן" אותו) וּמַלְוֶה
לו, נותן לו סיוע, מסייע תוך כדי כך לה',
כביכול. אדם זה יקבל גמול מה', ש"יְשַׁלֶּם"
לו בתמורה ויעניק לו את ברכתו. גם
בספרות החכמה המצרית, ביצירה "דבריו
של מי שנואש מן הכול", מתואר מקריב
הקרבן כמי שהופך את האל למלווה: מקריב
הקרבן "עשה אותו מלווה על מלווה", והוא,
המאמין, מרוצה מן העסקה שעשה. בספר
משלי לא הקרבן הוא שעושה את האל
לאסיר תודה, כביכול, למאמין, אלא מעשי
החסד, החשובים כל כך לאל עד שהוא מוכן
לערוב למי שעושה אותם. זהו הקו המבדיל
בין ספרות החכמה המקראית לספרות
החכמה המצרית. ♦ הטובה שגומל האל
למאמיניו בגין מתן צדקה וחסד לעניים,
והאזהרה שלא לעשוק את הדל, הן מוטי-
בים בולטים בפתגמי ספר משלי (השווה:

5. ויקרא רבה, מז, א, מהדורת מרגליות עמ' תשעא-תשעב:

פרשה לד 5

א] **אשרי משכיל אל דל'** (תהלים מא. ב). ר' אבא בר ירמיה בש' ר' מאיר אמ'
זה שהוא ממליך יצר טוב על יצר הרע. ייסא אמ' זה שהוא נותן פרוטה לעני.
ר' יוחנן אמ' זה שהוא קובר מת מצוה, ורבנן אמ' זה שהוא מבריח מן המלכיות.

מדרש ויקרא רבה <חילופי נוס' הערות וביאורים> עמוד מס 90 ד מרגליות, מרדכי הודפס ע"י תכנת אוצר החכמה

ר' הונא אמ' זה שהוא מבקר את החולה, דאמ' רב הונא כל מי שהוא מבקר
את החולה פוחתין לו אחד מששים מחוליו. מתיבין לרב הונא אם כן יעלו ששים
וירד עמהם לשוק, א' להן ששים ובלבד שיהא אוהבין אותו כנפשו. אפעלפיכן
הן מרווחין לו, על דעת' דאבא בר ירמיה בש' ר' מאיר דאמ' זה שהוא ממליך.

מדרש ויקרא רבה <חילופי נוס' הערות וביאורים> עמוד מס 91 ד מרגליות, מרדכי הודפס ע"י תכנת אוצר החכמה

6. מדרש תהלים מזמור מא:

[ב] **דבר** אחד אשרי משכיל אל דל . זהו שאמר הכתוב ה' יסעדנו על ערש דוי (תה' מא, ד) . **דבר** אחר אשרי משכיל אל דל . זהו שאמר הכתוב ה' יסעדנו דל דל' . הונן דל (משלי יט ז), (ה) אמר ר' יוחנן (מ) (מ) כל מי שהוא מבקר את החולה מעבירין מחוליו אחד מששים, (י) וכל מי שאינו מבקר מוסיפין על החולי אחד מששים . (יא) אמר ר' אבין אם כמינה דר' יוחנן יסקון לגבי שכיב מרע שיתין בני

עמוד מס 397 מדרש תהלים שוחר טוב <מהדורת בובר> מדרש תהלים. תרנ"א הודפס ע"י תכנת אוצר החכמה

7. אפשרויות להסביר את טעמה של מצוות ביקור חולים:

א. גזירת הכתוב ללא טעם.

ב. האפשרות המיסטית: "נוטל אחד מששים מחוליו" [= מה פשר הדבר? האם
רמוזה כאן תפיסה מיסטית הנוגעת למשעות החולי והרפואה ממנו?]

ג. האפשרות הפסיכוסומטית: המטרה היא לתת לחולה הרגשת חשיבות –
ואלמנט זה עוזר לרפא אותו גופנית עקב התחזקות ההרגשה העצמית הטובה.

ד. האפשרות הפונקציונלית-פיזית: מטרת ביקור חולים היא לעזור באופן פיזי
לחולה כדי למלא את צרכיו שאינו יכול לטפל בהם בגלל חוליו.

8. בבלי נדרים מא ע"א:

קרי עליה למשפטיך עמדו היום⁵) אמר שמואל אין מבקרין את החולה אלא
למי שחלצתו חמה לאפוקי מאי לאפוקי הא דתניא ר' יוסי בן פרטא
אומר משום ר' אליעזר ⁸אין מבקרין לא חולי מעיים ולא חולי העין ולא
מחושי הראש בשלמא חולי מעיים משום כיסופא אלא חולי העין ומחושי
הראש מ"ט משום דרב יהודה דאמר רב יהודה דיבורא קשיא לעינא [א⁸] ומעלי
לאישתא אמר רבא האי אישתא אי לאו דפרוונקא דמלאכא דמותא⁹) מעלי

תלמוד בבלי <עוז והדר> עמוד מס 96 יז נדרים תלמוד תלמוד בבלי הודפס ע"י תכנת אוצר החכמה

9. צוואת רבי אליעזר הגדול המכונה גם אורחות חיים, מאשכנז בימי הביניים המוקדמים, סימן כא:

בא בני הוי זהיר לבקר את החולה כי המבקרו (מג) מקיל חליו
(מד) השתדל עמו לשוב לקנו (מה) התפלל עליו וצא

עמוד מס 10 צוואת רבי אליעזר הגדול <עם ביאור אשל חיים> גולדבלט, חיים אברהם אבא בן שמעון הודפס ע"י תכנת אוצר החכמה

אל תכביד עליו ישיבתך כי די לו מכובד חליו כשתכנס לחולה הכנס
אצלו בשמחה כי לבו ועיניו (מו) על הנכנסים אליו :

עמוד מס 11 צוואת רבי אליעזר הגדול <עם ביאור אשל חיים> גולדבלט, חיים אברהם אבא בן שמעון הודפס ע"י תכנת אוצר החכמה

10. העתקת דברי הרב דוד אמאדו (איזמיר, טורקיה, מאה י"ט) בספרו תהלה לדוד דף קו ע"ב:

הטהורה. שבתחילה הביא (שם דף ר"ב) דברי הג"ר דוד אמאדו ז"ל בספרו תהלה לדוד (דק"ו ע"ב) שנהגו בזמנו לבקר את החולה מחוץ לבית שמוטל בו החולה והיו יושבים מקיר הבית חוצה ומשם שואלים בשלומו בלא להכנס לפנים לבית החולה, ולפעמים שולחים שליח לשאול ולדרוש בשלומו, ולכאורה בכהאי גוונא מה תועלת מגיע מזה לחולה, דבשלמא אם היו נכנסים לתוך הבית איכא מצוה רבה דנוטל אחד מששים מחוליו, לא כן כשהחולה מבפנים והמבקר מבחוץ, וכן בשאלת שלום החולה על ידי שליח מה תועלת מגיע לחולה, והסביר על פי דברי הרב עוללות אפרים (סימן תקכ"ז) כי על ידי שמבקרים את החולה אנשים שרים ונכבדים הדבר גורם שמחה לחולה ומרגיש שהוא חשוב בעיני הבריות וחוליו מקל עליו, ולכן אף בביקור כזה אף שאין המבקר נכנס לפנים לבית החולה אפילו הכי מצוה איכא שכשאומרים לחולה פלוני בא לבקר אותך, ורואה החולה שמכבדים אותו הוא שמח שחשוב הוא בעיניהם, ומהאי טעמא נמי כששולחים לשאול בשלומו על ידי שליח הדבר מקל עליו את חוליו עש"ב. [ולענ"ד יש לעמוד על דבריו שם, ובפרט שמעיקרי מצות ביקור חולים הוא גם לעשות צרכי החולה וכמבואר בספר תורת האדם והובא בטור יורה דעה (סימן של"ה) ע"ש, ועיין מה שכתבנו בזה לקמן (סימן י' אות ב') וצרף לכאן, ודע שלדברי הגר"ד אמארו ז"ל וטעמו, נראה דהוא הדין כששואל שלום החולה בטלפון מקיים מצות ביקור חולים דמאי שנא והדברים עתיקים, וגוף הענין שכתב שהשמחה מרפא לחולה עיין מה שכתבנו לקמן סימן כ"ט אות ב' בס"ד].

עמוד מס 21 זרע חיים סופר, יעקב חיים בן יצחק שלום הודפס ע"י תכנת אוצר החכמה

11. ועל כך כתב הרב חיים פאלאג'י באיזמיר (חי במאות יח-יט):

ועל דברי הגר"ד אמארו ז"ל הללו הוסיף וכתב הגר"ח פאלאג'י ז"ל: "והנכון
לעשות כן לכתחילה שלא יכנסו לבית החולה רבים בכל עת, כי אם הקרובים אליו
והצריכים לו, ולפרקין. כי פעמים מסיבה שנכנסים ויוצאים הרבה לבית החולה הם
מחלישים אותו ומבלבלים אותו. וגם הקרובים אליו והצריכים לו דעייילי בלא
רשותו, עם כל זה צריכים לפעמים למנוע את עצמן שלא יכנסו לבית החולה
כשרואים שבאים הרבה אנשים זרים דאיכא משום זלזול בכבוד הנכנסין ויוצאין
דהוא נכנס והם אינם נכנסים ומטיל קנאה, שהם באו לעשות דרך ארץ דלקיים
עמוד מס 21 זרע חיים סופר, יעקב חיים בן יצחק שלום הודפס ע"י תכנת אוצר החכמה

מצות ביקור חולים ואין נכון ח"ו שיהיו מקפידים על החולה ועל בני ביתו. לכן
החכם עיניו בראשו להתנהג בסדר נכון באופן שלא יהיה פתחון פה לשום אדם,
וגם שלא יהיה למשא כבד על החולה מפני המבקרים, והכל לפי מה שהוא האדם
והמקום והזמן. וגם הבאים לבקר את החולה אם יראו אצלו לפעמים איזה דבר
שראוי להקפיד הן על החולה או מבני ביתו לא יחושו ולא יקפידו כלל כי יש
לדונם לכף זכות כי מחמת טרדתם וצערם לאו אדעתייהו ולא כל העיתים שוות
ודי בזה למבין". עד כאן לשון צדיק ועיין שם בארוכה, ובכספרו רוח חיים יו"ד
(סימן של"ה אות ו') כתב הגר"ח פאלאג'י ז"ל: "הרב דת ודין (פרשת אחרי דמ"ג
ע"ב) כתב המבקר את החולה לא יהיה שם באריכות כי רוצים בני ביתו לדבר דבר
ועוד דנכנס ויוצא הוא יותר טוב אם הוא בן גילו דנוטל אחד משישים" ע"ש. וכבר
עמוד מס 22 זרע חיים סופר, יעקב חיים בן יצחק שלום הודפס ע"י תכנת אוצר החכמה

12. המסקנות הנוגעות להיבטים השליליים בנוגע לקיום מצוות ביקור חולים:

א. היבט רוחני: הבא לבקר את החולה לשם עצמו – כיוון שרוצה לקיים מצווה.
ב. היבט פסיכולוגי: המציב עצמו בעת הביקור של החולה במרכז - ולא את
החולה וצרכיו.
ג. היבט פיזיולוגי: המבקר את החולה – אך אינו נותן ליבו לצרכיו הגופניים.

DIE AUTOREN

Yizhak Ahren (Prof. Dr. phil.), geb. 1946, ging nach dem Abitur nach England, um am *Gateshead Talmudical College* Tora zu lernen. Anschließend studierte er an der Universität zu Köln Psychologie, Soziologie und Philosophie. Sowohl die Dissertation zur Erlangung des Doktorgrades als auch seine Habilitationsschrift schrieb er unter der Ägide von Wilhelm Salber, dem Begründer der Psychologischen Morphologie. Mehr als 30 Jahre lang wirkte er als Psychodiagnostiker an der *Anna-Freud-Schule* für Körperbehinderte in Köln. Er lehrte Psychologie an der Kölner Universität, und als aktives Mitglied der Synagogengemeinde Köln leitete er Tora- und Talmudgruppen. Als Wissenschaftler veröffentlichte er Abhandlungen zur Klinischen Psychologie und zur Medienforschung sowie über viele Aspekte des jüdisch-religiösen Lebens.

Rabbiner Tovia Ben-Chorin (Dr. h.c.), geb. 1936 in Jerusalem als Sohn des Religionswissenschaftlers Schalom Ben-Chorin. Er studierte Bibel und jüdische Geschichte an der *Hebräischen Universität* in Jerusalem. Außerdem ließ er sich am *Hebrew Union College* in Cincinnati zum Rabbiner ausbilden, wo er 1964 ordiniert wurde. Anschließend absolvierte er ein Zusatzstudium der Halacha. Ben-Chorin war Rabbiner unter anderem in Ramat Gan (Israel), Manchester (England), in der Har-El-Gemeinde in Jerusalem, der liberalen Gemeinde Or Chadash in Zürich und bis 2014 in der Jüdischen Gemeinde zu Berlin. Seit seiner Pensionierung lebt er in der Schweiz und ist Rabbiner der Jüdischen Gemeinde St. Gallen. Er gibt weltweit Vorträge und Seminare und ist darüber hinaus im interreligiösen Trialog zwischen Juden, Christen und Muslimen aktiv. 1989 erhielt er die Ehrendoktorwürde des *Hebrew Union College* in Cincinnati. 1999 wurde er Direktoriumsmitglied des *Abraham Geiger Kollegs* an der *Universität Potsdam* und war seitdem in der Rabbinerausbildung, seit 2009 auch in der Kantorenausbildung als Mentor und Dozent tätig.

Uwe Flick (Prof. Dr. phil.), ist Professor und Leiter des Arbeitsbereichs für Qualitative Sozial- und Bildungsforschung im Fachbereich Erziehungswissenschaft und Psychologie an der *Freien Universität Berlin*. Der Arbeitsbereich Qualitative Sozial- und Bildungsforschung widmet sich der Systematisierung und Weiterentwicklung qualitativer Methoden und der Vermittlung ihres gesamten Spektrums in der Lehre. Die Triangulation verschiedener qualitativer Methoden sowie qualitativer und quantitativer Forschung ist ein

spezifischer methodologischer Ansatzpunkt. Seine Forschungsschwerpunkte liegen im Schnittfeld von Erziehungswissenschaft
und anderen Bereichen wie der Gesundheits- und Versorgungsforschung. Hard-to-reach-groups (z.B. obdachlose Jugendliche,
Migrant/innen, Hochaltrige, Arbeitslose) und ihre Inanspruchnahme von Dienstleistungen und Versorgungsangeboten, beispielsweise der Palliativversorgung, sind von besonderem Interesse.

Eckhard Frick SJ (Prof. Dr. med., M.A.), studierte Medizin, Theologie und Philosophie. 1986 erfolgte sein Eintritt in die Gesellschaft
Jesu, 1992 die Ordination. Er ist Psychiater und Psychoanalytiker
(C. G. Jung) sowie Professor für Anthropologische Psychologie an
der *Hochschule für Philosophie* und für Spiritual Care an der *Technischen Universität München* (www.spiritualcare.de). Buchveröffent-
lichungen: *Psychosomatische Anthropologie* (2015), *Spiritualität
und Medizin* (mit Traugott Roser, 2011), *Den Abschied vom Leben
verstehen* (mit Ralf Vogel, 2016), *Freuds Religionskritik und der Spiritual Turn* (mit Andreas Hamburger, 2014), *Spiritual Care – über
das Leben und Sterben* (mit Brigitte Boothe, 2017). Außerdem ist er
Schriftleiter der Zeitschrift *Spiritual Care* und erster Vorsitzender
der *Internationalen Gesellschaft für Gesundheit und Spiritualität*
(www.iggs-online.org).

Dina Herz, geb.1965, arbeitet als Seelsorgerin in der Abteilung für
Knochenmarktransplantation im Universitätsklinikum *Hadassah*,
Jerusalem, wo sie Kranke mit multikulturellem Hintergrund, deren
Familien und auch das Team begleitet. Ferner gibt sie Kurse für mul-
tidisziplinäre Teams in Krankenkassen und Altenheimen zur „Auseinandersetzung mit dem Tod" und „Vorbeugung von Burnout bei
der Arbeit mit Schwerkranken". Dina Herz ist außerdem seit über
25 Jahren Diplomdolmetscherin in den Sprachen Deutsch-Hebrä-
isch-Englisch und begleitet dabei oft Diplomaten und andere Multiplikatoren aus Israel und Deutschland. Sie stammt ursprünglich
aus Basel, Schweiz, und lebt seit 1983 in Jerusalem, Israel, mit drei
längeren Auslandsaufenthalten in den USA und Kanada. Sie engagiert sich sehr aktiv in der orthodox-feministischen Gemeinde Schi-
ra Chadascha in Jerusalem.

Rabbiner Walter Homolka (Prof., PhD *King's College London*; PhD
University of Wales Trinity St. David, D.H.L. *Hebrew Union College
New York*), geb. 1964, ist ordentlicher Universitätsprofessor für Jüdische Religionsphilosophie der Neuzeit – Schwerpunkt Denominati-
onen und interreligiöser Dialog, Rektor des *Abraham Geiger Kollegs*

und Geschäftsführender Direktor der *School of Jewish Theology* der *Universität Potsdam*. Zum Thema veröffentlichte er: *Der moderne Rabbiner – Ein Rollenbild im Wandel*, Berlin 2012.

Gerhard Jan Jungehülsing (PD Dr. med.), geb. 1970, studierte in Kiel, Berlin, New York und London Medizin. Er ist Facharzt für Neurologie mit Weiterbildungen in Geriatrie und spezieller neurologischer Intensivmedizin. Nach seiner Promotion trat er in die Klinik für Neurologie an der Charité ein, wo er ab 2007 in oberärztlicher Verantwortung tätig war und sich 2013 habilitierte. Seine Forschungsschwerpunkte liegen u.a. in der Versorgungsforschung und Schlaganfall-Bildgebung, Komplikationen nach Schlaganfällen, neuropathischen Schmerzen sowie Sport und Gehirn. Seit 2013 ist er Chefarzt der Klinik für Neurologie am *Jüdischen Krankenhaus Berlin* und dort auch Vorsitzender des Klinischen Ethikkomitees. Jungehülsing ist im Vorstand der *Deutschen Gesellschaft für Neurologie* und in zahlreichen wissenschaftlichen Gremien vertreten.

Larissa Karwin (Dipl. Biol.), geb. 1964 in Czernowitz, Ukraine. Ihren Abschluss als Lehrerin für Biologie und Chemie erhielt sie 1991 von der *Staatsuniversität Czernowitz*. 1999 erfolgte ihre Ausreise nach Deutschland. 2010 absolvierte sie einen Bachelorstudiengang an der *Fachhochschule Erfurt* mit dem Schwerpunkt Jüdische Sozialarbeit. Seit 2010 arbeitet sie als Sozialpädagogin bei der *Zentralwohlfahrtsstelle der Juden in Deutschland e. V.* Zu ihren Aufgaben gehören u.a. die Organisation und Durchführung von bundesweiten und regionalen Bikkur Cholim/Chewra Kadischa-Seminaren für haupt- und ehrenamtliche Mitarbeiter der jüdischen Gemeinden in Deutschland. Larissa Karwin ist verheiratet und hat einen Sohn.

Admiel Kosman (Prof. Dr. phil.), geb. 1957, gilt als einer der führenden israelischen Lyriker und ist als Kolumnist der israelischen Tageszeitung *Haaretz* sehr bekannt. Daneben ist er Wissenschaftler und Professor für Talmud und Rabbinische Literatur an der *School of Jewish Theology* der *Universität Potsdam* sowie Dozent am *Abraham-Geiger-Kolleg Berlin*. Nach einem Talmud-Tora-Studium an der traditionsreichen Talmudhochschule *Jeschiwat Ha'Kotel* in Jerusalem studierte Kosman an der *Bezalel Academy of Art and Design* Grafikdesign und Keramik sowie an der *Bar-Ilan-University* in Ramat Gan (Israel), wo er nach seiner Promotion in Talmudstudien auch lehrte.

Rabbiner Tom Kučera (Dr. rer. nat.), geb. 1970, ist Rabbiner der liberalen jüdischen Gemeinde Beth Shalom in München und Mitglied der *Allgemeinen Rabbinerkonferenz Deutschland* (ARK). Der aus Tschechien stammende Rabbiner promovierte ursprünglich in Biochemie. Nach dem Studium am *Abraham Geiger Kolleg* und an der *Universität Potsdam* wurde er 2006 zum Rabbiner ordiniert. Die Ordinationszeremonie in Dresden war die erste in Deutschland nach der Schoa. Kučera hält regelmäßig Vorträge und veröffentlicht Artikel und Buchbeiträge, vor allem über den Zusammenhang von Tora, Talmud und Naturwissenschaften.

Silke Migala (M. Sc.), ist Gesundheitswissenschaftlerin, wissenschaftliche Mitarbeiterin und Promovendin am Arbeitsbereich für Qualitative Sozial- und Bildungsforschung im Fachbereich Erziehungswissenschaft und Psychologie an der *Freien Universität Berlin*. Aktuell setzt sie sich im Forschungsprojekt *PALQUALSUM* aus unterschiedlichen Perspektiven mit der Versorgungssituation von russischsprachigen Migrant/innen am Ende ihres Lebens auseinander. Ziel ist, aus den Ergebnissen zu den Herausforderungen und Potenzialen, die sich im Prozess der Inanspruchnahme von Angeboten der Hospiz- und Palliativversorgung zeigen, Fortbildungsangebote für Mitarbeiter/innen zu entwickeln, über die sich die Sensibilität für die Zielgruppe und Interkulturalität der Angebote verbessern lassen. Ihre weiteren Forschungsinteressen beziehen sich auf Konzepte zur interkulturellen Kompetenz, Ethik in Organisationen und der Gesundheitswissenschaften sowie Anwendung qualitativer Methoden.

Gerhard Nerlich, geb. 1956, ist ausgebildeter Krankenpfleger und seit 1974 am *Jüdischen Krankenhaus Berlin* beschäftigt. 1992 bis 2001 war er dort Abteilungsleiter der Pflegedirektion. Seit 2001 leitet er die Stabsstelle Presse- und Öffentlichkeitsarbeit. Nerlich ist auch im Vorstand des Fördervereins *Freunde des Jüdischen Krankenhauses Berlin e.V.*

Stephan M. Probst (Dr. med.), geb. 1968, studierte in Heidelberg Medizin, wo er auch promovierte. Er ist leitender Oberarzt der Klinik für Hämatologie, Onkologie und Palliativmedizin am *Klinikum Bielefeld* sowie Vorsitzender des klinischen Ethikkomitees am Klinikum Bielefeld. Probst beschäftigt sich neben seiner klinischen Arbeit intensiv mit jüdischer Medizinethik und (inter-)kulturellen Aspekten der Medizin. Um hierüber zu sprechen, wird er oft zu Vorträgen eingeladen und hat zahlreiche Artikel und Buchbeiträge zu diesen Themen publiziert. Bevor er nach Bielefeld ging, war er in Neustadt an der Weinstraße, am *Universitätsklinikum Heidelberg* und einige Zeit als Gastarzt am *MD Anderson Cancer Center* der *University of Texas* in Houston (Texas, USA) tätig.

Aviad E. Raz (Prof., PhD, B. Sc.) ist Professor am Institut für Soziologie und Anthropologie, *Ben-Gurion University of the Negev*, Israel. Seine Forschungsschwerpunkte liegen auf Organisationssoziologie und Medizinsoziologie. Er ist an verschiedenen kulturvergleichenden Forschungsprojekten zu Deutschland und Israel beteiligt (gefördert von der *GIF*, der *Deutschen Forschungsgemeinschaft (DFG) und der VolkswagenStiftung)*. Raz ist Verfasser von sieben Büchern und über 45 Artikeln und Buchkapiteln zu Themen der Organisations- und Medizinsoziologie, Anthropologie, Kultur und Wissenschaft.

Silke Schicktanz (Prof. Dr. rer. nat.), geb. 1970, ist seit 2010 Professorin für Kultur und Ethik der Biomedizin am Institut für Ethik und Geschichte der Medizin, *Universitätsmedizin Göttingen*. Sie forscht und lehrt zur Verknüpfung von ethischen, empirischen und kulturwissenschaftlichen Fragen zum Umgang mit der Biomedizin. Themenschwerpunkte sind interkulturelle Bioethik (insbesondere Deutschland und Israel sowie Indien), Ethik der Altersmedizin und der prädiktiven Medizin. Zahlreiche Forschungsaufenthalte in Israel (*Ben Gurion University, Tel Aviv University*); USA (*UC Berkeley*), UK (Lancaster) und Indien (*JNU*, Delhi).

Michael A. Schmiedel (Dr. phil.) ist Religionswissenschaftler. Er studierte in Bonn und wurde in Jena promoviert. Er schrieb seine Magisterarbeit über Buddhismus in Bonn und seine Dissertation über die Passung zwischen religiösen Konstrukten von Neumitgliedern in neuen christlichen Gemeinschaften und diesen Gemeinschaften. Seit 2013 ist er Dozent an der *Universität Bielefeld*. Ehrenamtlich engagiert er sich im Interreligiösen Dialog und in der interkulturellen Bildungsarbeit unter anderem bei *Religions for Peace*, im *Bonner Institut für Migrationsforschung und interkulturelles Lernen* und im *Interreligiösen Friedensnetzwerk Bonn und Region* sowie als Musikjournalist für die Zeitschrift *Folker*.

Mark Schweda (PD Dr. phil.) ist wissenschaftlicher Mitarbeiter am Institut für Ethik und Geschichte der Medizin der *Universitätsmedizin Göttingen*. Er studierte Philosophie und Germanistik in Berlin und Nottingham. Promotion in Philosophie, Habilitation in Ethik,

Theorie und Geschichte der Medizin. Forschungsaufenthalte an der *University of Lancaster,* der *San Francisco State University* und der *University of California, Berkeley.* Zu seinen Arbeitsschwerpunkten zählen philosophische, medizinethische und soziokulturelle Aspekte von Altern und Lebensverlauf.

Anita Silvers (Prof., PhD, B.A.), geb. 1940, ist Professorin für Philosophie und Direktorin des Instituts für Philosophie an der *San Francisco State University.* Sie ist sowohl Theoretikerin als auch Verfechterin der Bürgerrechte von Menschen mit Behinderung. Zu ihren Auszeichnungen gehören der *Quinn Prize for Contributions to Philosophy and Philosophers der American Philosophical Association,* der *Phi Beta Kappa Society Lebowitz Prize for Philosophical Achievement,* der *23-University Cal State System 2017 Outstanding Professor Award,* der *California Faculty Association's Human Rights Award* und der *California Council for the Humanities' Distinguished Humanist Award.* Silvers wurde vom Präsidenten der Vereinigten Staaten in das *NEH National Council* berufen. Sie ist als Gemeindevertreterin im Ethikkomitee des *San Francisco General Hospital* tätig und war Mitglied des *California Legislature's Advisory Committee on Palliative Care.* Sie ist Mitautorin bzw. Mitherausgeberin von acht Büchern und über 150 Buch- und Zeitschriftenbeiträgen.

Olga Sokolova (B.A.), geb. 1987 in Russland, studierte Geschichte in Sankt Petersburg, Kulturwissenschaft und Deutsche Literatur an der *Humboldt Universität zu Berlin* und seit 2013 Religionswissenschaft an der *Freien Universität Berlin.* Dort ist sie als studentische Mitarbeiterin im Projekt *PALQUALSUM* beschäftigt. Ihre wissenschaftlichen Interessen liegen im Bereich Religions- und Kulturanthropologie. Sie lebt und arbeitet seit 2009 als Journalistin in Deutschland und engagiert sich für die Menschenrechte und interkulturelle Verständigung in (Ost-)Europa.

Schimon Staszewski (Dr. med.), geb. 1954 in Tel Aviv, verheiratet, 3 Kinder. Dr. Staszewski ist Arzt für Anästhesiologie, Allgemeinmedizin und Psychotherapie und hat die Fachkunde für Suchtmedizinische Grundversorgung erworben. Seit 1986 arbeitet er selbstständig in eigener Praxis. Zudem ist er graduierter Soziotherapeut für Gestalttherapie und Psychodrama und hat 2011 bis 2013 am Master Studiengang *Jewish Studies* an der *Tel Aviv University* (TAU) teilgenommen. Er ist Vorsitzender der *Freunde und Förderer des Leo Baeck Instituts,* Vorstandsmitglied im *Avicenna Preis e.V.* und Mitglied des Beirats des *Ernst Ludwig Ehrlich Studienwerks* sowie Gründer und

Geschäftsführer der *J.U.S.T. Consulting* Unternehmensgruppe, die schwerpunktmäßig im Bereich biologischer Landwirtschaft aktiv ist. Seit mehr als 20 Jahren organisiert er regelmäßig Schiurim sowie Workshops und Vorträge zu Bio- und Medizinethik, Halacha und Medizin.

Shani Tzoref (Prof., PhD, M.S., B.A.) ist Professorin für Hebräische Bibel und Exegese an der *School of Jewish Theology*, des *Zentrums Jüdische Studien Berlin-Brandenburg* der *Universität Potsdam* sowie am *Abraham Geiger Kolleg* und dem *Zacharias Frankel College*. Die gebürtige New Yorkerin studierte an der *Yeshiva University* (B.A., M.S.) und erhielt ihren PhD von der *New York University*. Bevor sich Prof. Dr. Tzoref in Deutschland niederließ, lehrte sie an verschiedenen Universitäten in den USA, in Großbritannien, Australien und in Israel. Der Schwerpunkt ihrer Forschung liegt auf der Bibelexegese, mit langjährigem Fokus auf der jüdischen Rezeption biblischer Schriften aus der Periode des Zweiten Tempels, speziell den Qumran-Texten. Ihr akademisches Interesse gilt gegenwärtig auch der Erzählforschung und der Diskurstheorie sowie der Geschichte der jüdischen Bibelforschung, insbesondere der Wissenschaft des Judentums.

Sarah Werren (lic. phil.) studierte Religionswissenschaft, Evangelische Theologie und Vorderasiatische Archäologie an der *Universität Bern*. Ihre Lizentiatsarbeit (MA) verfasste sie zum Thema „Judentum, Halacha und Bioethik. Jüdisch-orthodoxe Textauslegung in bioethischen Entscheidungsprozessen". Von 2008 bis 2012 war Sarah Werren Assistentin am Institut für Religionswissenschaft und wissenschaftliche Mitarbeiterin am *Center for Global Studies* an der philosophisch-historischen Fakultät der *Universität Bern*. Seit 2013 promoviert sie bei Prof. A. Bodenheimer am *Zentrum für Jüdische Studien* an der *Universität Basel* und ist Koordinatorin der *Sigi Feigel-Gastprofessur Jüdische Studien* an der *Universität Zürich*. Sie verfasst ihre Doktorarbeit zum Thema „Bioethical Reflection and Medical Reality in Judaism. Orthodox and Reform Jewish Praxis in the United States and Israel".

Katja Wolgast (M.A.) studierte Religionswissenschaft, Jüdische Studien und Literaturwissenschaft an der *Universität Potsdam*. Dort absolvierte sie 2014 auch den Masterstudiengang Jüdische Studien/ Jewish Studies (Titel der Masterarbeit: „Gemilut Chassadim – גמילות חסדים – Jüdische Bestattungstheorie und -praxis im deutschsprachigen Raum des 19. und beginnenden 20. Jahrhunderts"). Im Januar

2015 begann sie ihr Promotionsvorhaben „„Friede seiner Asche' – Die Feuerbestattung als ein jüdisches Reformprojekt in der Wilhelminischen Ära", das von Frau Prof. Dr. Sina Rauschenbach betreut wird. Seit April 2015 ist Katja Wolgast wissenschaftliche Mitarbeiterin am *Zentrum Jüdische Studien Berlin-Brandenburg* und lehrt an der *Universität Potsdam.* Ihr Forschungsschwerpunkt liegt in den Bereichen jüdische Bestattungs- und Friedhofskultur seit der Haskala, deutsch-jüdische Kulturgeschichte im 19. und 20. Jahrhundert sowie jüdische Lokalgeschichte Frankfurt (Oder).